上财文库
新思想研究丛书
刘元春 主编

做强做优做大
国有资本和国有企业

Making State Capital and SOEs Stronger, Better and Bigger

丁晓钦 著

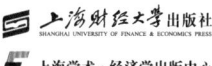

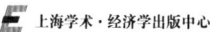

上海财经大学出版社
上海学术·经济学出版中心

图书在版编目(CIP)数据

做强做优做大国有资本和国有企业 / 丁晓钦著.
上海：上海财经大学出版社，2025.1. -- (上财文库)
(新思想研究丛书). -- ISBN 978-7-5642-4556-6

Ⅰ．F123.7；F279.241

中国国家版本馆 CIP 数据核字第 20245M8F09 号

上海财经大学中央高校双一流引导专项资金、中央高校基本科研业务费资助

□ 责任编辑　吴晓群
□ 封面设计　贺加贝

做强做优做大国有资本和国有企业
丁晓钦　著

上海财经大学出版社出版发行
（上海市中山北一路 369 号　邮编 200083）
网　　址：http://www.sufep.com
电子邮箱：webmaster@sufep.com
全国新华书店经销
上海华业装潢印刷厂有限公司印刷装订
2025 年 1 月第 1 版　2025 年 6 月第 2 次印刷

787mm×1092mm　1/16　14.5 印张（插页:2）　267 千字
定价:79.00 元

总　序

更加自觉推进原创性自主知识体系的建构

中国共产党二十届三中全会是新时代新征程上又一次具有划时代意义的大会。随着三中全会的大幕拉开,中国再次站在了新一轮改革与发展的起点上。大会强调要创新马克思主义理论研究和建设工程,实施哲学社会科学创新工程,构建中国哲学社会科学自主知识体系。深入学习贯彻二十届三中全会精神,就要以更加坚定的信念和更加担当的姿态,锐意进取、勇于创新,不断增强原创性哲学社会科学体系构建服务于中国式现代化建设宏伟目标的自觉性和主动性。

把握中国原创性自主知识体系的建构来源,应该努力处理好四个关系。习近平总书记指出:"加快构建中国特色哲学社会科学,归根结底是建构中国自主的知识体系。要以中国为观照、以时代为观照,立足中国实际,解决中国问题,不断推动中华优秀传统文化创造性转化、创新性发展,不断推进知识创新、理论创新、方法创新,使中国特色哲学社会科学真正屹立于世界学术之林。"习近平总书记的重要论述,为建构中国自主知识体系指明了方向。当前,应当厘清四个关系:(1)世界哲学社会科学与中国原创性自主知识体系的关系。我们现有的学科体系就是借鉴西方文明成果而生成的。虽然成功借鉴他者经验也是形成中国特色的源泉,但更应该在主创意识和质疑精神的基础上产生原创性智慧,而质疑的对象就包括借鉴"他者"而形成的思维定式。只有打破定式,才能实现原创。(2)中国式现代化建设过程中遇到的问题与原创性自主知识体系的关系。建构中国原创性自主知识体系,其根本价值在于观察时代、解读时代、引领时代,在研究真正的时代问题中回答"时代之问",这也是推动建构自主知识体系最为重要的动因。只有准确把握中国特色社会主义的历史新方位、时代新变化、实践新要求,才能确保以中国之理指引中国之路、回答人民之问。(3)党的创新理论与自主知识体系的关系。马克思主义是建构中国自主知识体系的"魂脉",坚持以马克思主义为指导,是当代中国哲学社会科学区别于其他哲学社会科学的根本标志,必须旗帜鲜明加以坚持。党的创新理论是中国特色哲学社会科学的主体内容,也是中国特色哲学社会科学发展的最大增量。(4)中华传统文化与原创性自主知识体系的关系。中华优秀传统文化是原创性自主知识体系的"根脉",要加强对优秀传统文化的挖掘和阐发,更有效地推动优秀传统文化创造性转化、创新性发展,创造具有鲜明"自主性"的新的知识生命体。

探索中国原创性自主知识体系的建构路径,应该自觉遵循学术体系的一般发展规律。 建构中国原创性自主知识体系,要将实践总结和应对式的策论上升到理论、理论上升到新的学术范式、新的学术范式上升到新的学科体系,必须遵循学术体系的一般发展规律,在新事实、新现象、新规律之中提炼出新概念、新理论和新范式,从而防止哲学社会科学在知识化创新中陷入分解谬误和碎片化困境。当前应当做好以下工作:(1)掌握本原。系统深入研究实践中的典型事实,真正掌握清楚中国模式、中国道路、中国制度和中国文化在实践中的本原。(2)总结规律。在典型事实的提炼基础上,进行特征事实、典型规律和超常规规律的总结。(3)凝练问题。将典型事实、典型规律、新规律与传统理论和传统模式进行对比,提出传统理论和思想难以解释的新现象、新规律,并凝练出新的理论问题。(4)合理解释。以问题为导向,进行相关问题和猜想的解答,从而从逻辑和学理角度对新问题、新现象和新规律给出合理性解释。(5)提炼范畴。在各种合理性解释中寻找到创新思想和创新理论,提炼出新的理论元素、理论概念和理论范畴。(6)形成范式。体系化和学理化各种理论概念、范畴和基本元素,以形成理论体系和新的范式。(7)创建体系。利用新的范式和理论体系在实践中进行检验,在解决新问题中进行丰富,最后形成有既定运用场景、既定分析框架、基本理论内核等要件的学科体系。

推进中国原创性自主知识体系的建构实践,应该务实抓好三个方面。 首先,做好总体规划。自主知识体系的学理化和体系化建构是个系统工程,必须下定决心攻坚克难,在各个学科知识图谱编制指南中,推进框定自主知识体系的明确要求。

各类国家级教材建设和评定中,要有自主知识体系相应内容审核;推进设立中国式现代化发展实践典型案例库,作为建构自主知识体系的重要源泉。其次,推动评价引领。科学的评价是促进原创性自主知识体系走深走实的关键。学术评价应该更加强调学术研究的中国问题意识、原创价值贡献、多元成果并重,有力促进哲学社会科学学者用中国理论和学术做大学问、做真学问。高校应该坚决贯彻"破五唯"要求,以学术成果的原创影响力和贡献度作为认定依据,引导教师产出高水平学术成果。要构建分类评价标准,最大限度激发教师创新潜能和创新活力,鼓励教师在不同领域做出特色、追求卓越,推动哲学社会科学界真正产生出一批引领时代发展的社科大家。最后,抓好教研转化。自主知识体系应该转化为有效的教研体系,才能发挥好自主知识体系的育人功能,整体提升学校立德树人的能力和水平。

上海财经大学积极依托学校各类学科优势,以上财文库建设为抓手,以整体学术评价改革为动力,初步探索了一条富有经管学科特色的中国特色哲学社会科学建构道路。学校科研处联合校内有关部门,组织发起上财文库专项工程,该工程旨在遵循学术发展一般规律,更加自觉建构中国原创性自主知识体系,推动产生一批有品牌影响力的学术著作,服务中国式现代化宏伟实践。我相信自主知识体系"上财学派"未来可期。

刘元春

上海财经大学 校长

2024 年 12 月

前　言

在波澜壮阔的中国式现代化进程中，国有企业始终扮演着举足轻重的角色。国有企业不仅是国家经济发展的中坚力量，更是社会主义市场经济体制的重要支柱。随着时代的变迁和经济全球化的深入发展，国有企业面临着前所未有的机遇与挑战。习近平总书记在党的二十大报告中提出"深化国资国企改革，加快国有经济布局优化和结构调整，推动国有资本和国有企业做强做优做大，提升企业核心竞争力"的重要论述，为我国国有企业的发展指明了方向。党的二十届三中全会进一步提到"深化国资国企改革，完善管理监督体制机制，增强各有关管理部门战略协同，推进国有经济布局优化和结构调整，推动国有资本和国有企业做强做优做大，增强核心功能，提升核心竞争力"。《做强做优做大国有资本和国有企业》一书，正是在这样的大背景下应运而生，旨在深入探讨如何进一步深化改革，提升国有企业的核心竞争力，实现国有资本的保值增值，为全面建设社会主义现代化国家贡献力量。

本书基于对习近平总书记关于国有资本和国有企业重要论述的深刻理解和全面梳理，力求从理论与实践相结合的视角，系统阐述国有企业在中国特色社会主义事业中的定位、使命和改革路径。书中不仅回顾了国有企业的历史性贡献，分析了其在社会主义建设中的支撑作用，而且深入探讨了国有企业在新时期面临的挑战与变局，以及如何在服务国家战略大局中发挥更大作用。

首先，国有企业作为中国特色社会主义的重要物质基础和政治基础，其核心功能在于维护国家经济安全、保障人民共同利益、服务国家战略大局等。通过梳理习近平总书记的相关论述，我们可以清晰地看到国有资本和国有企业在构建现代化经济体系中的定位和作用。

其次，国有企业在新时代的使命任务包括打造原创技术策源地、担当现代产业链链长、服务国计民生以及维护经济安全等。这些任务不仅是国有企业的职责所在，而且是其通过创新驱动和结构调整实现高质量发展的重要路径。习近平总书记多次强调，国有企业要成为创新驱动发展的主力军、国家战略实施的排头兵，并在应对国际竞争和国内经济挑战中发挥关键作用。

在改革路径方面，本书深入探讨了加强国有企业党的建设、健全以管资本为主的国资管理体制、深化供给侧结构性改革、推进混合所有制改革以及优化国有企业内部治理结构等内容。这些改革措施旨在破解国有企业发展过程中遇到的体制性、机制性障碍，为国有企业做强做优做大提供有力支持。

例如，习近平总书记明确指出，深化国有企业改革的核心在于健全以管资本为主的国资管理体制。通过改组组建国有资本投资、运营公司，实施资本运作，可以更好地实现国有资本的优化配置，提高国有资本的运营效率。此外，加强国有企业党的建设，是确保国有企业改革方向正确、成效显著的重要保证。党的领导是国有企业的根和魂，坚持党对国有企业的全面领导，能够有效增强国有企业的活力、控制力和竞争力。

随着全球经济格局的变化和国内经济结构的调整，国有企业需要在更加复杂多变的环境中谋求发展，就必须积极参与国际竞争，通过技术创新、管理创新和商业模式创新，进一步提升国际市场竞争力。习近平总书记多次在国际场合强调中国国有企业的全球角色和责任，倡导国有企业加强国际合作，共同应对全球经济挑战，实现高质量发展。同时，国有企业在"一带一路"倡议等国家战略中的积极参与，也展示了其作为国家经济发展中坚力量的国际担当。

综上所述，本书立足于习近平总书记的重要论述和党中央关于国有企业改革发展的战略部署，全面系统地探讨了国有资本和国有企业在新时代背景下如何做强做优做大的路径和方法。通过对国有企业功能定位、使命任务以及改革路径的深入分析，我们希望能够为深化国资国企改革、提升国有企业核心竞争力提供有益参考和启示。

本书不仅是对国有资本和国有企业发展理论的总结，而且是对其实践经验的梳理和提炼。随着改革的不断深化和经济结构的持续优化，国有企业必将在中国特色社会主义伟大事业中发挥更加重要的作用，为实现中华民族伟大复兴的中国梦贡献更大力量。

  最后,感谢参与本书编写、校对等工作的老师和学生,他们分别是上海工程技术大学马克思主义学院讲师余凯月,上海财经大学经济学院助理研究员罗智红,上海财经大学马克思主义学院博士生阎新奇、尤惠阳、侯婉月、顾善雯、魏宇航、翁哲、崔泽鹏、古再丽努尔·艾合买提。

丁晓钦

2024 年 12 月

目 录

第一章 习近平总书记关于国有资本和国有企业的重要论述 / 001
    第一节 关于国有资本和国有企业功能定位的论述 / 001
    第二节 关于国有资本和国有企业使命任务的论述 / 010
    第三节 关于深化国有资本和国有企业改革的论述 / 019
    第四节 关于国有资本和国有企业重要论述的重大贡献 / 040

第二章 中国特色社会主义的重要物质基础和政治基础 / 047
    第一节 国有企业的历史性贡献 / 047
    第二节 巩固公有制的主体地位 / 057
    第三节 服务国家战略大局 / 061

第三章 维护国家经济安全的重要基石 / 068
    第一节 国民经济的重要支柱 / 069
    第二节 维护国内经济稳定大局 / 076
    第三节 筑牢开放发展中的安全屏障 / 080

第四章 推进国有经济布局优化与结构调整 / 089
    第一节 推进国有企业战略性重组和专业化整合 / 090
    第二节 推动国有资本向重要行业和关键领域集中 / 097
    第三节 提前布局前瞻性战略性新兴产业 / 104

第五章　发挥国有企业产业引领作用　/ 112
第一节　推进现代化产业体系建设　/ 112
第二节　全面构建产业集群　/ 120
第三节　打造现代化产业链　/ 125

第六章　增强国有企业创新能力　/ 132
第一节　坚持创新驱动发展战略　/ 132
第二节　打造原创技术策源地　/ 139
第三节　打好关键核心技术攻坚战　/ 144

第七章　健全以管资本为主的国资管理体制　/ 151
第一节　深化国有资本授权经营体制改革　/ 153
第二节　提高国有资本运营效率　/ 158
第三节　防止国有资产流失　/ 165

第八章　完善中国特色现代企业制度　/ 170
第一节　确保产权清晰，加强党对国有企业的全面领导　/ 171
第二节　保证权责明确，构建国有企业内部制衡机制　/ 175
第三节　促进政企分开，完善国有企业市场化运营　/ 179
第四节　实现管理科学，培育世界一流企业　/ 184

第九章　加强国有企业党的建设　/ 189
第一节　将党的领导融入公司治理各环节　/ 190
第二节　坚持党管干部党管人才　/ 198
第三节　党建工作与生产经营相融合　/ 204

参考文献　/ 211

第一章

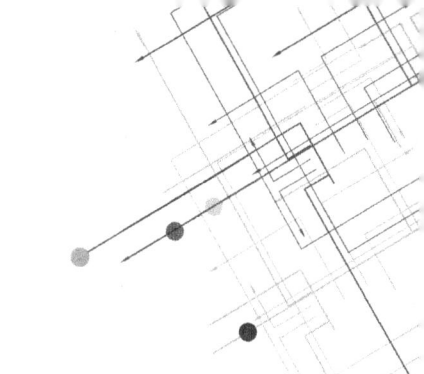

习近平总书记关于国有资本和国有企业的重要论述

习近平总书记在党的二十大报告中深刻指出,"深化国资国企改革,加快国有经济布局优化和结构调整,推动国有资本和国有企业做强做优做大,提升企业核心竞争力"[①]。"做强做优做大国有资本和国有企业"是习近平总书记关于国有资本和国有企业重要论述的核心命题。围绕"做强做优做大国有资本和国有企业"这一命题,本章内容按照国有资本和国有企业"是什么""应该做什么""应该如何做"的逻辑顺序,从"国有资本和国有企业功能定位""国有资本和国有企业使命任务""国有资本和国有企业改革"三个方面对党的十八大以来习近平总书记关于国有资本和国有企业的重要论述进行全面、系统的梳理。

第一节 关于国有资本和国有企业功能定位的论述

习近平总书记关于国有资本和国有企业功能定位的论述,深刻回答了国有资本和国有企业在我国社会主义建设和现代化进程中"是什么"的问题,为做强做优做大国有资本和国有企业提供了根本的出发点和落脚点,明确了我们必须做强做优做大国有资本和国有企业根本原因之所在。对于国有企业的发展,习近平总书

---

① 习近平.高举中国特色社会主义伟大旗帜 为全面建设社会主义现代化国家而团结奋斗——在中国共产党第二十次全国代表大会上的报告[N].人民日报,2022-10-26.

记有着坚定的信念,旗帜鲜明地反对怀疑和唱衰国有企业的思想和言论。2018 年 9 月 28 日,习近平总书记在中国石油辽阳石化公司考察时指出,我们的国有企业要继续做强做优做大,那种不要国有企业、搞小国有企业的说法、论调都是错误的、片面的。我们实行公有制为主体、多种所有制经济共同发展的基本经济制度,这一点毫不动摇。任何怀疑、唱衰国有企业的思想和言论都是错误的。[①] 习近平总书记曾在多个场合强调国有企业是中国特色社会主义的重要物质基础和政治基础,是党执政兴国的重要支柱和依靠力量,是保障人民共同利益的重要力量。

一、中国特色社会主义的重要物质基础和政治基础

2015 年 7 月 16 日至 18 日习近平总书记在吉林调研。7 月 17 日上午,习近平考察了中国中车长春轨道客车股份有限公司和吉林东北工业集团长春—东离合器股份有限公司,在班组园地同企业劳模、科研人员和一线职工座谈。在座谈时习近平总书记指出,国有企业是国民经济发展的中坚力量,对国有企业要有制度自信。[②]

2016 年 10 月 10 日,全国国有企业党的建设工作会议在北京召开。习近平总书记出席会议并发表重要讲话,深刻回答了国有企业要不要、国有企业要不要加强党的建设、怎样加强党的建设等一系列重大理论和实践问题。他强调,国有企业是中国特色社会主义的重要物质基础和政治基础,是我们党执政兴国的重要支柱和依靠力量。新中国成立以来特别是改革开放以来,国有企业发展取得巨大成就。我国国有企业为我国经济社会发展、科技进步、国防建设、民生改善作出了历史性贡献,功勋卓著,功不可没。[③]

2017 年 12 月 12 日至 13 日,习近平总书记在江苏省徐州市考察。12 日下午,习近平在徐工集团重型机械有限公司亲切看望劳动模范、技术能手等职工代表,结合展板详细了解企业经营发展、自主创新、国际合作、人才培养、党的建设等情况。他强调,国有企业是中国特色社会主义的重要物质基础和政治基础,是中国特色社会主义经济的"顶梁柱"。要按照党的十九大部署推动国有企业深化改革、提高经

---

① 半月谈网.习近平:怀疑、唱衰国企的思想和言论都是错误的[EB/OL]. http://www.banyuetan.org/yw/detail/20180928/1000200033137441538094235869472169_1.html.
② 新华网.习近平:中央领导是人民的大勤务员[EB/OL]. http://www.xinhuanet.com/politics/2015-07/17/c_128032143_3.htm.
③ 习近平.坚持党对国有企业的领导不动摇[N].人民日报,2016-10-12.

营管理水平,使国有企业成为贯彻新发展理念、全面深化改革的骨干力量,成为我们党执政兴国的重要支柱和依靠力量。①

新冠肺炎疫情发生以来,习近平总书记多次主持召开会议、作出大量指示批示,推动做好疫情防控和经济社会发展工作。2020年4月10日,中央财经委员会第七次会议召开。习近平总书记在会议上的讲话指出,在这次抗击疫情过程中,国有企业冲在前面,发挥了重要作用,在促进产业循环中也起到了关键作用。国有企业是中国特色社会主义的重要物质基础和政治基础,是党执政兴国的重要支柱和依靠力量,必须做强做优做大。当然,国有企业也要改革优化,但绝对不能否定、绝对不能削弱。②

2020年4月以来,我国疫情防控向好态势进一步巩固,但境外疫情继续蔓延。如何抓好常态化疫情防控,巩固防控战果,加快推进复工复产,全面恢复经济社会秩序,确保完成脱贫攻坚目标任务,全面建成小康社会,全党全国人民十分关心。2020年4月20日,习近平总书记离京赴陕西考察调研,并专程前往西北地区有影响力的国有制造业企业——陕西汽车控股集团有限公司实地调研。习近平总书记对这家企业的产品核心技术基本上靠自主研发,国产率很高,而且主要销往"一带一路"沿线国家感到十分欣慰。他强调,实体经济是我国经济的命脉所在。在防控疫情中,国有企业充分发挥了主力军、生力军的作用,在推动复工复产过程中,国有企业也要发挥主力军、生力军作用。把国有企业做实做强做优,是中国特色社会主义制度优越性得以充分发挥的重要保障。③

2020年6月30日下午,习近平总书记主持召开中央全面深化改革委员会第十四次会议,会议审议通过了《国企改革三年行动方案(2020—2022年)》。会议指出,国有企业是中国特色社会主义的重要物质基础和政治基础,是党执政兴国的重要支柱和依靠力量。在这次应对新冠肺炎疫情过程中,国有企业勇挑重担,在应急保供、医疗支援、复工复产、稳定产业链供应链等方面发挥了重要作用。④

2023年4月21日下午,习近平总书记主持召开二十届中央全面深化改革委员会第一次会议并发表重要讲话,会议审议通过了《关于加强和改进国有经济管理有

---

① 习近平在江苏徐州市考察时强调 深入学习贯彻党的十九大精神 紧扣新时代要求推动改革发展[N].人民日报,2017—12—14.
② 习近平.国家中长期经济社会发展战略若干重大问题[J].求是,2020(20).
③ "陕西要有勇立潮头、争当时代弄潮儿的志向和气魄"——习近平总书记陕西考察纪实[N].人民日报,2020—04—25.
④ 依靠改革应对变局开拓新局 扭住关键鼓励探索突出实效[N].人民日报,2020—07—01.

力支持中国式现代化建设的意见》。会议强调,加强和改进国有经济管理,要立足新时代新征程国有经济肩负的使命任务和功能定位,从服务构建新发展格局、推动高质量发展、促进共同富裕、维护国家安全的战略高度出发,完善国有经济安全责任,深化国有企业改革。①

2023年9月27日,习近平总书记主持召开中共中央政治局会议。会议指出,要不断增强国有企业核心功能和核心竞争力,夯实中国特色社会主义的重要物质基础和政治基础。

2024年3月29日,习近平总书记主持召开中共中央政治局会议,会议审议了《关于二十届中央第二轮巡视情况的综合报告》。会议再一次强调,国有企业是中国特色社会主义的重要物质基础和政治基础。②

二、党执政兴国的重要支柱和依靠力量

习近平总书记关于国有企业是党执政兴国的重要支柱和依靠力量的论述,与国有企业是中国特色社会主义的重要物质基础和政治基础是紧密相关的,所以在此方面的论述有相当一部分在前文中已有所体现。

2014年8月18日,习近平主持召开中央全面深化改革领导小组第四次会议,会议审议了《中央管理企业主要负责人薪酬制度改革方案》《关于合理确定并严格规范中央企业负责人履职待遇、业务支出的意见》,并建议根据会议讨论情况进一步修改完善后按程序报批实施。2014年8月29日,习近平总书记主持召开了中共中央政治局会议,审议通过了修改完善后的上述方案和意见。在两次会议中,习近平在讲话中均指出,国有企业特别是中央管理企业,在关系国家安全和国民经济命脉的主要行业和关键领域占据支配地位,是国民经济的重要支柱,在我们党执政和我国社会主义国家政权的经济基础中也是起支柱作用的,必须搞好。③④

2015年11月23日,中央政治局就马克思主义政治经济学基本原理和方法论

---

① 中华人民共和国中央人民政府网. 习近平:守正创新真抓实干 在新征程上谱写改革开放新篇章[EB/OL]. https://www.gov.cn/yaowen/2023-04/21/content_5752598.html.

② 中华人民共和国中央人民政府网. 中共中央政治局召开会议 审议《关于二十届中央第二轮巡视情况的综合报告》[EB/OL]. https://www.gov.cn/yaowen/liebiao/202403/content_6942307.html.

③ 习近平. 共同为改革想招一起为改革发力 群策群力把各项改革工作抓到位[N]. 人民日报,2014-08-19.

④ 习近平主持召开中共中央政治局会议[N]. 人民日报,2014-08-30.

进行第二十八次集体学习。这次学习的目的,是加强对马克思主义基本原理的学习和理解,通过重温马克思主义政治经济学,深化对经济发展规律的认识和把握,提高党领导我国经济发展的能力和水平。习近平总书记在学习会中谈体会时强调,生产资料所有制是生产关系的核心,决定着社会的基本性质和发展方向……我国基本经济制度是中国特色社会主义制度的重要支柱,也是社会主义市场经济体制的根基,公有制主体地位不能动摇,国有经济主导作用不能动摇。这是保证我国各族人民共享发展成果的制度性保证,也是巩固党的执政地位、坚持我国社会主义制度的重要保证。①

2018年9月25日至28日,习近平总书记在东北三省考察,主持召开了深入推进东北振兴座谈会。26日上午,习近平在齐齐哈尔考察了两家国有大型装备制造企业——中车齐车集团和中国一重集团有限公司。27日上午,习近平来到辽阳市,视察中国石油辽阳石化公司,实地察看原油加工优化增效改造项目装置全貌和建设情况,同企业劳模和职工代表一一握手。习近平总书记强调,国有企业地位重要、作用关键、不可替代,是党和国家的重要依靠力量。②

2019年11月29日,习近平总书记主持召开中共中央政治局会议,会议审议通过了《中国共产党国有企业基层组织工作条例(试行)》。会议强调,国有企业是中国特色社会主义的重要物质基础和政治基础,是党执政兴国的重要支柱和依靠力量。要切实加强党对国有企业的全面领导,从组织上、制度上、机制上确保国有企业党组织的领导地位,充分发挥企业党委(党组)把方向、管大局、保落实的领导作用。③

2020年6月30日下午,习近平总书记主持召开中央全面深化改革委员会第十四次会议并发表重要讲话,会议审议通过了《国企改革三年行动方案(2020—2022年)》。会议强调,国有企业是中国特色社会主义的重要物质基础和政治基础,是党执政兴国的重要支柱和依靠力量。在这次应对新冠肺炎疫情过程中,国有企业勇挑重担,在应急保供、医疗支援、复工复产、稳定产业链供应链等方面发挥了重要作用。④

---

① 习近平.不断开拓当代中国马克思主义政治经济学新境界[J].求是,2020(16).
② 习近平.解放思想锐意进取深化改革破解矛盾 以新气象新担当新作为推进东北振兴[N].人民日报,2018-09-29.
③ 光明网.中共中央政治局会议.https://m.gmw.cn/baijia/2019-11/30/33362683.html.
④ 新华网.习近平:依靠改革应对变局开拓新局 扭住关键鼓励探索突出实效[EB/OL].http://www.xinhuanet.com/politics/2020-06/30/c_1126179095.html.

2022年12月15日,习近平总书记在中央经济工作会议上指出,要坚持分类改革方向,处理好国有企业的经济责任与社会责任的关系,健全以管资本为主的国有资产管理体制,发挥国有资本投资、运营公司的作用,以市场化方式推进国有企业整合重组,打造一批创新型国有企业。①

2024年3月29日,习近平总书记主持召开中共中央政治局会议,会议审议了《关于二十届中央第二轮巡视情况的综合报告》。会议再一次强调,国有企业是中国特色社会主义的重要物质基础和政治基础。要坚持和加强党的领导,深入学习贯彻习近平新时代中国特色社会主义思想,扎实履行职责使命,坚决做到"两个维护"。要统筹发展和安全,增强忧患意识,坚持底线思维,坚决防范化解风险,以高水平安全保障高质量发展。②

三、保障人民共同利益的重要力量

2013年11月12日中国共产党第十八届中央委员会第三次全体会议通过了《中共中央关于全面深化改革若干重大问题的决定》。2013年11月15日,习近平总书记受中央政治局委托,就《中共中央关于全面深化改革若干重大问题的决定》向全会作说明,对全会决定涉及的几个重大问题和重大举措介绍了中央的考虑。在关于坚持和完善基本经济制度方面,他指出,国有企业是推进国家现代化、保障人民共同利益的重要力量。③

中国共产党第十八届中央纪律检查委员会第五次全体会议于2015年1月12日在北京开幕,全会由中央纪律检查委员会常务委员会主持。王岐山代表中央纪律检查委员会常务委员会作了题为《依法治国依规治党坚定不移推进党风廉政建设和反腐败斗争》的工作报告。2015年1月13日上午,习近平总书记在会议上发表重要讲话,他提到,国有资产资源来之不易,是全国人民的共同财富。④

2015年7月17日上午,习近平总书记在吉林东北工业集团长春一东离合器股

---

① 中华人民共和国中央人民政府网. 中央经济工作会议在北京举行 习近平李克强李强作重要讲话[EB/OL]. https://www.gov.cn/xinwen/2022-12/16/content_5732408.html.
② 中华人民共和国中央人民政府网. 中共中央政治局召开会议 审议《关于二十届中央第二轮巡视情况的综合报告》[EB/OL]. https://www.gov.cn/yaowen/liebiao/202403/content_6942307.html.
③ 习近平.关于《中共中央关于全面深化改革若干重大问题的决定》的说明[N]. 人民日报,2013-11-16.
④ 习近平在十八届中央纪委五次全会上发表重要讲话[N]. 人民日报,2015-01-14.

份有限公司听取了5名职工的发言后指出,国有企业是推进现代化、保障人民共同利益的重要力量,要坚持国有企业在国家发展中的重要地位不动摇,坚持把国有企业搞好、把国有企业做大做强做优不动摇。①

2016年7月4日,全国国有企业改革座谈会在北京召开,中央和国家机关有关部门、部分省市、部分中央企业和地方国有企业代表在座谈会上发言。习近平总书记作出重要指示强调,国有企业是壮大国家综合实力、保障人民共同利益的重要力量,必须理直气壮做强做优做大,不断增强活力、影响力、抗风险能力,实现国有资产保值增值。②

2018年11月1日,习近平总书记主持召开民营企业座谈会,听取民营企业代表对经济发展形势和民营经济发展的意见和建议。座谈会上,刘积仁、鲁伟鼎、王小兰、孙飘扬、卢勇、汤晓鸥、刘汉元、谈剑锋、刘屹、耿哲10位企业家代表先后发言,就新形势下支持民营企业发展提出了意见和建议。在认真听取大家发言后,习近平总书记发表了十分重要的讲话。他强调,我们党在坚持基本经济制度上的观点是明确的、一贯的,从来没有动摇。我国公有制经济是长期以来在国家发展历程中形成的,积累了大量财富,这是全体人民的共同财富,必须保管好、使用好、发展好,让其不断保值升值,决不能让大量国有资产闲置了、流失了、浪费了。③

2020年11月2日下午,习近平总书记主持召开中央全面深化改革委员会第十六次会议,会议审议通过了《关于新时代推进国有经济布局优化和结构调整的意见》。会议指出,国有资产是全体人民共同的宝贵财富,是保障党和国家事业发展、保障人民利益的重要物质基础,一定要管好用好。④

2021年3月11日,十三届全国人大四次会议表决通过了关于《国民经济和社会发展第十四个五年规划和2035年远景目标纲要》的决议。会议强调,要发挥国有经济战略支撑作用,推动国有经济进一步聚焦战略安全、产业引领、国计民生、公共服务等功能,调整盘活存量资产,优化增量资本配置,向关系国家安全、国民经济

---

① 习近平.保持战略定力增强发展自信 坚持变中求新变中求进变中突破[N].人民日报,2015-07-19.
② 习近平.理直气壮做强做优做大国有企业[N].人民日报,2016-07-05.
③ 习近平.在民营企业座谈会上的讲话[N].人民日报,2018-11-02.
④ 全面贯彻党的十九届五中全会精神 推动改革和发展深度融合高效联动[N].人民日报,2020-11-03.

命脉的重要行业集中。[①]

2022年春节前夕,习近平总书记在山西慰问基层干部群众时强调,要贯彻落实党中央关于能源保供各项部署要求,多措并举加强供需调节,提升能源供应保障能力,大企业特别是国有企业要带头保供稳价,强化民生用能供给保障责任,确保人民群众安全温暖过冬。[②]

习近平总书记关于国有资本和国有企业功能定位的论述归纳详见表1.1。

表1.1　　　习近平总书记关于国有资本和国有企业功能定位的论述

时间	场合	重要论述
2013年11月15日	中国共产党第十八届中央委员会第三次全体会议	国有企业是推进国家现代化、保障人民共同利益的重要力量 在功能定位上,明确公有制经济和非公有制经济都是社会主义市场经济的重要组成部分,都是我国经济社会发展的重要基础
2014年8月18日	中央全面深化改革领导小组第四次会议	国有企业特别是中央管理企业,在关系国家安全和国民经济命脉的主要行业和关键领域占据支配地位,是国民经济的重要支柱,在我们党执政和我国社会主义国家政权的经济基础中也是起支柱作用的,必须搞好
2014年8月29日	中共中央政治局会议	国有企业特别是中央管理企业,在关系国家安全和国民经济命脉的主要行业和关键领域占据支配地位,是国民经济的重要支柱,在我们党和我国社会主义国家政权的经济基础中也是起支柱作用的,必须搞好
2015年1月13日	中国共产党第十八届中央纪律检查委员会第五次全体会议	国有资产资源来之不易,是全国人民的共同财富
2015年7月17日	习近平总书记在吉林调研	国有企业是推进现代化、保障人民共同利益的重要力量,要坚持国有企业在国家发展中的重要地位不动摇,坚持把国有企业搞好、把国有企业做大做强做优不动摇
2015年7月17日	习近平总书记同吉林省企业职工座谈	国有企业是国民经济发展的中坚力量。对国有企业要有制度自信

[①] 中华人民共和国国民经济和社会发展第十四个五年规划和2035年远景目标纲要[N].人民日报,2021－03－13(001).

[②] 习近平春节前夕赴山西看望慰问基层干部群众[N].人民日报,2022－01－28.

续表

时间	场合	重要论述
2015年11月23日	十八届中共中央政治局第二十八次集体学习	我国基本经济制度是中国特色社会主义制度的重要支柱,也是社会主义市场经济体制的根基,公有制主体地位不能动摇,国有经济主导作用不能动摇。这是保证我国各族人民共享发展成果的制度性保证,也是巩固党的执政地位、坚持我国社会主义制度的重要保证
2016年7月4日	全国国有企业改革座谈会	国有企业是壮大国家综合实力、保障人民共同利益的重要力量,必须理直气壮做强做优做大,不断增强活力、影响力、抗风险能力,实现国有资产保值增值
2016年10月10—11日	全国国有企业党的建设工作会议	国有企业是中国特色社会主义的重要物质基础和政治基础,是我们党执政兴国的重要支柱和依靠力量
2017年12月12日	习近平总书记考察徐工集团重型机械有限公司	国有企业是中国特色社会主义的重要物质基础和政治基础,是中国特色社会主义经济的"顶梁柱"。要按照党的十九大部署推动国有企业深化改革、提高经营管理水平,使国有企业成为贯彻新发展理念、全面深化改革的骨干力量,成为我们党执政兴国的重要支柱和依靠力量
2018年9月27日	习近平总书记在东北三省考察	国有企业地位重要、作用关键、不可替代,是党和国家的重要依靠力量
2018年9月28日	习近平总书记在中国石油辽阳石化公司考察	我们的国有企业要继续做强做优做大,那种不要国有企业、搞小国有企业的说法、论调都是错误的、片面的。我们实行以公有制为主体、多种所有制经济共同发展的基本经济制度,这一点毫不动摇。任何怀疑、唱衰国有企业的思想和言论都是错误的
2018年11月1日	民营企业座谈会	我们党在坚持基本经济制度上的观点是明确的、一贯的,从来没有动摇。我国公有制经济是长期以来在国家发展历程中形成的,积累了大量财富,这是全体人民的共同财富,必须保管好、使用好、发展好,让其不断保值升值,决不能让大量国有资产闲置了、流失了、浪费了。我们推进国有企业改革发展、加强对国有资产的监管、惩治国有资产领域发生的腐败现象,都是为了这个目的。同时,我们强调把公有制经济巩固好、发展好,同鼓励、支持、引导非公有制经济发展不是对立的,而是有机统一的。公有制经济、非公有制经济应该相辅相成、相得益彰,而不是相互排斥、相互抵消

续表

时间	场合	重要论述
2020年4月10日	中央财经委员会第七次会议	在这次抗击新冠肺炎疫情过程中,国有企业冲在前面,发挥了重要作用,在促进产业循环中也起到了关键作用。国有企业是中国特色社会主义的重要物质基础和政治基础,是党执政兴国的重要支柱和依靠力量,必须做强做优做大
2020年4月20—23日	习近平总书记在陕西考察	把国有企业做实做强做优,是中国特色社会主义制度优越性得以充分发挥的重要保障
2020年6月30日	中央全面深化改革委员会第十四次会议	国有企业是中国特色社会主义的重要物质基础和政治基础,是党执政兴国的重要支柱和依靠力量
2023年9月27日	中共中央政治局会议	不断增强国有企业核心功能和核心竞争力,夯实中国特色社会主义的重要物质基础和政治基础

第二节 关于国有资本和国有企业使命任务的论述

习近平总书记关于国有资本和国有企业使命任务的论述,深刻回答了国有资本和国有企业"应该做什么"的问题。在2016年10月召开的全国国有企业党的建设工作会议上,习近平总书记对这个问题作了全面系统的论述。他强调,要通过加强和完善党对国有企业的领导、加强和改进国有企业党的建设,使国有企业成为党和国家最可信赖的依靠力量,成为坚决贯彻执行党中央决策部署的重要力量,成为贯彻新发展理念、全面深化改革的重要力量,成为实施"走出去"战略、"一带一路"建设等重大战略的重要力量,成为壮大综合国力、促进经济社会发展、保障和改善民生的重要力量,成为我们党赢得具有许多新的历史特点的伟大斗争胜利的重要力量。[1]

2021年1月11日,习近平总书记在省部级主要领导干部学习贯彻党的十九届五中全会精神专题研讨班上指出,中央企业等国有企业要勇挑重担、敢打头阵,勇当原创技术的"策源地"、现代产业链的"链长"。[2] 除此之外,关于国有资本和国有

---

[1] 习近平.坚持党对国有企业的领导不动摇[N].人民日报,2016—10—12.
[2] 习近平.把握新发展阶段,贯彻新发展理念,构建新发展格局[J].求是,2021(9).

企业的使命任务,习近平总书记还在多个场合强调了国有资本和国有企业应该服务国计民生、维护经济安全。

一、打造原创技术策源地

2016年3月,十二届全国人大四次会议指出,"坚定不移把国有企业做强做优做大,培育一批具有自主创新能力和国际竞争力的国有骨干企业,增强国有经济活力、控制力、影响力、抗风险能力,更好服务于国家战略目标"。

党的十八大以来,我国互联网事业快速发展,网络安全和信息化工作扎实推进,取得了显著进步和成绩,同时存在不少短板和问题。2016年4月19日,习近平总书记主持召开了网络安全和信息化工作座谈会,要当面听取大家意见和建议,共同探讨一些措施和办法,以利于把工作做得更好。座谈会上,中国工程院院士、中国电子科技集团公司总工程师吴曼青,安天实验室首席架构师肖新光,阿里巴巴集团董事局主席马云,友友天宇系统技术有限公司首席执行官姚宏宇,解放军驻京某研究所研究员杨林,北京大学新媒体研究院院长谢新洲,北京市委网信办主任佟力强,华为技术有限公司总裁任正非,国家计算机网络与信息安全管理中心主任黄澄清,复旦大学网络空间治理研究中心副主任沈逸先后发言。在听取了发言后,习近平总书记发表了重要讲话。他指出,可以探索搞揭榜挂帅,把需要的关键核心技术项目张出榜来,英雄不论出处,谁有本事谁就揭榜。在这方面,既要发挥国有企业作用,还要发挥民营企业作用,也可以两方面联手来干。[1]

2016年8月22日至24日,习近平总书记就贯彻落实"十三五"规划、加强生态环境保护、做好经济社会发展工作进行调研考察。在实地调研考察国家电投黄河水电太阳能电力有限公司西宁分公司,了解该企业发展光伏全产业链及科技研发、生产经营等情况时,习近平总书记提到,他希望国有企业带头提高创新能力,努力形成更多更好的创新成果和产品,在创新发展方面发挥更大的引领作用。[2]

2017年3月7日,习近平总书记参加了十二届全国人大五次会议辽宁代表团的审议。会上,李希、陈求发、唐复平、徐强、陈秀艳、王孝久、冯玉萍7位代表先后围绕推进辽宁振兴发展、深化国有企业改革、弘扬工匠精神、加强农村基层政权建

---

[1] 习近平.在网络安全和信息化工作座谈会上的讲话[N].人民日报,2016-04-26.
[2] 习近平在青海考察时强调:尊重自然顺应自然保护自然 坚决筑牢国家生态安全屏障[N].人民日报,2016-08-25.

设、发展壮大民营经济、弘扬优秀传统文化等问题发表意见。习近平总书记认真听取和记录了大家的意见并同大家交流,最后作了重要讲话。他在肯定辽宁过去一年的工作后指出,要推进供给侧结构性改革,推进国有企业改革发展,推进干部作风转变,深入实施东北老工业基地振兴战略,全面做好稳增长、促改革、调结构、惠民生、防风险各项工作。习近平指出,要把国有企业作为辽宁振兴的"龙头",坚定不移把国有企业做强做优做大,培育核心竞争力,争当创新驱动发展先行军,加快培育具有较强创新精神和创新能力的企业科技人才队伍。①

2017年4月19日至21日,习近平总书记在北海、南宁等地,深入港口、企业、重点项目、创新示范基地和文化单位,考察调研经济社会发展情况,实地了解基层干部群众对党的十九大的建议和期待。20日上午,习近平总书记考察了广西南南铝加工有限公司,对公司勇于创新创造给予肯定,并指出,创新是引领发展的第一动力,要加强知识、人才积累,不断突破难题、攀登高峰,国有企业要做落实新发展理念的排头兵、做创新驱动发展的排头兵、做实施国家重大战略的排头兵。②

2018年6月,习近平总书记在山东考察时强调:"国有企业特别是中央所属国有企业,一定要加强自主创新能力,研发和掌握更多的国之重器。"③

2018年9月20日,习近平总书记主持召开中央全面深化改革委员会第四次会议,会议审议通过了《关于改革和完善疫苗管理体制的意见》等文件。会议指出,疫苗关系人民群众生命健康,关系公共卫生安全和国家安全。改革和完善疫苗管理体制,必须标本兼治、重在治本,采取强有力举措,严格市场准入,强化市场监管,优化流通配送,规范接种管理,坚决堵塞监管漏洞,严厉打击违法违规,确保疫苗生产和供应安全。要发挥国有企业和大型骨干企业的主导作用,加强疫苗研发创新、技术升级和质量管理。④

2019年12月12日,习近平总书记在中央经济工作会议上指出,要深化科技体制改革,加快科技成果转化应用,加快提升企业技术创新能力,发挥国有企业在技术创新中的积极作用,健全鼓励支持基础研究、原始创新的体制机制,完善科技人

---

① 习近平李克强俞正声刘云山王岐山分别参加全国人大会议一些代表团审议[N].人民日报,2017-03-08.
② 扎实推动经济社会持续健康发展 以优异成绩迎接党的十九大胜利召开[N].人民日报,2017-04-22.
③ 习近平.切实把新发展理念落到实处 不断增强经济社会发展创新力[N].《人民日报》2018-06-15.
④ 习近平.加强领导科学统筹狠抓落实 把改革重点放到解决实际问题上来[N].人民日报,2018-09-21.

才发现、培养、激励机制。①

2020年8月18日至21日,习近平先后来到阜阳、马鞍山、合肥等地,深入防汛救灾一线、农村、企业、革命纪念馆等,看望慰问受灾群众和防汛救灾一线人员,就统筹推进常态化疫情防控和经济社会发展工作、加强防汛救灾和灾后恢复重建、推进长三角一体化发展、谋划"十四五"时期经济社会发展进行调研。19日上午,习近平前往马鞍山市考察调研,来到中国宝武马钢集团,了解企业生产经营情况,察看重点产品展示。企业劳动模范、工人代表看到总书记来了,热烈鼓掌。习近平亲切地同大家打招呼。他指出,新冠肺炎疫情发生以来,马钢克服困难,率先复工复产,上半年产量和营收同比实现"双升"。要抓住深化国有企业改革和推动长三角一体化发展的重大机遇,加强新材料新技术研发,开发生产更多技术含量高、附加值高的新产品,增强市场竞争力。②

2021年1月,习近平总书记在省部级主要领导干部学习贯彻党的十九届五中全会精神专题研讨班上的讲话中指出,"中央企业等国有企业要勇挑重担、敢打头阵,勇当原创技术的'策源地'、现代产业链的'链长'"③。

2022年2月28日,习近平总书记主持召开中央全面深化改革委员会第二十四次会议,审议通过了《关于加快建设世界一流企业的指导意见》《关于推进国有企业打造原创技术策源地的指导意见》等重要文件。习近平在主持会议时强调,要推动国有企业完善创新体系、增强创新能力、激发创新活力,促进产业链创新链深度融合,提升国有企业原创技术需求牵引、源头供给、资源配置、转化应用能力,打造原创技术策源地。④

2022年12月15日,习近平总书记在中央经济工作会议上指出,要深化科技体制改革,加快科技成果转化应用,加快提升企业技术创新能力,发挥国有企业在技术创新中的积极作用,健全鼓励支持基础研究、原始创新的体制机制,完善科技人才发现、培养、激励机制。⑤

---

① 中央经济工作会议在北京举行 习近平李克强作重要讲话[N]. 人民日报,2019-12-13.
② 习近平在安徽考察时强调:坚持改革开放坚持高质量发展 在加快建设美好安徽上取得新的更大进展[N]. 人民日报,2020-08-22.
③ 光明网. 习近平在省部级主要领导干部学习贯彻党的十九届五中全会精神专题研讨班开班式上发表重要讲话[EB/OL]. https://politics.gmw.cn/2021-01/11/content_34534601.html.
④ 加快建设世界一流企业 加强基础学科人才培养[N]. 人民日报,2022-03-01.
⑤ 中华人民共和国中央人民政府网. 中央经济工作会议在北京举行 习近平李克强李强作重要讲话[EB/OL]. https://www.gov.cn/xinwen/2022-12/16/content_5732408.html.

2024年7月18日,党的二十届三中全会提出,允许更多符合条件的国有企业以创新创造为导向,在科研人员中开展多种形式中长期激励;[1]并且提出"健全国有企业推进原始创新制度安排",强调要加强创新制度建设。

二、担当现代产业链"链长"

2020年7月21日,习近平总书记主持召开企业家座谈会,目的是同企业家们谈谈心,给企业家们鼓鼓劲,听听大家对当前经济形势、"十四五"时期企业改革发展的意见和建议。座谈会上,海康威视数字技术股份有限公司董事长、党委书记陈宗年,中国中化集团有限公司董事长、党组书记宁高宁,武汉高德红外股份有限公司董事长黄立,歌尔股份有限公司董事长姜滨,上海品海饭店总经理赵宪珍,微软全球资深副总裁、微软亚太研发集团主席洪小文,松下电器(中国)有限公司总裁赵炳弟7位企业家代表先后发言,就当前经济形势、保护市场主体、加强科技创新、深化企业改革、吸引用好人才、"十四五"规划建设等提出了意见和建议。结合大家的发言,习近平总书记提了几点意见。在关于落实好纾困惠企政策方面,他提出,国有企业特别是中央企业要发挥龙头带动作用,带动上下游各类企业共渡难关。要加强国际合作,保护好产业链供应链。[2]

2020年10月31日,习近平总书记在《求是》杂志第21期发表的署名文章《国家中长期经济社会发展战略若干重大问题》中指出,"产业链、供应链在关键时刻不能掉链子,这是大国经济必须具备的重要特征"。并强调,"为保障我国产业安全和国家安全,要着力打造自主可控、安全可靠的产业链、供应链,力争重要产品和供应渠道都至少有一个替代来源,形成必要的产业备份系统"[3]。

2021年5月1日,习近平总书记在《求是》杂志第9期发表的署名文章《把握新发展阶段,贯彻新发展理念,构建新发展格局》中指出,"我们必须把这个问题放在能不能生存和发展的高度加以认识,全面加强对科技创新的部署,集合优势资源,有力有序推进创新攻关的'揭榜挂帅'体制机制,加强创新链和产业链对接,明确路线图、时间表、责任制,适合部门和地方政府牵头的要牵好头,适合企业牵头的政府要全力支持。中央企业等国有企业要勇挑重担、敢打头阵,勇当原创技术的'策源

---

[1] 中共中央关于进一步全面深化改革 推进中国式现代化的决定[N].人民日报,2024—07—22(001).
[2] 习近平在企业家座谈会上的讲话[N].人民日报,2020—07—22.
[3] 习近平.国家中长期经济社会发展战略若干重大问题[J].求是,2020(21).

地'、现代产业链的'链长'"①。

三、服务国计民生

2021年,作为新冠肺炎疫情后的复苏之年和"十四五"规划开局之年,有的地方和企业"抢头彩"心切,借碳达峰,在排放上"冲高峰",盲目上马"两高"(高耗能、高排放)项目,甚至未批先建,上半年全国四大高耗能行业用电量同比增长13.7%,半数省份未达到目标能耗控制进度,其中9个不降反升。在被国家相关部门通报之后,浙江等绩效预警地区开始以限电停产等一刀切的方式控制能耗,冲刺完成年度目标。② 2021年12月8日至10日,中央经济工作会议在北京举行。习近平总书记出席会议并发表重要讲话。针对一些地区限电停产的行为,他强调,要确保能源供应,实现多目标平衡,多渠道增加能源供应,大企业特别是国有企业要带头保供稳价,决不允许再次发生大面积"拉闸限电"这类重大事件。③

2022年1月26日至27日,习近平总书记在山西省临汾、晋中等地深入农村、文物保护单位、企业,进行考察调研,给基层干部群众送去党中央的关心和慰问。习近平十分关心冬季供电供热保障工作。27日下午,习近平总书记来到山西瑞光热电有限责任公司考察调研时指出,供电供热事关经济发展全局和社会稳定大局,是关系民生的大事。要贯彻落实党中央关于能源保供各项部署要求,多措并举加强供需调节,提升能源供应保障能力,大企业特别是国有企业要带头保供稳价,强化民生用能供给保障责任,确保人民群众安全温暖过冬。④

2013年11月12日,中国共产党第十八届中央委员会第三次全体会议通过了《中共中央关于全面深化改革若干重大问题的决定》。2013年11月15日,习近平总书记受中央政治局委托,就《中共中央关于全面深化改革若干重大问题的决定》向全会作说明。他在说明中指出,划转部分国有资本充实社会保障基金;提高国有资本收益上缴公共财政比例,更多用于保障和改善民生。⑤

---

① 习近平.把握新发展阶段,贯彻新发展理念,构建新发展格局[J].求是,2021(9).
② 中国能源政策研究院官网.2021"拉闸限电":旧疾还是新症?[EB/OL].https://cicep.xmu.edu.cn/info/1011/3262.html.
③ 习近平.正确认识和把握我国发展重大理论和实践问题[J].求是,2022(10).
④ 习近平春节前夕赴山西看望慰问基层干部群众[N].人民日报,2022-01-28.
⑤ 习近平.关于《中共中央关于全面深化改革若干重大问题的决定》的说明[N].人民日报,2013-11-16.

四、维护经济安全

2021年12月8日至10日,中央经济工作会议在北京举行。习近平总书记出席会议并发表重要讲话。他指出,要增强国内资源生产保障能力。要加大勘查力度,实施新一轮找矿突破战略行动,提高海洋资源、矿产资源开发保护水平。要明确重要能源资源国内生产自给的战略底线,发挥国有企业支撑托底作用,加快油气等资源先进开采技术开发应用。①

2023年11月7日下午,习近平总书记主持召开中央全面深化改革委员会第三次会议,会议审议通过了《关于进一步完善国有资本经营预算制度的意见》等重要文件。习近平总书记在主持会议时强调,国有资本经营预算是国家预算体系的重要组成部分,要完善国有资本经营预算制度,扩大实施范围,强化功能作用,健全收支管理,提升资金效能。要健全自然垄断环节监管体制机制,强化制度设计,完善监管体系,提升监管能力,增强国有经济对自然垄断环节的控制力,更好满足构建现代化基础设施体系的需要,更好保障国家安全。②

习近平总书记关于国有资本和国有企业使命任务的论述归纳详见表1.2。

表1.2　　　　习近平总书记关于国有资本和国有企业使命任务的论述

时间	场合	重要论述
2013年3月27日	金砖国家领导人第五次会晤	我们认识到国有企业在经济中发挥的重要作用,鼓励我们的国有企业探寻开展合作、分享信息和最佳实践的方式
2013年11月15日	中国共产党第十八届中央委员会第三次全体会议	划转部分国有资本充实社会保障基金;提高国有资本收益上缴公共财政比例,更多用于保障和改善民生
2014年11月4日	中央财经领导小组第八次会议	"一带一路"建设是一项长期工程,要做好统筹协调工作,正确处理政府和市场的关系,发挥市场机制作用,鼓励国有企业、民营企业等各类企业参与,同时发挥好政府作用
2016年4月19日	网络安全和信息化工作座谈会	可以探索搞"揭榜挂帅",把需要的关键核心技术项目张出榜来,英雄不论出处,谁有本事谁就揭榜。在这方面,既要发挥国有企业作用,也要发挥民营企业作用,还可以两方面联手来干

---

① 习近平.正确认识和把握我国发展重大理论和实践问题[J].求是,2022(10).
② 《全面推进美丽中国建设 健全自然垄断环节监管体制机制》[N].人民日报,2023—11—08.

续表

时　间	场　合	重要论述
2016年7月4日	全国国有企业改革座谈会	必须理直气壮做强做优做大,不断增强活力、影响力、抗风险能力,实现国有资产保值增值
2016年8月22—24日	习近平总书记在青海考察	希望国有企业带头提高创新能力,努力形成更多更好的创新成果和产品,在创新发展方面发挥更大引领作用
2016年5月16日	中央财经领导小组第十三次会议	特别要强调的是,处置国有企业中的"僵尸企业"本身就是推进国有企业改革,就是国有经济战略性调整。中央企业要有担当,起带头作用,今年要在处置"僵尸企业"上取得实效
2016年10月10—11日	全国国有企业党的建设工作会议	要通过加强和完善党对国有企业的领导、加强和改进国有企业党的建设,使国有企业成为党和国家最可信赖的依靠力量,成为坚决贯彻执行党中央决策部署的重要力量,成为贯彻新发展理念、全面深化改革的重要力量,成为实施"走出去"战略、"一带一路"建设等重大战略的重要力量,成为壮大综合国力、促进经济社会发展、保障和改善民生的重要力量,成为我们党赢得具有许多新的历史特点的伟大斗争胜利的重要力量
2017年3月7日	习近平总书记在辽宁代表团参加审议	要把国有企业作为辽宁振兴的"龙头",坚定不移把国有企业做强做优做大,培育核心竞争力,争当创新驱动发展先行军,加快培育具有较强创新精神和创新能力的企业科技人才队伍
2017年4月20日	习近平总书记在广西考察	创新是引领发展的第一动力,要加强知识、人才积累,不断突破难题、攀登高峰,国有企业要做落实新发展理念的排头兵、做创新驱动发展的排头兵、做实施国家重大战略的排头兵
2017年7月14—15日	全国金融工作会议	要把国有企业降杠杆作为重中之重,抓好处置"僵尸企业"工作
2017年12月12日	习近平总书记考察徐工集团重型机械有限公司	国有企业要成为深化供给侧结构性改革的生力军,瞄准国际标准提高发展水平,促进我国产业迈向全球价值链中高端
2018年3月28日	中央财经委员会第一次会议	要以结构性去杠杆为基本思路,分部门、分债务类型提出不同要求,地方政府和企业特别是国有企业要尽快把杠杆降下来,努力实现宏观杠杆率稳定和逐步下降
2018年6月12—14日	习近平总书记在山东考察	国有企业特别是中央所属国有企业,一定要加强自主创新能力,研发和掌握更多的国之重器
2018年9月20日	中央全面深化改革委员会第四次会议	要发挥国有企业和大型骨干企业的主导作用,加强疫苗研发创新、技术升级和质量管理

续表

时　间	场　合	重要论述
2019年 12月12日	中央经济工作会议	要深化科技体制改革,加快科技成果转化应用,加快提升企业技术创新能力,发挥国有企业在技术创新中的积极作用,健全鼓励支持基础研究、原始创新的体制机制,完善科技人才发现、培养、激励机制
2019年 1月16—18日	习近平总书记在京津冀三省市考察并主持召开京津冀协同发展座谈会	无论是国有企业还是民营企业,无论是本地企业还是北京企业,无论是中国企业还是外资企业,只要符合新区产业发展规划,我们都欢迎
2020年 6月30日	中央全面深化改革委员会第十四次会议	在这次应对新冠肺炎疫情过程中,国有企业勇挑重担,在应急保供、医疗支援、复工复产、稳定产业链供应链等方面发挥了重要作用
2020年 4月20—23日	习近平总书记在陕西考察	在防控(新冠肺炎)疫情中,国有企业充分发挥了主力军、生力军的作用,在推动复工复产过程中,国有企业也要发挥主力军、生力军作用
2020年 7月21日	企业家座谈会	国有企业特别是中央企业要发挥龙头带动作用,带动上下游各类企业共渡难关
2020年 8月18—21日	习近平总书记在安徽考察	要抓住深化国有企业改革和推动长三角一体化发展的重大机遇,加强新材料新技术研发,开发生产更多技术含量高、附加值高的新产品,增强市场竞争力
2021年 1月11日	省部级主要领导干部学习贯彻党的十九届五中全会精神专题研讨班	中央企业等国有企业要勇挑重担、敢打头阵,勇当原创技术的"策源地"、现代产业链的"链长"
2021年 12月8日	中央经济工作会议	要明确重要能源资源国内生产自给的战略底线,发挥国有企业支撑托底作用,加快油气等资源先进开采技术开发应用 要确保能源供应,实现多目标平衡,多渠道增加能源供应,大企业特别是国有企业要带头保供稳价,决不允许再次发生大面积"拉闸限电"这类重大事件
2022年 1月26—27日	习近平总书记赴山西看望慰问基层干部群众	要贯彻落实党中央关于能源保供各项部署要求,多措并举加强供需调节,提升能源供应保障能力,大企业特别是国有企业要带头保供稳价,强化民生用能供给保障责任,确保人民群众安全温暖过冬
2022年 2月28日	中央全面深化改革委员会第二十四次会议	要推动国有企业完善创新体系、增强创新能力、激发创新活力,促进产业链创新链深度融合,提升国有企业原创技术需求牵引、源头供给、资源配置、转化应用能力,打造原创技术策源地

续表

时间	场合	重要论述
2022年12月8日	中央经济工作会议	要确保能源供应,大企业特别是国有企业要带头保供稳价
2023年4月21日	二十届中央全面深化改革委员会第一次会议	要立足新时代新征程国有经济肩负的使命任务和功能定位,从服务构建新发展格局、推动高质量发展、促进共同富裕、维护国家安全的战略高度出发,完善国有经济安全责任、质量结构、资产和企业管理,深化国有企业改革,着力补短板、强弱项、固底板、扬优势,构建顶层统筹、权责明确、运行高效、监管有力的国有经济管理体系
2023年11月7日	中央全面深化改革委员会第三次会议	国有资本经营预算是国家预算体系的重要组成部分,要完善国有资本经营预算制度,扩大实施范围,强化功能作用,健全收支管理,提升资金效能
2023年12月11日	中央经济工作会议	深入实施国有企业改革深化提升行动,增强核心功能,提高核心竞争力
2024年6月11日	中央全面深化改革委员会第五次会议	完善中国特色现代企业制度,要尊重企业经营主体地位,坚持问题导向,根据企业规模、发展阶段、所有制性质等,分类施策、加强引导。要加强党对国有企业的全面领导,完善党领导国有企业的制度机制,推动国有企业严格落实责任,完善国有企业现代公司治理,加强对国有资本的监督管理
2024年7月18日	二十届三中全会	进一步明晰不同类型国有企业功能定位,完善主责主业管理,明确国有资本重点投资领域和方向。推动国有资本向关系国家安全、国民经济命脉的重要行业和关键领域集中,向前瞻性战略性新兴产业集中

第三节　关于深化国有资本和国有企业改革的论述

深化国资国企改革,对于巩固公有制主体地位、更好发挥国有经济战略支撑作用、确保党长期执政和国家长治久安具有十分重要的意义。[①] 习近平总书记关于深化国有资本和国有企业改革的论述,为国有资本和国有企业应该如何做强做优做

---

① 张玉卓.深化国有企业改革[N].人民日报,2024-08-16.

大提供了根本遵循。

习近平总书记对国有资本和国有企业的问题早已有深刻的洞察。2013年11月16日,习近平总书记在对《中共中央关于全面深化改革若干重大问题的决定》的说明中指出,经过多年改革,国有企业总体上已经同市场经济相融合。同时,国有企业也积累了一些问题、存在一些弊端,需要进一步推进改革。①

习近平总书记对国有企业改革的重大意义也有着清晰的认识。2015年7月17日,习近平总书记在吉林调研时强调,推进国有企业改革,要有利于国有资本保值增值,有利于提高国有经济竞争力,有利于放大国有资本功能。②

2020年4月10日,习近平总书记在中央财经委员会第七次会议上指出,国有企业也要改革优化,但绝对不能否定、绝对不能削弱。③ 2022年10月16日,习近平总书记在党的二十大报告中进一步指出,深化国资国企改革,加快国有经济布局优化和结构调整,推动国有资本和国有企业做强做优做大,提升企业核心竞争力。④ 2022年12月15日至16日,中央经济工作会议在北京举行。习近平总书记出席会议并发表重要讲话,深刻指出了国企改革三年行动已见成效,要根据形势变化,以提高核心竞争力和增强核心功能为重点,谋划新一轮深化国有企业改革行动方案。我国经营性国有资产规模大,一些企业资产收益率不高、创新能力不足,同国有资本和国有企业做强做优做大、发挥国有经济战略支撑作用的要求不相适应。要坚持分类改革方向,处理好国有企业经济责任和社会责任关系,健全以管资本为主的国有资产管理体制,发挥国有资本投资运营公司作用,以市场化方式推进国有企业整合重组,打造一批创新型国有企业。要完善中国特色国有企业现代公司治理,真正按市场化机制运营,加快建设世界一流企业。⑤ 习近平总书记在2023年12月11日至12日召开的中央经济工作会议上指出,要深入实施国有企业改革深化提升行动,增强核心功能,提高核心竞争力。⑥

2024年6月,在中央全面深化改革委员会第五次会议上,习近平总书记指出,

---

① 习近平.关于《中共中央关于全面深化改革若干重大问题的决定》的说明[N].人民日报,2013-11-16.
② 习近平.保持战略定力增强发展自信 坚持变中求新变中求进变中突破[N].人民日报,2015-7-19.
③ 习近平.国家中长期经济社会发展战略若干重大问题[J].求是,2020(21).
④ 高举中国特色社会主义伟大旗帜 为全面建设社会主义现代化国家而团结奋斗——在中国共产党第二十次全国代表大会上的报告[N].人民日报,2022-10-26.
⑤ 习近平.当前经济工作的几个重大问题[J].求是,2023(4).
⑥ 中央经济工作会议在北京举行[N].人民日报,2023-12-13.

"推动企业建立健全产权清晰、权责明确、政企分开、管理科学的现代企业制度,培育更多世界一流企业"①,赋予了中国特色现代企业制度新的内涵和时代意蕴。

习近平总书记关于国有资本和国有企业改革的论述,涉及加强国有企业党的建设、健全以管资本为主的国有资产管理体制、深化供给侧结构性改革、推进混合所有制改革、深化国有企业工资决定机制改革、推进国有经济布局优化与结构调整等内容。

一、加强国有企业党的建设

2015年6月5日,习近平总书记主持召开中央全面深化改革领导小组第十三次会议,会议审议通过了《关于在深化国有企业改革中坚持党的领导加强党的建设的若干意见》《关于加强和改进企业国有资产监督防止国有资产流失的意见》等重要文件。会议强调,坚持党的领导是我国国有企业的独特优势。把国有企业做强做优做大,不断增强国有经济活力、控制力、影响力、抗风险能力,要坚持党的建设与国有企业改革同步谋划、党的组织及工作机构同步设置,实现体制对接、机制对接、制度对接、工作对接,确保党的领导、党的建设在国有企业改革中得到体现和加强。要坚持党管干部原则,建立适应现代企业制度要求和市场竞争需要的选人用人机制。要把加强党的领导和完善公司治理统一起来,明确国有企业党组织在公司法人治理结构中的法定地位。国有企业党组织要承担好从严管党治党责任。②

2015年11月23日,习近平总书记主持召开中央政治局会议,听取关于巡视55家国有重要骨干企业有关情况的专题报告。会议指出,全面深化改革是国有企业发展的必由之路,加强党的领导是深化国有企业改革坚持正确方向的根本保证。要用好巡视成果,落实党的十八届三中、四中、五中全会部署的改革任务,坚持效果导向与问题导向相结合,敢于破除体制机制弊端,发挥改革的突破性和先导性作用,为国有企业发展提供持续动力。③

2016年7月4日全国国有企业改革座谈会在北京召开,习近平总书记作出重

---

① 完善中国特色现代企业制度 建设具有全球竞争力的科技创新开放环境[N].光明日报,2024—06—12(1).
② 习近平.树立改革全局观积极探索实践 发挥改革试点示范突破带动作用[N].人民日报,2015—06—06.
③ 中共中央政治局召开会议 中共中央总书记习近平主持会议[N].人民日报,2015—11—24.

要指示强调,要坚持党要管党、从严治党,加强和改进党对国有企业的领导,充分发挥党组织的政治核心作用。①

2016年10月10日至11日,习近平总书记在全国国有企业党的建设工作会议上明确指出,坚持党的领导、加强党的建设,是我国国有企业的光荣传统,是国有企业的"根"和"魂",是我国国有企业的独特优势,并提出了"两个一以贯之"的论断:坚持党对国有企业的领导是重大政治原则,必须一以贯之;建立现代企业制度是国有企业改革的方向,也必须一以贯之。明确了中国特色现代国有企业制度,"特"就特在把党的领导融入公司治理各环节,把企业党组织内嵌到公司治理结构中,明确和落实党组织在公司法人治理结构中的法定地位,做到组织落实、干部到位、职责明确、监督严格。②

2017年10月,党的十九大通过的党章进一步明确"国有企业党委(党组)发挥领导作用,把方向、管大局、保落实,依照规定讨论和决定企业重大事项"③。

2017年12月18日至20日,中央经济工作会议在北京举行。习近平总书记在会上发表重要讲话,总结党的十八大以来我国经济发展历程,分析经济形势,部署2018年经济工作。会议指出,要加强国有企业党的领导和党的建设,推动国有企业完善现代企业制度,健全公司法人治理结构。④

2018年5月11日下午,习近平总书记主持召开中央全面深化改革委员会第二次会议,会议审议通过了《关于加强国有企业资产负债约束的指导意见》《中央企业领导人员管理规定》等重要文件。会议指出,加强中央企业领导人员管理,要坚持党管干部原则,坚持发挥市场机制作用,坚持德才兼备、以德为先,坚持严管与厚爱结合、激励和约束并重,完善适应中国特色现代国有企业制度要求和市场竞争需要的选人用人机制,建设对党忠诚、勇于创新、治企有方、兴企有为、清正廉洁的中央企业领导人员队伍。⑤

2018年6月12日至14日,习近平总书记在出席上海合作组织青岛峰会后,先后来到青岛、威海、烟台、济南等地,深入科研院所、社区、党性教育基地、企业、农村,考察党的十九大精神贯彻落实和经济社会发展情况。13日下午,在考察中集来

---

① 习近平.理直气壮做强做优做大国有企业[N].人民日报,2016-07-05.
② 习近平.坚持党对国有企业的领导不动摇[N].人民日报,2016-10-12.
③ 本书编写组.中国共产党章程[M].北京:人民出版社,2017:68.
④ 中央经济工作会议在北京举行 习近平李克强作重要讲话[N].人民日报,2017-12-21.
⑤ 习近平主持召开中央全面深化改革委员会第二次会议[N].人民日报,2018-05-12.

福士海洋工程有限公司烟台基地时,习近平总书记指出,国有企业特别是中央所属国有企业,一定要加强自主创新能力,研发和掌握更多的国之重器。国有企业要深化改革创新,努力建成现代企业。要坚持党对国有企业的领导不动摇,坚持建强国有企业基层党组织不放松,为做强做优做大国有企业提供坚强组织保证。①

2018年9月25日至28日,习近平总书记深入黑龙江农垦建三江管理局和齐齐哈尔市、吉林松原市、辽宁辽阳市和抚顺市,实地了解东北振兴情况。在视察中国石油辽阳石化公司时,习近平总书记强调,要一以贯之坚持党对国有企业的领导,一以贯之深化国有企业改革,努力实现质量更高、效益更好、结构更优的发展。②

2019年11月29日中共中央政治局召开会议,审议了《中国共产党党和国家机关基层组织工作条例(试行)》和《中国共产党国有企业基层组织工作条例(试行)》。习近平总书记主持了这次会议。会议指出,研究制定《中国共产党国有企业基层组织工作条例(试行)》,是深入贯彻习近平新时代中国特色社会主义思想、贯彻落实新时代党的建设总要求和新时代党的组织路线、坚持和加强党对国有企业的全面领导、提高国有企业党的建设质量的重要举措,对于完善中国特色现代企业制度,增强国有经济竞争力、创新力、控制力、影响力、抗风险能力,做强做优做大国有资本,具有十分重要的意义。会议强调,要切实加强党对国有企业的全面领导,从组织上、制度上、机制上确保国有企业党组织的领导地位,充分发挥企业党委(党组)把方向、管大局、保落实的领导作用。要坚持中国特色现代企业制度改革方向,把加强党的领导和完善公司治理统一起来,把党的领导融入公司治理各环节,把企业党组织内嵌到公司治理结构中,明确和落实党组织在公司法人治理结构中的法定地位,确保国有企业党委(党组)领导作用发挥组织化、制度化、具体化。要加强企业干部队伍建设,着力建设对党忠诚、勇于创新、治企有方、兴企有为、清正廉洁的高素质专业化国有企业领导人员队伍。要加强党务工作队伍建设,把党务工作岗位作为培养企业复合型人才的重要平台。要坚持抓基层、打基础,找准基层党组织服务生产经营、凝聚职工群众、参与基层治理的着力点,推进基层党建理念创新、机制创新、手段创新,不断增强基层党组织的政治功能和组织力,把国有企业基层党组织打造成为坚强战斗堡垒。③

---

① 习近平.切实把新发展理念落到实处 不断增强经济社会发展创新力[N].人民日报,2018-06-15.
② 习近平.解放思想锐意进取深化改革破解矛盾 以新气象新担当新作为推进东北振兴[N].人民日报,2018-09-29.
③ 中共中央政治局召开会议[N].人民日报,2019-11-30.

2021年3月11日,十三届全国人大四次会议通过了《中华人民共和国国民经济和社会发展第十四个五年规划和2035年远景目标纲要》。该纲要强调,要坚持党对国有企业的全面领导,促进加强党的领导与完善公司治理相统一,加快建立权责法定、权责透明、协调运转、有效制衡的公司治理机制;加强董事会建设,落实董事会职权,使董事会成为企业经营决策主体。

2021年4月25日至27日,习近平总书记先后来到桂林、柳州、南宁等地,深入革命纪念馆、农村、企业、民族博物馆等,就贯彻党的十九届五中全会精神、开展党史学习教育、推动"十四五"开好局起好步等进行调研。26日下午,习近平总书记在广西柳工集团有限公司进行考察调研,先后走进公司展厅、研发实验中心、挖掘机装配厂等,听取公司发展情况介绍,察看主要产品展示,同公司职工和技术研发人员亲切交谈。他强调,要坚持党对国有企业的全面领导,坚持加强党的领导与完善公司治理相统一,在深化企业改革中搞好党的建设,充分发挥党组织在企业改革发展中的领导核心作用。[①]

2022年10月,党的二十大报告提出要"推进国有企业、金融企业在完善公司治理中加强党的领导"[②]。

二、健全以管资本为主的国资管理体制

党的二十届三中全会指出:"深化国资国企改革,完善管理监督体制机制……深化国有资本投资、运营公司改革……国有资本经营预算和绩效评价制度……强化人大预算决算审查监督和国有资产管理……健全监管体制机制。"健全以管资本为主的国有资产管理体制,其中一项很重要的内容就是改组组建国有资本投资、运营公司,实施资本运作。

2014年8月18日下午,习近平总书记主持召开中央财经领导小组第七次会议,研究实施创新驱动发展战略。他强调,在国有企业改革中,要考虑组建国有资本运营公司或投资公司,设立国有资本风险投资基金,用于支持创新型企业包括小微企业。[③] 2015年12月18日至21日,中央经济工作会议在北京举行。习近平总

[①] 解放思想深化改革凝心聚力担当实干 建设新时代中国特色社会[N].人民日报,2021-04-28.

[②] 习近平.高举中国特色社会主义伟大旗帜 为全面建设社会主义现代化国家而团结奋斗——在中国共产党第二十次全国代表大会上的报告[N].人民日报,2022-10-26.

[③] 中共中央文献研究室.习近平关于科技创新论述摘编[M].北京:中央文献出版社,2016.

书记在会上发表重要讲话,总结2015年经济工作,分析国内国际经济形势,部署2016年经济工作,重点是落实"十三五"规划建议要求,推进结构性改革,推动经济持续健康发展。会议指出,要大力推进国有企业改革,加快改组组建国有资本投资、运营公司,加快推进垄断行业改革。[1] 2017年的中央经济工作会议上,习近平总书记强调,"盘活存量资产",能够"化解风险",建立产业"健康发展的长效机制"。[2] 2018年的中央经济工作会议上再次明确要"加快实现从管企业向管资本转变,改组成立一批国有资本投资公司,组建一批国有资本运营公司"[3],并在十九大和二十大中以"完善各类国有资产管理体制,改革国有资本授权经营体制"[4]和"深化国资国企改革,加快国有经济布局优化和结构调整,推动国有资本和国有企业做强做优做大"[5]的表述对深化国有资本授权经营体制改革持续给予高度关注,不断提出新的要求。2022年的经济工作会议上,习近平总书记强调要"发挥国有资本投资、运营公司作用,以市场化方式推进国有企业整合重组,打造一批创新型国有企业。要完善中国特色国有企业现代公司治理,真正按市场化机制运营,加快建设世界一流企业"[6]。

2015年1月13日,习近平总书记在中国共产党第十八届中央纪律检查委员会第五次全体会议上发表重要讲话,提出反腐倡廉建章立制要着重抓好4个方面的制度建设,其中之一就是要着力完善国有企业监管制度,加强党对国有企业的领导,加强对国有企业领导班子的监督,搞好对国有企业的巡视,加大审计监督力度。国有资产资源来之不易,是全国人民的共同财富。要完善国有资产资源监管制度,强化对权力集中、资金密集、资源富集的部门和岗位的监管。[7]

2015年6月5日上午,习近平总书记主持召开中央全面深化改革领导小组第十三次会议,会议审议通过了《关于在深化国有企业改革中坚持党的领导加强党的建设的若干意见》《关于加强和改进企业国有资产监督 防止国有资产流失的意见》

---

[1] 中央经济工作会议在北京举行 习近平李克强作重要讲话[N].人民日报,2015-12-22.
[2] 中央经济工作会议在北京举行 习近平李克强作重要讲话[N/OL].人民日报,2017-12-21. http://jhsjk.people.cn/article/29719987.
[3] 中央经济工作会议在北京举行习近平李克强作重要讲话[N].人民日报,2018-12-22.
[4] 习近平.决胜全面建成小康社会夺取新时代中国特色社会主义伟大胜利——在中国共产党第十九次全国代表大会上的报告[M].北京:人民出版社,2017.
[5] 习近平.高举中国特色社会主义伟大旗帜为全面建设社会主义现代化国家而团结奋斗——在中国共产党第二十次全国代表大会上的报告[M].北京:人民出版社,2022.
[6] 习近平.当前经济工作的几个重大问题[J].求是,2023-02-15.
[7] 习近平在十八届中央纪委五次全会上发表重要讲话[N].人民日报,2015-01-14.

等重要文件。会议强调,防止国有资产流失,要坚持问题导向,立足机制制度创新,强化国有企业内部监督、出资人监督和审计、纪检巡视监督以及社会监督,加快形成全面覆盖、分工明确、协同配合、制约有力的国有资产监督体系。要全面覆盖、突出重点,加强对国有企业权力集中、资金密集、资源富集、资产聚集等重点部门、重点岗位和重点决策环节的监督。要权责分明、协同联合,清晰界定各类监督主体的监督职责,增强监督工作合力。要放管结合、提高效率,改进监督方式,创新监督方法,增强监督的针对性和有效性。要完善制度、严肃问责,依法依规开展监督工作,完善责任追究制度。①

2016年12月5日下午,习近平总书记主持召开中央全面深化改革领导小组第三十次会议,会议审议通过了《关于深化国有企业和国有资本审计监督的若干意见》《国务院国资委以管资本为主推进职能转变方案》等重要文件。会议指出,深化国有企业和国有资本审计监督,要围绕国有企业、国有资本、境外投资以及企业领导人履行经济责任情况,做到应审尽审、有审必严。要健全完善相关审计制度,让制度管企业、管干部、管资本。国企国资走到哪里,审计监督就要跟进到哪里,不能留死角。审计机关要依法独立履行审计监督职责。要根据深化国资国企改革和预算管理制度改革的要求,规范和加强中央国有资本经营预算支出管理。中央国有资本经营预算支出除调入一般公共预算和补充全国社会保障基金外,主要用于解决国有企业历史遗留问题及相关改革成本支出、国有企业资本金注入和其他支出等。要规范预算编制和批复、预算执行、转移支付、决算等管理活动。②

习近平总书记早在2005年就明确指出"要深化国有企业改革和国有资产管理体制改革,加强对国有资本运营各个环节的监管,严防国有资产流失"。2014年3月,习近平总书记在参加十二届全国人大二次会议安徽代表团审议时指出:"要吸取过去国企改革经验和教训,不能在一片改革声浪中把国有资产变成谋取暴利的机会。"2015年1月,习近平总书记在中央纪委第五次全体会议上指出:"国有资产资源来之不易,是全国人民的共同财富,要完善国有资产资源监管制度。"2016年7月,习近平总书记在全国国有企业改革座谈会上作出重要指示强调,"要加强监管,坚决防止国有资产流失",并在2017年对国有企业改革提出"要加强监管,坚决防止国有资产流失"的要求,且在十九大报告中将这一表述进一步凝练为"推动国有

---

① 习近平.树立改革全局观积极探索实践 发挥改革试点示范突破带动作用[N].人民日报,2015-06-06.

② 习近平主持召开中央全面深化改革领导小组第三十次会议[N].人民日报,2016-12-06.

资本做强做优做大,有效防止国有资产流失"。

2020年1月13日上午,习近平总书记在中国共产党第十九届中央纪律检查委员会第四次全体会议上发表重要讲话。他指出,要坚决查处各种风险背后的腐败问题,深化金融领域反腐败工作,加大国有企业反腐力度,加强国家资源、国有资产管理,查处地方债务风险中隐藏的腐败问题。①

2020年11月2日下午,习近平总书记主持召开中央全面深化改革委员会第十六次会议,审议通过了《关于新时代推进国有经济布局优化和结构调整的意见》等重要文件。会议指出,加强人大对国有资产监督,要围绕党中央关于国有资产管理决策部署,聚焦监督政府管理国有资产情况,坚持依法监督、正确监督,坚持全口径、全覆盖,健全国有资产管理情况报告工作机制,完善监督机制,加强整改问责,依法履行国有资产监督职责。②

2023年4月21日下午,习近平总书记主持召开二十届中央全面深化改革委员会第一次会议,审议通过了《关于加强和改进国有经济管理有力支持中国式现代化建设的意见》等文件。会议上,习近平总书记发表重要讲话强调,深化国有企业改革,着力补短板、强弱项、固底板、扬优势,构建顶层统筹、权责明确、运行高效、监管有力的国有经济管理体系。③

三、深化供给侧结构性改革

推进供给侧结构性改革,是以习近平同志为核心的党中央统筹推进"五位一体"总体布局、协调推进"四个全面"战略布局、综合研判世界经济形势和我国经济发展新常态作出的重大战略部署,是全面深化改革的一项重要任务。④ 深化国有企业改革,有效处置"僵尸企业",能够在推进供给侧结构性改革中发挥带动作用。

2016年5月16日上午,习近平总书记主持召开中央财经领导小组第十三次会议,分别研究落实供给侧结构性改革、扩大中等收入群体工作。会议分别听取了国家发展改革委、国务院国资委、住房城乡建设部推进供给侧结构性改革有关工作方

---

① 一以贯之全面从严治党强化对权力运行的制约和监督 为决胜全面建成小康社会决战脱贫攻坚提供坚强保障[N]. 人民日报,2020-01-14.
② 全面贯彻党的十九届五中全会精神 推动改革和发展深度融合高效联动[N]. 人民日报,2020-11-03.
③ 守正创新真抓实干 在新征程上谱写改革开放新篇章[N]. 人民日报,2023-04-22.
④ 杨晶. 着力推进供给侧结构性改革[J]. 行政管理改革,2016(10).

案的汇报,听取了江苏、重庆、河北以及深圳推进供给侧结构性改革情况的汇报。习近平强调,处置国有企业中的"僵尸企业"本身就是推进国有企业改革,就是国有经济战略性调整。中央企业要有担当,起带头作用,要在处置"僵尸企业"上取得实效。①

2016年7月4日,习近平总书记在全国国有企业改革座谈会上指出,要按照创新、协调、绿色、开放、共享的发展理念的要求,推进结构调整、创新发展、布局优化,使国有企业在供给侧结构性改革中发挥带动作用。②

2017年7月14日至15日,全国金融工作会议在北京召开。习近平总书记出席会议并发表重要讲话。他指出,要把国有企业降杠杆作为重中之重,抓好处置"僵尸企业"工作。③

2017年12月12日,习近平总书记考察徐工集团重型机械有限公司,同现场工人亲切交流,登上公司完全自主研发的XCA220型全地面轮式起重机驾驶室,向技术人员详细询问技术创新细节和操作流程。他指出,国有企业要成为深化供给侧结构性改革的生力军,瞄准国际标准提高发展水平,促进我国产业迈向全球价值链中高端。④

2018年4月2日下午,习近平总书记主持召开中央财经委员会第一次会议,研究打好三大攻坚战的思路和举措,研究审定《中央财经委员会工作规则》,听取了中国人民银行关于打好防范化解重大风险攻坚战的思路和举措的汇报。会议指出,打好防范化解金融风险攻坚战,要坚持底线思维,坚持稳中求进,抓住主要矛盾。要以结构性去杠杆为基本思路,分部门、分债务类型提出不同要求,地方政府和企业特别是国有企业要尽快把杠杆降下来,努力实现宏观杠杆率稳定和逐步下降。⑤

2018年5月11日下午,习近平总书记主持召开中央全面深化改革委员会第二次会议,审议通过了《关于加强国有企业资产负债约束的指导意见》。会议指出,加强国有企业资产负债约束,是落实党的十九大精神,推动国有企业降杠杆、防范化解国有企业债务风险的重要举措。要坚持全覆盖与分类管理相结合、完善内部治理与强化外部约束相结合,通过建立和完善国有企业资产负债约束机制,强化监督

---

① 中共中央文献研究室.习近平关于社会主义经济建设论述摘编[M].北京:中央文献出版社,2017.
② 习近平.理直气壮做强做优做大国有企业[N].人民日报,2016—07—05.
③ 习近平.深化金融改革 促进经济和金融良性循环健康发展[N].人民日报,2017—07—16.
④ 深入学习贯彻党的十九大精神 紧扣新时代要求推动改革发展[N].人民日报,2017—12—14.
⑤ 加强党中央对经济工作的集中统一领导 打好决胜全面建成小康社会三大攻坚战[N].人民日报,2018—04—03.

管理,做到标本兼治,促使高负债国有企业资产负债率尽快回归合理水平。①

2022年10月16日,习近平总书记在党的二十大报告中进一步指出,要深化国资国企改革,加快国有经济布局优化和结构调整,推动国有资本和国有企业做强做优做大,提升企业核心竞争力。②

四、推进混合所有制改革

2013年11月16日,习近平总书记在关于《中共中央关于全面深化改革若干重大问题的决定》的说明中指出,鼓励非公有制企业参与国有企业改革,鼓励发展非公有资本控股的混合所有制企业。③

2015年9月15日上午,习近平总书记主持召开中央全面深化改革领导小组第十六次会议,审议通过了《关于鼓励和规范国有企业投资项目引入非国有资本的指导意见》等重要文件。会议指出,要按照有利于改善国有企业投资项目的产权结构,有利于国有资本放大功能、保值增值、提高竞争力,有利于各种所有制资本取长补短、相互促进、共同发展的总体要求,依法依规、公开透明,完善体制、优化环境的原则,拓宽国有企业投资项目引入非国有资本的领域,分类推进国有企业投资项目引入非国有资本工作。要完善引资方式,规范决策程序,防止暗箱操作和国有资产流失。④

2016年3月4日,习近平总书记和俞正声同志看望全国政协民建、工商联界委员,同大家一起讨论交流,听取了大家就保持经济持续健康发展、推进供给侧结构性改革、促进非公有制经济健康发展等问题作的发言。习近平总书记在会上总结了中共十八届三中全会、四中全会、五中全会推出的一系列扩大非公有制企业市场准入、平等发展的改革举措,主要有:鼓励非公有制企业参与国有企业改革,鼓励发展非公有资本控股的混合所有制企业,各类市场主体可依法平等进入负面清单之外领域,允许更多国有经济和其他所有制经济发展成为混合所有制经济,国有资本

---

① 习近平主持召开中央全面深化改革委员会第二次会议[N].人民日报,2018-05-12.
② 高举中国特色社会主义伟大旗帜 为全面建设社会主义现代化国家而团结奋斗——在中国共产党第二十次全国代表大会上的报告[N].人民日报,2022-10-26.
③ 习近平.关于《中共中央关于全面深化改革若干重大问题的决定》的说明[N].人民日报,2013-11-16.
④ 习近平.坚持以扩大开放促进深化改革 坚定不移提高开放型经济水平[N].人民日报,2015-09-16.

投资项目允许非国有资本参股。①

2017年10月18日,习近平总书记在党的十九大报告中提出,深化国有企业改革,发展混合所有制经济,培育具有全球竞争力的世界一流企业。②

五、深化国有企业工资决定机制改革

2013年11月16日,习近平总书记在关于《中共中央关于全面深化改革若干重大问题的决定》的说明中指出,国有企业要合理增加市场化选聘比例,合理确定并严格规范国有企业管理人员薪酬水平、职务待遇、职务消费、业务消费。③

2014年8月18日上午,习近平总书记主持召开中央全面深化改革领导小组第四次会议,审议了《中央管理企业主要负责人薪酬制度改革方案》《关于合理确定并严格规范中央企业负责人履职待遇、业务支出的意见》等文件。习近平在讲话中指出,改革开放以来,中央管理企业负责人薪酬制度改革取得积极成效,对促进企业改革发展发挥了重要作用,同时也存在薪酬结构不尽合理、薪酬监管体制不够健全等问题。要从我国社会主义初级阶段基本国情出发,适应国有资产管理体制和国有企业改革进程,逐步规范国有企业收入分配秩序,实现薪酬水平适当、结构合理、管理规范、监督有效,对不合理的偏高、过高收入进行调整。中央企业负责同志肩负着搞好国有企业、壮大国有经济的使命,要强化担当意识、责任意识、奉献意识,正确对待、积极支持这项改革。合理确定并严格规范中央企业负责人履职待遇、业务支出,是改作风的深化,也是反"四风"的深化,国有企业要做贯彻落实中央八项规定精神、厉行节约反对浪费的表率。要合理确定并严格规范中央企业负责人履职待遇、业务支出,除了国家规定的履职待遇和符合财务制度规定标准的业务支出外,国有企业负责人没有其他的"职务消费",按照职务设置消费定额并量化到个人的做法必须坚决根除。④

---

① 习近平.毫不动摇坚持我国基本经济制度 推动各种所有制经济健康发展[N].人民日报,2016-03-09.

② 习近平.决胜全面建成小康社会 夺取新时代中国特色社会主义伟大胜利——在中国共产党第十九次全国代表大会上的报告[M].北京:人民出版社,2017.

③ 习近平.关于《中共中央关于全面深化改革若干重大问题的决定》的说明[N].人民日报,2013-11-16.

④ 习近平.共同为改革想招一起为改革发力 群策群力把各项改革工作抓到位[N].人民日报,2014-08-19.

2014年8月29日,中共中央政治局召开会议,审议通过了《中央管理企业负责人薪酬制度改革方案》和《关于合理确定并严格规范中央企业负责人履职待遇、业务支出的意见》。会议认为,深化中央企业负责人薪酬制度改革是中央企业建立现代企业制度、深化收入分配体制改革的重要组成部分,对促进企业持续健康发展和形成合理有序收入分配格局具有重要意义。深化中央管理企业负责人薪酬制度改革,要从我国社会主义初级阶段基本国情出发,适应国有资产管理体制和国有企业改革进程,逐步规范企业收入分配秩序,实现薪酬水平适当、结构合理、管理规范、监督有效,对不合理的偏高、过高收入进行调整。推进这项改革要坚持国有企业完善现代企业制度的方向,健全中央管理企业负责人薪酬分配的激励和约束机制,强化中央管理企业负责人的责任,增强企业发展活力;坚持分类分级管理,建立与中央企业负责人选任方式相匹配、与企业功能性质相适应的差异化薪酬分配办法,严格规范中央管理企业负责人薪酬分配;坚持统筹兼顾,形成中央管理企业负责人与企业职工之间的合理工资收入分配关系,合理调节不同行业企业负责人之间的薪酬差距,促进社会公平正义;坚持政府监管与企业自律相结合,完善中央企业薪酬监管体制机制,规范收入分配秩序。国有企业负责人薪酬制度改革具有系统性。其他中央企业负责人、中央各部门所属企业和地方国有企业负责人薪酬制度改革,也要参照《中央管理企业负责人薪酬制度改革方案》的精神积极稳妥推进。有关部门要加强统筹协调和指导监督,推动改革顺利实施。制定《关于合理确定并严格规范中央企业负责人履职待遇、业务支出的意见》,是贯彻党的十八届三中全会精神,对中央企业负责人履职工作保障和必要业务支出进行系统规范的总体要求,将进一步推进中央企业负责人履职待遇和业务支出制度体系建设和严格规范管理。要按照依法依规、廉洁节俭、规范透明的原则,对中央企业负责人公务用车、办公用房、培训、业务招待、国内差旅、因公临时出国(境)、通信等设置上限标准,明确禁止性规定,进行严格规范。要严肃财经纪律,严禁公款用于个人支出。严禁企业按照职务为企业负责人个人设置定额的消费。取缔企业用公款为负责人办理的理疗保健、运动健身和会所、俱乐部会员、高尔夫等各种消费卡。严禁用公款支付企业负责人履行工作职责以外的、应当由个人承担的消费娱乐活动、宴请、礼品及培训等各种费用,坚决制止与企业经营管理无关的各种消费行为。[①]

2021年8月17日,习近平总书记主持召开中央财经委员会第十次会议,研究

[①] 习近平主持召开中共中央政治局会议[N].人民日报,2014-08-30.

扎实促进共同富裕问题,研究防范化解重大金融风险、做好金融稳定发展工作问题。习近平总书记在会上发表重要讲话强调,要加强对高收入的规范和调节;要清理规范不合理收入,加大对垄断行业和国有企业的收入分配管理,整顿收入分配秩序,清理借改革之名变相增加高管收入等分配乱象。①

六、推进国有经济布局优化与结构调整

2013年11月9日至12日,中国共产党第十八届中央委员会第三次全体会议召开,审议通过了《中共中央关于全面深化改革若干重大问题的决定》。会议指出要完善产权保护制度,积极发展混合所有制经济,推动国有企业完善现代企业制度,支持非公有制经济健康发展。②

2017年3月7日,习近平总书记参加十二届全国人大五次会议辽宁代表团的审议,并作了重要讲话。他强调,要优化国有资本布局,全面落实国有资产保值增值责任,防止国有资产流失和重大风险事件发生。③

2017年10月18日,习近平总书记在党的十九大报告中指出,加快国有经济布局优化、结构调整、战略性重组,促进国有资产保值增值,推动国有资本做强做优做大,有效防止国有资产流失。④

2020年11月2日下午,习近平总书记主持召开中央全面深化改革委员会第十六次会议,审议通过了《关于新时代推进国有经济布局优化和结构调整的意见》等重要文件。会议指出,推进国有经济布局优化和结构调整,对更好服务国家战略目标、更好适应高质量发展、构建新发展格局具有重要意义。要坚持问题导向,针对当前国有经济布局结构存在的问题,以深化供给侧结构性改革为主线,坚持有所为有所不为,聚焦战略安全、产业引领、国计民生、公共服务等功能,调整存量结构,优化增量投向,更好地把国有企业做强做优做大,坚决防止国有资产流失,不断增强

---

① 习近平.扎实推动共同富裕[J].求是,2021(20).
② 中国共产党第十八届中央委员会第三次全体会议公报[J].中国金融家,2013(12):13—15.
③ 习近平李克强俞正声刘云山王岐山分别参加全国人大会议一些代表团审议[N].人民日报,2017—03—08.
④ 习近平.决胜全面建成小康社会 夺取新时代中国特色社会主义伟大胜利——在中国共产党第十九次全国代表大会上的报告[M].北京:人民出版社,2017.

国有经济竞争力、创新力、控制力、影响力、抗风险能力。①

2023年11月7日下午,习近平总书记主持召开中央全面深化改革委员会第三次会议,审议通过了《关于进一步完善国有资本经营预算制度的意见》。会议强调,预算工作体现党和国家意志,要坚持和加强党的领导,发挥集中力量办大事的体制优势,聚焦推进国有经济布局优化和结构调整,推动国有资本向关系国家安全、国民经济命脉的重要行业和关键领域集中,向关系国计民生的公共服务、应急能力、公益性领域等集中,向前瞻性战略性新兴产业集中,更好服务构建新发展格局、推动高质量发展……电力、油气、铁路等行业的网络环节具有自然垄断属性,是我国国有经济布局的重点领域。②

2023年9月7日下午,习近平总书记在黑龙江省哈尔滨市主持召开新时代推动东北全面振兴座谈会并发表重要讲话。他强调,要继续深化国有企业改革,实施国有企业振兴专项行动,提高国有企业核心竞争力,推动国有资本向重要行业和关键领域集中,强化战略支撑作用。③

2024年7月15日至18日,中国共产党第二十届中央委员会第三次全体会议召开,审议通过了《中共中央关于进一步全面深化改革、推进中国式现代化的决定》。会议强调完善国有资本经营预算和绩效评价制度,强化国家重大战略任务和基本民生财力保障。④

习近平总书记关于国有资本和国有企业改革的论述归纳详见表1.3。

---

① 全面贯彻党的十九届五中全会精神 推动改革和发展深度融合高效联动[N].人民日报,2020－11－03.
② 全面推进美丽中国建设 健全自然垄断环节监管体制机制[N].人民日报,2023－11－08.
③ 牢牢把握东北的重要使命 奋力谱写东北全面振兴新篇章[N].人民日报,2023－09－10.
④ 中共中央关于进一步全面深化改革 推进中国式现代化的决定[N].人民日报,2024－07－22(001).

表 1.3　　　　　　　习近平总书记关于国有资本和国有企业改革的论述

时　间	场　合	重要论述
2013年 11月16日	中国共产党第十八届中央委员会第三次全体会议	经过多年改革，国有企业总体上已经同市场经济相融合。同时，国有企业也积累了一些问题、存在一些弊端，需要进一步推进改革。全会决定提出一系列有针对性的改革举措，包括国有资本加大对公益性企业的投入；国有资本继续控股经营的自然垄断行业实行以政企分开、政资分开、特许经营、政府监管为主要内容的改革，根据不同行业特点实行网运分开、放开竞争性业务；健全协调运转、有效制衡的公司法人治理结构；建立职业经理人制度，更好发挥企业家作用；建立长效激励约束机制，强化国有企业经营投资责任追究；探索推进国有企业财务预算等重大信息公开；国有企业要合理增加市场化选聘比例，合理确定并严格规范国有企业管理人员薪酬水平、职务待遇、职务消费、业务消费。这些举措将推动国有企业完善现代企业制度、提高经营效率、合理承担社会责任、更好发挥作用 鼓励非公有制企业参与国有企业改革，鼓励发展非公有资本控股的混合所有制企业
2014年 8月18日	中央财经领导小组第七次会议	在国有企业改革中，要考虑组建国有资本运营公司或投资公司，设立国有资本风险投资基金，用于支持创新型企业包括小微企业
2014年 8月18日	中央全面深化改革领导小组第四次会议	改革开放以来，中央管理企业负责人薪酬制度改革取得积极成效，对促进企业改革发展发挥了重要作用，同时也存在薪酬结构不尽合理、薪酬监管体制不够健全等问题。要从我国社会主义初级阶段基本国情出发，适应国有资产管理体制和国有企业改革进程，逐步规范国有企业收入分配秩序，实现薪酬水平适当、结构合理、管理规范、监督有效，对不合理的偏高、过高收入进行调整。中央企业负责同志肩负着搞好国有企业、壮大国有经济的使命，要强化担当意识、责任意识、奉献意识，正确对待、积极支持这项改革 合理确定并严格规范中央企业负责人履职待遇、业务支出，是改作风的深化，也是反"四风"的深化，国有企业要做贯彻落实中央八项规定精神、厉行节约反对浪费的表率。要合理确定并严格规范中央企业负责人履职待遇、业务支出，除了国家规定的履职待遇和符合财务制度规定标准的业务支出外，国有企业负责人没有其他的"职务消费"，按照职务设置消费定额并量化到个人的做法必须坚决根除

续表

时 间	场 合	重要论述
2015年1月13日	中国共产党第十八届中央纪律检查委员会第五次全体会议	要着力完善国有企业监管制度,加强党对国有企业的领导,加强对国有企业领导班子的监督,搞好对国有企业的巡视,加大审计监督力度。国有资产资源来之不易,是全国人民的共同财富。要完善国有资产资源监管制度,强化对权力集中、资金密集、资源富集的部门和岗位的监管
2015年7月17日	习近平总书记在吉林调研	创新是企业的动力之源,质量是企业的立身之本,管理是企业的生存之基,必须抓好创新、质量、管理,在激烈的市场竞争中始终掌握主动。推进国有企业改革,要有利于国有资本保值增值,有利于提高国有经济竞争力,有利于放大国有资本功能
2015年7月17日	习近平总书记考察吉林东北工业集团长春一东离合器股份有限公司	要坚持国有企业在国家发展中的重要地位不动摇,坚持把国有企业搞好、把国有企业做大做强做优不动摇
2015年7月17日	习近平总书记同吉林省企业职工座谈	深化国有企业改革,要沿着符合国情的道路去改,要遵循市场经济规律,也要避免市场的盲目性,推动国有企业不断提高效益和效率,提高竞争力和抗风险能力,完善企业治理结构,在激烈的市场竞争中游刃有余
2015年12月18—21日	中央经济工作会议	要大力推进国有企业改革,加快改组组建国有资本投资、运营公司,加快推进垄断行业改革
2016年3月4日	全国政协十二届四次会议民建、工商联界委员联组会	党的十八届五中全会强调要"鼓励民营企业依法进入更多领域,引入非国有资本参与国有企业改革,更好激发非公有制经济活力和创造力" 党的十八届三中、四中、五中全会推出了一系列扩大非公有制企业市场准入、平等发展的改革举措。主要有:鼓励非公有制企业参与国有企业改革,鼓励发展非公有资本控股的混合所有制企业,各类市场主体可依法平等进入负面清单之外领域,允许更多国有经济和其他所有制经济发展成为混合所有制经济,国有资本投资项目允许非国有资本参股等
2016年3月7日	习近平总书记参加黑龙江代表团审议	对国有企业发展,政府的作用更多体现在支持、扶持、杠杆作用,但没有现成的"金娃娃"摆在那里。这种情况下,国有企业要"借东风",激发内生动力,在竞争中增强实力
2016年7月4日	全国国有企业改革座谈会	要坚定不移深化国有企业改革,着力创新体制机制,加快建立现代企业制度,发挥国有企业各类人才积极性、主动性、创造性,激发各类要素活力。要按照创新、协调、绿色、开放、共享的新发展理念的要求,推进结构调整、创新发展、布局优化,使国有企业在供给侧结构性改革中发挥带动作用。要加强监管,坚决防止国有资产流失。要坚持党要管党、从严治党,加强和改进党对国有企业的领导,充分发挥党组织的政治核心作用

续表

时　间	场　合	重要论述
2016年 10月10—11日	全国国有企业党的建设工作会议	坚持党的领导、加强党的建设，是我国国有企业的光荣传统，是国有企业的"根"和"魂"，是我国国有企业的独特优势。新形势下，国有企业坚持党的领导、加强党的建设，总的要求是：坚持党要管党、从严治党，紧紧围绕全面解决党的领导、党的建设弱化、淡化、虚化、边缘化问题，坚持党对国有企业的领导不动摇，发挥企业党组织的领导核心和政治核心作用，保证党和国家方针政策、重大部署在国有企业贯彻执行；坚持服务生产经营不偏离，把提高企业效益、增强企业竞争实力、实现国有资产保值增值作为国有企业党组织工作的出发点和落脚点，以企业改革发展成果检验党组织的工作和战斗力；坚持党组织对国有企业选人用人的领导和把关作用不能变，着力培养一支宏大的高素质企业领导人员队伍；坚持建强国有企业基层党组织不放松，确保企业发展到哪里，党的建设就跟进到哪里，党支部的战斗堡垒作用就体现在哪里，为做强做优做大国有企业提供坚强组织保证 坚持党对国有企业的领导是重大政治原则，必须一以贯之；建立现代企业制度是国有企业改革的方向，也必须一以贯之。中国特色现代国有企业制度，"特"就特在把党的领导融入公司治理各环节，把企业党组织内嵌到公司治理结构中，明确和落实党组织在公司法人治理结构中的法定地位，做到组织落实、干部到位、职责明确、监督严格 党对国有企业的领导是政治领导、思想领导、组织领导的有机统一。国有企业党组织发挥领导核心和政治核心作用，归结到一点，就是把方向、管大局、保落实。要明确党组织在决策、执行、监督各环节的权责和工作方式，使党组织发挥作用组织化、制度化、具体化。要处理好党组织和其他治理主体的关系，明确权责边界，做到无缝衔接，形成各司其职、各负其责、协调运转、有效制衡的公司治理机制 党和人民把国有资产交给企业领导人员经营管理，是莫大的信任。要加强对国有企业领导人员的党性教育、宗旨教育、警示教育，严明政治纪律和政治规矩，引导他们不断提高思想政治素质、增强党性修养，从思想深处拧紧螺丝。要突出监督重点，强化对关键岗位、重要人员特别是一把手的监督管理，完善"三重一大"决策监督机制，严格日常管理，整合监督力量，形成监督合力

续表

时间	场合	重要论述
		国有企业领导人员是党在经济领域的执政骨干,是治国理政复合型人才的重要来源,肩负着经营管理国有资产、实现保值增值的重要责任。国有企业领导人员必须做到对党忠诚、勇于创新、治企有方、兴企有为、清正廉洁。国有企业领导人员要坚定信念、任事担当,牢记自己的第一职责是为党工作,牢固树立政治意识、大局意识、核心意识、看齐意识,把爱党、忧党、兴党、护党落实到经营管理各项工作中。面对日趋激烈的国内外市场竞争,国有企业领导人员要迎难而上、开拓进取,带领广大干部职工开创企业发展新局面 要坚持党管干部原则,保证党对干部人事工作的领导权和对重要干部的管理权,保证人选政治合格、作风过硬、廉洁不出问题。要让国有企业领导人员在工作一线摸爬滚打、锻炼成长,把在实践中成长起来的良将贤才及时选拔到国有企业领导岗位上来。对国有企业领导人员,既要从严管理,又要关心爱护,树立正向激励的鲜明导向,让他们放开手脚干事、甩开膀子创业。要大力宣传优秀国有企业领导人员的先进事迹和突出贡献,营造尊重企业家价值、鼓励企业家创新、发挥企业家作用的浓厚社会氛围 全面从严治党要在国有企业落实落地,必须从基本组织、基本队伍、基本制度严起。要同步建立党的组织,动态调整组织设置。要把党员日常教育管理的基础性工作抓紧抓好。企业党组织"三会一课"要突出党性锻炼。要让支部成为团结群众的核心、教育党员的学校、攻坚克难的堡垒。要把思想政治工作作为企业党组织一项经常性、基础性工作来抓,把解决思想问题同解决实际问题结合起来,既讲道理,又办实事,多做得人心、暖人心、稳人心的工作
2017年3月7日	习近平总书记在辽宁代表团参加审议	要优化国有资本布局,全面落实国有资产保值增值责任,防止国有资产流失和重大风险事件发生
2017年6月26日	中央全面深化改革领导小组第三十六次会议	今年年底前基本完成国有企业公司制改制工作,是深化国有企业改革的一项重要内容
2017年10月18日	中国共产党第十九次全国代表大会	要完善各类国有资产管理体制,改革国有资本授权经营体制,加快国有经济布局优化、结构调整、战略性重组,促进国有资产保值增值,推动国有资本做强做优做大,有效防止国有资产流失。深化国有企业改革,发展混合所有制经济,培育具有全球竞争力的世界一流企业
2017年12月18—20日	中央经济工作会议	加强国有企业党的领导和党的建设,推动国有企业完善现代企业制度,健全公司法人治理结构

续表

时　间	场　合	重要论述
2018年6月12—14日	习近平总书记在山东考察	国有企业要深化改革创新,努力建成现代企业。要坚持党对国有企业的领导不动摇,坚持建强国有企业基层党组织不放松,为做强做优做大国有企业提供坚强组织保证
2018年9月27日	习近平总书记在东北三省考察	国有企业要改革创新,不断自我完善和发展。要一以贯之坚持党对国有企业的领导,一以贯之深化国有企业改革,努力实现质量更高、效益更好、结构更优的发展
2018年9月28日	习近平总书记在中国石油辽阳石化公司考察	坚持党对国有企业的领导,必须一以贯之;国有企业建立现代企业制度,也必须一以贯之。我们要沿着这条路笃定踏实地向前推进
2020年1月13日	中国共产党第十九届中央纪律检查委员会第四次全体会议	要坚决查处各种风险背后的腐败问题,深化金融领域反腐败工作,加大国有企业反腐力度,加强国家资源、国有资产管理,查处地方债务风险中隐藏的腐败问题
2020年4月10日	中央财经委员会第七次会议	国有企业也要改革优化,但绝对不能否定、绝对不能削弱
2021年4月25—27日	习近平总书记在广西考察	要坚持党对国有企业的全面领导,坚持加强党的领导与完善公司治理相统一,在深化企业改革中搞好党的建设,充分发挥党组织在企业改革发展中的领导核心作用
2021年8月17日	中央财经委员会第十次会议	要清理规范不合理收入,加大对垄断行业和国有企业的收入分配管理,整顿收入分配秩序,清理借改革之名变相增加高管收入等分配乱象
2021年11月11日	中国共产党第十九届中央委员会第六次全体会议	支持国有资本和国有企业做强做优做大,建立中国特色现代企业制度,增强国有经济竞争力、创新力、控制力、影响力、抗风险能力
2022年10月16日	中国共产党第二十次全国代表大会	深化国资国企改革,加快国有经济布局优化和结构调整,推动国有资本和国有企业做强做优做大,提升企业核心竞争力
2022年12月15日	中央经济工作会议	深化国资国企改革,提高国企核心竞争力。国企改革三年行动已见成效,要根据形势变化,以提高核心竞争力和增强核心功能为重点,谋划新一轮深化国有企业改革行动方案。我国经营性国有资产规模大,一些企业资产收益率不高、创新能力不足,同国有资本和国有企业做强做优做大、发挥国有经济战略支撑作用的要求不相适应。要坚持分类改革方向,处理好国企经济责任和社会责任关系,健全以管资本为主的国资管理体制,发挥国有资本投资运营公司作用,以市场化方式推进国企整合重组,打造一批创新型国有企业。要完善中国特色国有企业现代公司治理,真正按市场化机制运营,加快建设世界一流企业

续表

时间	场合	重要论述
2023年 9月7日	新时代推动东北全面振兴座谈会	继续深化国有企业改革,实施国有企业振兴专项行动,提高国有企业核心竞争力,推动国有资本向重要行业和关键领域集中,强化战略支撑作用
2023年 11月7日	中央全面深化改革委员会第三次会议	国有资本经营预算是国家预算体系的重要组成部分,要完善国有资本经营预算制度,扩大实施范围,强化功能作用,健全收支管理,提升资金效能。要健全自然垄断环节监管体制机制,强化制度设计,完善监管体系,提升监管能力,增强国有经济对自然垄断环节控制力,更好满足构建现代化基础设施体系的需要,更好保障国家安全
2023年 12月11—12日	中央经济工作会议	深入实施国有企业改革深化提升行动,增强核心功能,提高核心竞争力
2024年 4月22—24日	习近平总书记在重庆考察	坚持和落实"两个毫不动摇",一手抓深化国企改革、培育一批核心竞争力强的国有企业,一手抓促进民营经济发展壮大、激发各类经营主体活力
2024年 7月18日	中国共产党第二十届中央委员会第三次全体会议	深化国资国企改革,完善管理监督体制机制,增强各有关管理部门战略协同,推进国有经济布局优化和结构调整,推动国有资本和国有企业做强做优做大,增强核心功能,提升核心竞争力。进一步明晰不同类型国有企业功能定位,完善主责主业管理,明确国有资本重点投资领域和方向。推动国有资本向关系国家安全、国民经济命脉的重要行业和关键领域集中,向关系国计民生的公共服务、应急能力、公益性领域等集中,向前瞻性战略性新兴产业集中。健全国有企业推进原始创新制度安排。深化国有资本投资、运营公司改革。建立国有企业履行战略使命评价制度,完善国有企业分类考核评价体系,开展国有经济增加值核算。推进能源、铁路、电信、水利、公用事业等行业自然垄断环节独立运营和竞争性环节市场化改革,健全监管体制机制 允许更多符合条件的国有企业以创新创造为导向,在科研人员中开展多种形式中长期激励 完善国有资本经营预算和绩效评价制度,强化国家重大战略任务和基本民生财力保障 优化国有金融资本管理体制 深化国有企业工资决定机制改革,合理确定并严格规范国有企业各级负责人薪酬、津贴、补贴等

第四节　关于国有资本和国有企业重要论述的重大贡献

一、对国有资本和国有企业改革发展理论的原创性贡献

习近平总书记在国有资本和国有企业改革发展理论方面提出了一系列新思想、新战略,这些新思想新战略既深化了对国有经济性质和功能的认识,又为新时代国有企业的高质量发展指明了方向。

(一)明确国有企业的定位和目标

习近平总书记在多次重要讲话中强调国有企业是中国特色社会主义的重要物质基础和政治基础,必须坚持党对国有企业的领导,确保国有企业成为强大的经济主体和社会主义现代化建设的中坚力量。习近平总书记提出,国有企业不仅是经济实体,而且承担着重要的政治和社会责任,应该服务于国家战略,保障国家经济安全,推动技术创新和产业升级。

在此背景下,习近平总书记首次系统性地提出了"做强、做优、做大"国有企业的目标。这一战略要求国有企业通过深化改革、优化治理、提升竞争力,进一步增强自身的活力和市场竞争力,从而成为中国经济发展的主力军和重要支撑力量。这一定位进一步凸显了国有企业在新时代中国经济高质量发展中的作用和责任。

(二)提出"管资本为主"的国资监管新理念

习近平总书记提出并推进了"管资本为主"的国有资产监管新体制,这是国资监管体制改革的重要理论创新。传统的国资监管模式过于集中于对具体事务的干预,而习近平总书记则强调国资监管应聚焦于国有资本的配置和流动,强化对国有资本的战略性管理,减少对企业日常运营的过度干预。这一改革的核心是通过组建国有资本投资、运营公司,优化国有资本的配置效率,促进国有资本的流动性和市场化运作,确保国有资产保值增值。

习近平总书记关于"管资本为主"的论述不仅丰富了国有资产监管理论,而且为国有企业改革指明了方向,使得国有企业可以更加自主地参与市场竞争。同时,这一改革理念将"以效率为先"作为国有企业管理的核心原则,通过提升企业效益、优化资本配置,推动中国国有企业的现代化发展。

(三)推动混合所有制改革,激发市场活力

习近平总书记在国有企业改革中特别重视推动混合所有制改革,认为混合所有制是激发国有企业市场活力的有效途径。他指出,混合所有制改革的核心是通过引入社会资本和非公有制资本,优化国有企业的股权结构,形成多元化的股东利益共识,实现国有资本和非国有资本的有机结合。通过混合所有制改革,国有企业能够引入市场化机制,优化公司治理结构,提升决策效率和市场竞争力。习近平总书记特别强调,要确保国有资本在混合所有制改革中的主导地位,以防止国有资产流失。国有资本被期待发展为真正的耐心资本,以赋能新质生产力。这意味着国有资本需要具备长期投资的视角,支持早期和长期的研发,以及硬科技领域的投资。同时,他还鼓励民营资本参与国有企业改革,认为这有助于形成更加开放、包容的市场体系,推动国家整体经济的高质量发展。

混合所有制改革的推进不仅是国有企业内部管理模式的创新,而且是习近平总书记在理论层面对公有制与市场经济关系的深刻理解,体现了他对社会主义市场经济制度的创新性思考。

(四)重视科技创新引领,推动高质量发展

习近平总书记提出"创新是引领发展的第一动力"[①],并将科技创新视为国有企业高质量发展的核心动力,提出要以科技创新推动产业创新,特别是以颠覆性技术和前沿技术催生新产业、新模式、新动能,发展新质生产力。习近平总书记在党的二十届三中全会上提出健全国有企业推进原始创新制度安排,并多次强调,国有企业要加大对自主创新的投入,掌握核心技术,尤其是在关键领域和"卡脖子"技术上要实现突破,以推动发展新质生产力,加快实现高水平科技自立自强。

习近平总书记推动国有企业通过技术创新引领产业变革,并明确要求国有企业在新兴产业和高技术领域发挥主导作用。为此,他提出了国有企业要构建创新型企业的要求,强化企业研发投入和技术储备,鼓励国有企业与高校、科研机构合作,共同推动产业技术的进步。

这一理论创新不仅为国有企业在新时代的技术转型指明了方向,而且为中国整体经济的可持续发展奠定了基础。习近平总书记通过深化科技创新体制改革,推动了国有企业从依赖资源和劳动力优势向依靠技术和创新优势转变,确保了国有企业在全球产业链中的竞争力。

---

① 习近平总书记 2015 年 3 月 5 日在十二届全国人大三次会议上海代表团审议时强调。

(五)以人民为中心,承担社会责任

习近平总书记始终强调国有企业的社会责任,认为国有企业不仅要追求经济效益,更要关注社会效益和环境效益。在他的指导下,国有企业被赋予了更多的社会责任,尤其是在执行抗击新冠肺炎疫情、脱贫攻坚、保护环境等重大国家任务的过程中,国有企业展现了"顶梁柱"的作用。

习近平总书记要求国有企业在应对重大自然灾害和突发事件时发挥重要作用,确保能源供应、保障社会稳定。同时,他还强调国有企业要带头践行绿色发展理念,推动节能减排,落实国家的"双碳"(碳达峰与碳中和)目标,通过技术创新和管理优化,实现可持续发展。

习近平总书记的这一系列思想强调了国有企业作为社会主义经济体的特殊属性,突出了国有企业在实现社会公平、推动共同富裕中的核心作用。这一思想不仅丰富了国有企业的理论内涵,而且为新时代的国有企业改革实践提供了强大的理论支撑。

习近平总书记关于国有资本和国有企业改革发展的重要论述是习近平新时代中国特色社会主义思想的重要组成部分,是基于马克思主义政治经济学基本原理对新时代国有资本和国有企业改革实践作出的系统性概述,为新时代进一步深化国有资本和国有企业改革指明了方向,提供了根本遵循。习近平总书记的这些原创性理论创新,不仅在中国国有企业改革中具有深远的影响,而且为世界提供了独特的国有经济发展经验。我们要深入学习和领会习近平总书记关于国有资本和国有企业改革发展的丰富内涵和方法论,深刻理解和把握其中的精神实质,并用其指导和推动中国特色社会主义经济建设实践,为全面建设社会主义现代化国家、全面推进中华民族伟大复兴作出新的更大贡献。

二、新时代国有资本和国有企业改革发展取得的重大成就

党的十八大开启了中国特色社会主义新时代,国有资本和国有企业以习近平新时代中国特色社会主义思想为指导,通过深化改革、完善治理、创新驱动、优化布局等多方面努力,取得了诸多重大成就,推动国企改革取得了突破性进展,国有经济竞争力、创新力、控制力、影响力、抗风险能力不断增强,有效促进了国有资本保值增值,实现了国有资本和国有企业不断做强做优做大,为中国经济高质量发展和国家战略的实施提供了重要支撑。

(一)国有企业不断做强做优做大

党的十八大以来,国资国企以改革促进发展,国有企业不断做强做优做大。全国国资系统监管企业资产总额从2012年的71.4万亿元增长到2023年的317.1万亿元,利润总额从2012年的2万亿元增长到2023年的4.5万亿元,规模实力和质量效益明显提升。[①] 国有企业在复杂的经济环境中保持了强劲的增长态势,国有资本权益从2012年的32万亿元增加到2022年的94.7万亿元,营业收入由2012年的22.5万亿元增加到2023年的85.73万亿元。中央企业营业收入利润率、全员劳动生产率、研发投入强度稳步提高。与此同时,国有企业国际国内竞争力大幅度增强,2024年入榜《财富》世界500强的国有企业有90家,比2012年增加48家。其中,国家电网、中国石化、中国石油三大国有企业(中央企业)名列前六。

(二)支持国家重大战略,社会责任表率更加突出

党的十八大以来,国资国企积极履行社会责任、彰显国企担当。国有企业在落实"一带一路"建设、京津冀协同发展、长江经济带发展、粤港澳大湾区建设、乡村振兴等国家重大战略中,发挥了不可替代的骨干作用。它们积极投身国家重大基础设施建设,保障国家能源、交通、通信等重点领域的稳健运行。2023年,中央煤炭企业全年累计产煤11.3亿吨,日均产量308.3万吨,同比增长4.5%,再创历史新高。2023年累计发电5.35万亿千瓦时,以占全国52%的装机规模贡献了占全国63%的发电量。中央石油石化企业全年累计销售天然气3543.9亿立方米,同比增长6.1%。[②] 在全球经济形势复杂多变、国内外市场波动加剧的背景下,在抗击疫情、抢险救灾、带头助力打好三大攻坚战、节能减排等方面,国有企业都充分发挥了"压舱石"和"顶梁柱"作用,保障了国家经济社会的稳定发展。《中央企业助力乡村振兴蓝皮书(2023)》显示,目前共有95家中央企业定点帮扶256个县。国资央企持续保持投入力度,2023年全年累计投入无偿帮扶资金42.6亿元,全年投入巩固"两不愁三保障"(不愁吃、不愁穿,义务教育有保障、基本医疗有保障、住房安全有保障)成果帮扶资金14.5亿元。

(三)国有经济布局结构进一步优化

党的十八届三中全会以后,国资国企按照党中央、国务院的要求加大了国有资

---

① 数据来源:新华社.新中国成立75周年国资国企发展成就综述[EB/OL]. https://mp.weixin.qq.com/s/0Iin7-oEzto_ac_EK2Od_g.

② 2023年央企煤炭产量达11.3亿吨[EB/OL]. https://baijiahao.baidu.com/s?id=1790841858811047715&wfr=spider&for=pc.

本调整和国有企业重组力度，国有资本进一步向国家战略性、前瞻性产业，向涉及民生的重要领域集中，积极发展新技术、新产业，改造传统产业，加快过剩产能和低效无效资产退出。党的二十届三中全会要求开展国有经济增加值核算，战略性重组与专业化整合是实现价值创造的重要方式。党的十八大以来，中央企业层面累计完成28组50家企业重组整合，新组建和接收中央企业15家。① 从事主业的子企业户数占比达到93%，涉及国家安全、国计民生等领域的布局比重超过70%，在战略性关键性领域的影响力也进一步提升。② 中央企业加快退出落后产能，率先完成钢铁等领域化解过剩产能任务；完成2 041户"僵尸企业"处置和特困企业治理任务；中央企业存量法人户数压减44%；企业办社会和历史遗留问题全面解决；"两非"（非主业、非优势业务）与"两资"（低效、无效资产）清退任务基本完成。2024年以来，中央企业重组整合提速，进一步优化资源配置，切实提升国有资本运营效率。

（四）混合所有制改革有序推进

自进入新时代以来，国有企业大力推进混合所有制改革，通过产业链、供应链的合作，积极引入民营资本和社会资本，实现了股权多元化和企业结构的优化。混合所有制改革有效改善了国有企业的治理结构，促进了各类资本取长补短、共同发展，显著增强了企业的市场竞争力。自2020年以来，中央企业累计引入各类社会资本超过9 000亿元。截至2022年底，中央企业各级子企业中混合所有制企业户数占比超过70%。③

（五）科技创新能力显著提升

自进入新时代以来，国有企业充分发挥其在资金、人才、技术等方面的优势，加大科技创新投入，建设了一批国家重点实验室和研发中心，在诸多领域取得了关键核心技术突破。国有企业科技创新机制不断完善，中央企业的研发经费投入逐年增长，2023年战略性新兴产业完成投资2.18万亿元，同比增长32.1%；研发经费投入1.1万亿元，连续两年破万亿。④ 战略性新兴产业投资力度持续加大，重大科技

---

① 数据来源：新华社. 新中国成立75周年国资国企发展成就综述[EB/OL]. https://mp.weixin.qq.com/s/0Iin7－oEzto_ac_EK2Od_g.

② 数据来源：瞭望. 国企改革向纵深挺进[EB/OL]. http://www.sasac.gov.cn/n2588025/n2588139/c27479277/content.html.

③ 中国证券报：《中央企业高质量发展报告(2023)》出炉 2020年以来中央企业累计引入各类社会资本超过9 000亿元[EB/OL]. http://www.sasac.gov.cn/n4470048/n26915116/n28915164/n28915194/c28939983/content.html.

④ 央企研发经费投入连续两年破万亿[EB/OL]. https://baijiahao.baidu.com/s?id=1789019885412749210&wfr=spider&for=pc.

创新和重大工程成果丰硕,发挥了我国战略性科技力量的作用。国资央企加快关键核心技术攻关,深入推进原创技术策源地布局和建设,组织实施"加强目标导向的基础研究"等11个专项行动计划,中央企业29名个人、20个团队荣获"国家工程师"奖,一批央企院士专家进入国家科技专家库。[①] 截至2022年底,中央企业拥有有效专利数量121.6万项,其中发明专利50.5万项,较党的十八大前分别提高了6.3倍和9倍[②],在载人航天、特高压输变电、移动通信、探月工程、北斗导航、国产航母等领域取得了一批具有世界先进水平的重大成果,在高科技领域实现了自主可控,推动了国家科技水平的整体提升。

（六）中国特色现代国有企业制度不断完善定型

自进入新时代以来,国有企业采取分类改革、发展、监管和考核,以及差异化薪酬分配等措施,进一步健全了国有企业现代企业制度。在公司治理方面,国有企业逐步建立健全和规范以董事会为核心的现代企业制度,进一步完善了企业适应市场竞争要求的决策、执行、监督机制,推动企业内部治理体系更加规范化和科学化。截至2021年10月,通过引入市场化选聘和退出机制,完善经理层考核和激励机制,96.9%的中央企业建立子企业经理层成员任期制和契约化管理制度,与经理层签订了有关合同或契约的子企业占到了68.3%,确保管理层更好地履行职责。[③] 同时,强化外部董事的决策监督作用,提高企业决策的科学性和效率,为国有企业稳健经营提供了制度保障。此外,为优化国有资本配置,部分地方和企业积极探索设立国有资本投资、运营公司,通过市场化运作,实现对国有资本的专业化管理和集中管理。这一举措提高了国有资本的配置效率和运营效益,实现了国有资产的保值增值,为进一步深化国有企业改革积累了宝贵经验。

（七）国有资产监管体制机制不断完善

自进入新时代以来,国资国企以《关于深化国有企业改革的指导意见》为统领、以若干配套文件为支撑的"1+N"政策体系,保障国有企业改革有方向、有目标、有遵循,国有资产监管及国有企业改革法律法规政策体系不断健全。在这一基础上,国资国企监管体制随着改革形势的发展进一步完善,逐步构建起"管资本为主"的

---

① 国资委:央企研发投入连续两年过万亿 创新效能进一步提升[EB/OL]. https://baijiahao.baidu.com/s?id=1788950743362214412&wfr=spider&for=pc.

② 国新办举行《专利转化运用专项行动方案(2023—2025年)》国务院政策例行吹风会[EB/OL]. http://www.scio.gov.cn/live/2023/32863/tw/.

③ 数据来源:国务院国资委秘书长彭华岗于2021年10月20日在国务院新闻办举行的前三季度央企经济运行情况新闻发布会上的讲话。

现代监管框架。通过优化监管机制，推动国有资本投资、运营公司改革，提升了国有资产监管的市场化、法治化水平。同时，信息化监管手段的提升加强了对国有资本的实时监控，确保国有资产的保值增值。混合所有制改革的推进则进一步激发了国有企业的活力和竞争力，整体监管体系更加灵活、透明。

(八)党的建设得到持续深化

自进入新时代以来，国有企业不断加强党的全面领导，健全党的领导与公司治理有机融合的体制机制。通过落实"两个一以贯之"，将党的领导嵌入企业决策、执行、监督等各个环节，确保国有企业始终沿着正确的方向推进改革发展，为国有企业持续健康发展提供坚强的政治保证。国有企业通过开展"不忘初心、牢记使命"主题教育，加强企业文化建设，激发员工的使命感和责任感，进一步增强了企业的凝聚力和执行力。党建工作与企业发展深度融合，推动企业在市场竞争中保持蓬勃生机，使企业成为助力国家实现高质量发展的中坚力量。

总的来说，自进入新时代以来，国有资本和国有企业在深化改革、科技创新、优化布局、服务国家战略等方面取得了一系列重大成就，展现了新时代中国经济发展的新气象，为实现"两个一百年"奋斗目标和中华民族伟大复兴的中国梦提供了强大支撑。

第二章

中国特色社会主义的重要物质基础和政治基础

在2014年8月召开的中央全面深化改革领导小组第四次会议和中共中央政治局会议两次会议中,习近平总书记在讲话中均指出,国有企业特别是中央管理企业,在关系国家安全和国民经济命脉的主要行业和关键领域占据支配地位,是国民经济的重要支柱,在我们党执政和我国社会主义国家政权的经济基础中也是起支柱作用的,必须搞好。党的十八大以来,习近平总书记先后七次在重要讲话中强调"国有企业是中国特色社会主义的重要物质基础和政治基础"。这是对国有企业功能定位的深刻论断,是基于国有企业自身的重要地位以及国有企业改革发展的需要提出的,为新时期新形势下做强做优做大国有企业指明了方向。

第一节 国有企业的历史性贡献

国有企业作为"中国特色社会主义的重要物质基础",是由新中国成立以来,尤其是改革开放以来,国有企业在推动我国经济社会全面发展、促进科技进步、强化国防建设,以及显著提升民众生活质量等多个关键领域的卓越贡献所决定的。国有企业作为国民经济的支柱,在推动经济发展、保障国家安全、改善民生等方面发挥着不可替代的作用。通过深化改革,国有企业逐步成为独立市场主体,总体上实现了与市场经济相融合,有力带动和促进了非公有制经济共同发展。其经济实力不断迈上新台阶,为全社会创造和积累了巨大财富。

一、国有企业的建立与发展

2016年10月10日，习近平总书记在全国国有企业党的建设工作会议上发表重要讲话，其中关于"国有企业是中国特色社会主义的重要物质基础和政治基础"的核心论断，深刻揭示了国有企业在党和国家事业发展全局中的战略地位。2017年12月12日，习近平总书记在考察徐工集团重型机械有限公司时强调，"国有企业是中国特色社会主义的重要物质基础和政治基础，是中国特色社会主义经济的'顶梁柱'"[①]，进一步提高了国有企业在推进中国特色社会主义经济发展中的战略定位。2019年11月29日，中共中央政治局会议再次强调，"国有企业是中国特色社会主义的重要物质基础和政治基础，是党执政兴国的重要支柱和依靠力量"，并对切实加强党对国有企业的全面领导提出更高要求。2020年4月10日，习近平总书记第四次强调，"国有企业是中国特色社会主义的重要物质基础和政治基础，是党执政兴国的重要支柱和依靠力量，必须做强做优做大"[②]，明确了国有企业也要改革优化，但绝对不能否定、绝对不能削弱。2020年6月30日，中央全面深化改革委员会第十四次会议第五次强调，"国有企业是中国特色社会主义的重要物质基础和政治基础，是党执政兴国的重要支柱和依靠力量"，充分肯定了国有企业在应对新冠肺炎疫情过程中发挥的重要作用，并对其后3年国有企业改革关键阶段进行了战略部署。2023年9月27日，中共中央政治局召开会议，将"不断增强国有企业核心功能和核心竞争力，夯实中国特色社会主义的重要物质基础和政治基础"作为巡视工作的重点。2024年3月29日，中共中央政治局召开会议，第七次强调"国有企业是中国特色社会主义的重要物质基础和政治基础"。这些论述不仅为新时代国资国企工作提供了根本遵循，而且为国有企业在新时代继续发挥重要作用、实现高质量发展指明了方向。

目前学界关于国有企业的发展历程有着三阶段论（马立政，2019）、四阶段论（董大海，2020）等观点。总体来看，将1978年改革开放和国有企业改革开启与2013年新时代国有企业发展作为国有企业建立与发展的两个关键节点没有争议。阶段论的分化，主要集中于是否将1992年确立建立社会主义市场经济体制目标这

---

① 习近平总书记于2017年12月12日在江苏徐州市考察时的讲话。
② 习近平总书记于2020年4月10日在中央财经委员会第七次会议上的讲话。

一年作为国有企业发展历程的关键节点。社会主义市场经济条件下,国有企业作为独立市场主体,成为推动国有经济和其他经济成分共同发展的核心纽带,这也是国有企业成为中国特色社会主义的重要物质基础和政治基础的重要原因。因此,本书将国有企业的建立与发展历程分为:初创与成长阶段、改革开放与探索阶段、社会主义市场经济体制建设与改革阶段、新时代全面深化改革阶段四个主要阶段。

(一)初创与成长阶段(1949—1977年)

该阶段正处于新中国成立初期,国家面临经济恢复和工业基础薄弱的挑战。1949年,中国共产党带领中国人民在一片废墟上建立起新中国,可谓是"一穷二白",如何更好地发挥制度优势,建设一个自立自强的社会主义现代化国家,成为摆在党面前最主要的问题之一。1952年,政务院发布的《关于各级政府所经营的企业名称的规定》明确提出,凡中央五大行政区各部门投资经营的企业,包括大行政区委托省、市代管的企业,均称为"国营企业"——这在我国第一次明确了国有企业的概念。该阶段的国有企业作为新中国建设和发展的重要支柱,基本取代了私有企业对经济发展的作用,为新中国前30年的发展作出了不可估量的贡献。为迅速恢复国民经济,国有企业的建立历程经历了拓展并强化原有的抗日根据地的国有企业、对官僚资本主义企业进行接管与国有化、对帝国主义在华企业的没收并转化为国有资产,以及通过社会主义改造将民族资本主义工商业企业融入国家经济体系等多个阶段,奠定了社会主义国营经济的基础。随着第一个"五年计划"的实施,通过工业化建设,建立起一大批基础工业,形成了一批国家建设投资的国有工业企业,国有企业数量相对稳定,增长较为平缓。这一阶段,国有企业作为国家经济命脉的主要掌控者,在计划经济体制下运营,为我国工业体系的建立和经济恢复作出了巨大贡献。

(二)改革开放与探索阶段(1978—1992年)

在这一阶段,党的十一届三中全会开启了改革开放的进程,使国有企业改革成为经济体制改革的重要组成部分。此时,我国国有企业的重要作用主要体现在:实施放权让利改革,提升人民物质生活水平。这个阶段的国有企业改革将重心转移到提高经济效益上来,主要是通过经营权和所有权的分离,使得企业完成向自主经营和自负盈亏的方向转变,进一步解放和发展生产力,以满足人民日益增长的物质文化需要。此时的国有企业无论是从履行的职能、企业的结构形式还是管理者的角色职责来看,都具有明显的二重性特征[1],这种二重性特征明显不能最大限度地快速提高社会生产力,进而也不能很好地满足人民日益增长的物质文化需要。通过扩大企业自主权,实行工业经济责任制,政府向企业放权让利等措施,国有企业和职工的生产经营积极性得到调动,国有企业改革取得初步成效。随着改革的继续深化,国有企业开始探索所有权和经营权的分离。1979年7月,国务院发布《关于扩大国营企业经营管理自主权的若干规定》等五个文件,对扩大企业自主权进行试点;1980年9月,国务院批转国家经济委员会《关于扩大企业自主权试点工作情况和今后意见的报告》,全面推开国营工业企业中的扩大企业自主权工作;1984年,中共十二届三中全会通过《中共中央关于经济体制改革的决定》,为国有企业成为相对独立的经济实体提供制度保障。到1987年底,全国全民所有制工业企业的承包面已达78%。[2]

(三)社会主义市场经济体制建设与改革阶段(1993—2012年)

在此阶段,我国开始践行并完善现代企业制度,着力推动国有企业更好履行经济职能。据统计,截至1993年底,我国城镇居民的恩格尔系数为50%,每100个家庭空调保有量仅为2.3台;而美国同期的恩格尔系数仅为11.4%,每100个家庭空调保有量为68台。[3] 可见,人民更为丰富、多元的物质文化需要有待进一步得到满足。中国社会主义市场经济体制的确立和不断完善,为中国经济的发展提供了源源不断的动力和活力,为国有企业不断推进改革指明了方向。该阶段的国有企业改革进一步厘清了国有企业和私有企业的功能和作用,为坚持"两个毫不动摇"的经济发展方略奠定了微观企业基础。国有企业开始从计划经济体制向市场经济体制转型,通过放权让利、承包经营责任制等改革措施,逐步增强企业活力。1993年11月,党的十四届三中全会通过了《关于建立社会主义市场经济体制若干问题的决定》,明确提出要"建立现代企业制度"。随着国有企业经济效率的不断提高和私营经济活力的不断增强,2000年我国基本实现了小康目标。随着改革的深入,国有企业开始探索建立现代企业制度,推进股份制改革和上市融资,同时加强内部管理和技术创新,提升市场竞争力。这一时期,国有企业逐步适应了市场经济环境,成为

---

[1] 计划经济时代的国有企业兼具经济职能和非经济职能,拥有既面向政府又面向市场的企业治理结构以及企业家和干部的双重管理者角色。参见:蔡禾.计划经济下国有企业的二重性组织特征及其转变[J].中山大学学报论丛,1996(1).

[2] 数据来源:李金磊.国企改革30余年历程回顾 顶层设计出台开启新篇[EB/OL]. https://www.chinanews.com.cn/cj/2015/09-13/7520787.shtml.

[3] 中国数据来自中华人民共和国国家统计局数据库,美国数据来自美国能源信息管理局。

国民经济的重要支柱。2012年,全国国有企业及国有控股企业累计实现营业总收入423 769.6亿元,同比增长11%。[①]

(四)新时代全面深化改革阶段(2013年至今)

党的十八大后,中国经济进入新常态,国有企业更加注重高质量发展(见图2—1、图2—2),国企改革迎来全面深化时期。由于市场经济带来的社会竞争、多种分配方式并存带来的收入差距以及国有资产流失带来的分配不均,我国的基尼系数从1981年的0.29激增到2001年的0.49。在物质生活条件达到一定水平之后,收入分配差距以及财富分配差距成为广大人民最关切的问题之一。党的十八大以来,以习近平同志为核心的党中央高度关切国有企业的改革和发展,从2015年开始,围绕《关于深化国有企业改革的指导意见》,相继出台了22个配套政策,形成了"1+N"的政策体系,对国有企业功能进行界定和分类,解答了当前形势下国有企业发展的难点问题,也指出了国有企业改革发展的方向和道路。2020年中央深改委第十四次会议审议通过了《国企改革三年行动方案(2020—2022年)》,全面贯彻新发展阶段我国深化国有企业改革各重点领域的改革举措。随着国有企业改革进入新的历史阶段,国有企业经营情况明显改善,更加注重技术创新、品牌建设和研发能力,积极参与国际竞争与合作,国有企业的核心竞争力和国际影响力不断提升。

注:根据国家统计局数据整理得出。

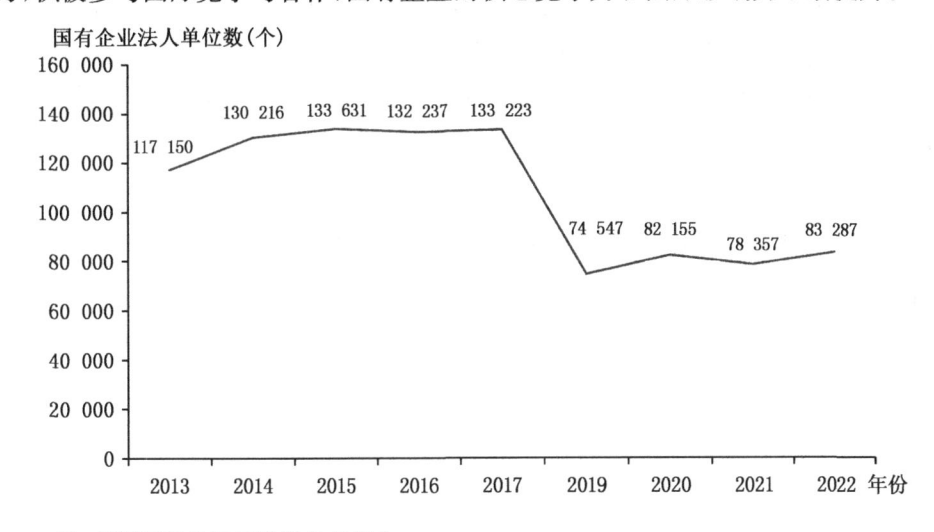

图2—1 新时代我国国有企业法人单位数变化

[①] 数据来源:中华人民共和国财政部。

金额(万亿元)

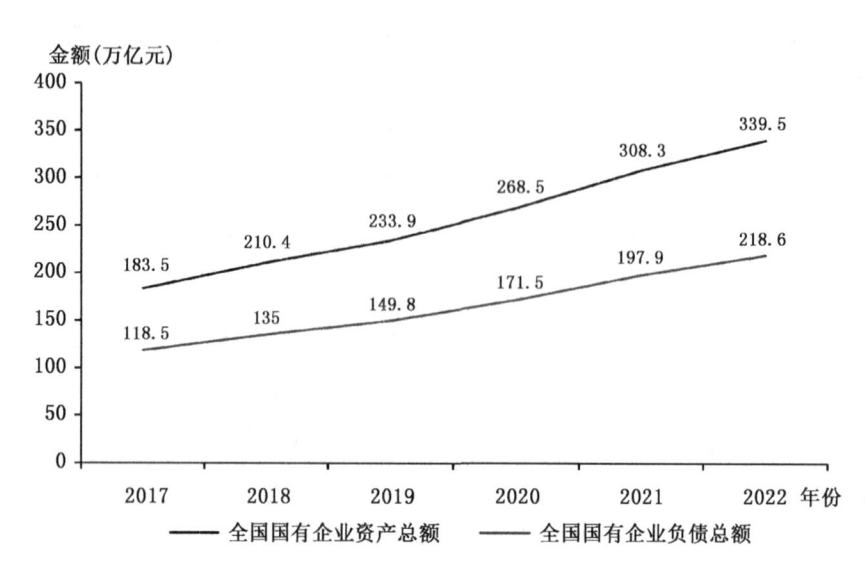

图中数据：
- 全国国有企业资产总额：2017年183.5，2018年210.4，2019年233.9，2020年268.5，2021年308.3，2022年339.5
- 全国国有企业负债总额：2017年118.5，2018年135，2019年149.8，2020年171.5，2021年197.9，2022年218.6

注：根据2017—2022年《国有资产管理情况的综合报告》的数据整理得出。

图 2—2　2017—2022 年全国国有企业资产总额和负债总额趋势

随着改革的不断深入，国有企业逐步成为社会主义市场经济的重要力量和国家发展的中流砥柱，为国家经济发展做出巨大贡献。党的十八大以来，截至 2022 年 6 月先后有 26 组 47 家中央企业按照市场化原则实施重组整合。[①] 在 1978 年至 2018 年的 40 年间，全国国有企业的营业收入与利润总额均实现了显著的年均增长，具体表现为：营业收入年均增长率达到了 11.9%，利润总额的年均增长率紧随其后，达到了 10.3%。进入世界 500 强的中国企业数量连续 14 年增加，2019 年首次超过美国，达到 129 家，其中中央企业达到 48 家。[②] 在 2012 年至 2022 年的 10 年间，中央企业取得了非凡的创新成就，成功构建了超过 700 个国家级研发平台及 7 个创新联合体，为科技进步提供了坚实支撑。在此期间，累计研发投入资金高达 6.2 万亿元人民币，且呈现年均增长率保持在 10% 以上的强劲态势。截至 2021 年底，中央企业汇聚了庞大的科研力量，研发人员总数达到 107 万人，较 2012 年底实现了 53% 的显著增长；同时，拥有两院院士共计 241 名，这一数字约占全国院士总数的 1/7，彰显了其在高端科研人才方面的强大储备与引领地位。[③] 截至 2021 年

[①] 数据来源：国务院国有资产监督管理委员会副主任翁杰明于 2022 年 6 月 17 日在"中国这十年"系列主题新闻发布会上的讲话。

[②] 数据来源：杨烨. 国企 70 年：从"白手起家"到迈向"世界一流"[N]. 经济参考报，2019—09—18.

[③] 数据来源：国务院国有资产监督管理委员会副主任翁杰明在"中国这十年"系列主题新闻发布会上的讲话。

底,全国国资系统监管企业资产总额已跃升至259.3万亿元人民币,相较于2012年底实现了惊人的2.6倍增长,年均增长率高达15.4%,展现出强劲的扩张态势。在这一总体增长中,中央企业的资产总额达到了75.6万亿元,与2012年底相比增长了1.4倍,并且成功跨越了40万亿元、50万亿元、60万亿元及70万亿元四个大关,持续巩固了其在国家经济中的支柱地位。①

二、国有企业在社会主义建设中的支撑作用

国有企业在社会主义建设中的支撑作用,主要来源于国有企业必须具备的"六种力量",也就是"成为党和国家最可信赖的依靠力量,成为坚决贯彻执行党中央决策部署的重要力量,成为贯彻新发展理念、全面深化改革的重要力量,成为实施'走出去'战略、'一带一路'建设等重大战略的重要力量,成为壮大综合国力、促进经济社会发展、保障和改善民生的重要力量,成为我们党赢得具有许多新的历史特点的伟大斗争胜利的重要力量"②。

以经济功能的先进性彰显中国特色社会主义制度的优越性,国有企业成为党和国家最可信赖的依靠力量。在现阶段,中国式现代化仍以解放和发展社会生产力为重要考量。社会活动的基础仍然是物质生产,需要遵循基本经济规律进行生产经营活动,实现国家物质财富的积聚和积累,满足人民的生存和发展需求。我国生产资料公有制决定了国有企业是社会主义国家发展经济、进行物质生产活动应采取的基本方式。国有企业经济功能的先进性,主要体现在三个方面:兼顾了营利性与社会责任,为我国经济社会发展提供大量的就业机会与稳定的税收收入;平衡了效率与公平,在追求经济效率的同时,最大限度地满足人民的劳动需求和发展需求,推进共同富裕;统筹了发展与安全,国有企业多分布在关系国家安全、国民经济命脉的重要行业和关键领域,在关键时刻起到兜底托底作用。

充分发挥坚持党的领导、加强党的建设的独特优势,国有企业成为坚决贯彻执行党中央决策部署的重要力量。习近平总书记强调,"要健全上下贯通、执行有力的组织体系。坚持党中央权威和集中统一领导,完善党中央重大决策部署落实机制,确保党中央政令畅通、令行禁止"③。坚持党的领导、加强党的建设,是我国国有

---

① 数据来源:2022年6月17日"中国这十年"系列主题新闻发布会。
② 习近平总书记于2016年10月10日至11日在全国国有企业党的建设工作会议上的讲话。
③ 习近平总书记于2024年6月28日在中共中央政治局第十五次集体学习时的讲话。

企业的光荣传统,是国有企业的"根"和"魂"。与西方国家相比,我国国有企业产业布局具有全局性、关键性特征,已成为确保党中央作出的战略决策执行不偏向、不变通、不走样的关键环节,保障了国有企业充分发挥经济社会发展的主力军作用。国有企业定期组织学习党中央的各项决策部署,确保全体员工在思想上、政治上、行动上同党中央保持高度一致;通过健全国有企业内部决策体系,实现党中央决策部署高效转化为企业实际行动;聚焦国有企业的主责主业,不断优化产业布局和资源配置,推动产业结构转型升级和高质量发展。

以制度创新激发内生动力,国有企业成为贯彻新发展理念、全面深化改革的重要力量。通过深入实施《国企改革三年行动方案(2020—2022年)》《企业技术创新能力提升行动方案(2022—2023年)》《中共中央、国务院关于深化国有企业改革的指导意见》等改革举措,国有企业不断深化改革创新,推动了企业内部的管理体制机制创新。通过加强混合所有制改革和员工持股等改革试点探索工作,从制度上进一步厘清政府与企业的职责边界,使国有企业日益成为独立的市场主体。在此基础上,构建与社会主义市场经济相适应的企业薪酬分配制度,建立健全与劳动力市场基本适应、与企业经济效益和劳动生产率挂钩的工资决定和正常增长机制。

在更高水平上参与国际竞争和合作,国有企业成为实施"走出去"战略、"一带一路"建设等重大战略的重要力量。国有企业通过加强与各国企业的合作,共同探索不同所有制经济的深度合作途径,参与产业整合、转型升级和股权投资,推动重大项目落地实施,不断深化对外开放合作。2023年,我国有进出口记录的外贸经营主体首次突破60万家,国有企业进出口6.68万亿元,占进出口总值的16%。2024年上半年,我国货物贸易进出口总值21.17万亿元人民币,同比(下同)增长6.1%。其中,国有企业进出口3.31万亿元,增长1.2%,占我国外贸总值的15.6%。[1] 国有企业作为对外经济合作的重要市场载体,在"一带一路"建设中承担重要责任,推进基础设施建设,打造国际品牌,优化全球布局,推动能源资源合作。自2013年共建"一带一路"倡议提出以来,国资央企积极响应,截至2023年10月,在140个共建国家已参与投资合作项目5 000个以上,金额超过1万亿美元[2],在推动共建国家互联互通、经济社会发展、民生改善等方面发挥了重要作用。

国有企业成为壮大综合国力、促进经济社会发展、保障和改善民生的重要力

---

[1] 数据来源:中华人民共和国海关总署。
[2] 数据来源:王希.打造更多合作新亮点,国资央企积极参与高质量共建"一带一路"[N/OL].新华社,2023—10—27.http://www.news.cn/world/2023—10/27/c_1129944215.html.

量。国有企业在国民经济中的支柱地位,主要体现在两个方面:一是在关系国家安全和国民经济命脉的主要行业和关键领域占据支配地位,如能源、通信、交通等基础设施领域,以及航空航天、国防军工等高科技领域,对于国家的综合国力和经济社会的稳定发展具有至关重要的作用;二是承担着提供公共产品、保障民生、维护国家安全和稳定的重要任务,对于提升国家的基础设施水平、增强国家的战略保障能力具有不可替代的基础性和战略性作用。2023 年,中央企业实现营业收入 39.8 万亿元、利润总额 2.6 万亿元、归母净利润 1.1 万亿元,实现高质量的稳增长;累计完成固定资产投资(含房地产)5.09 万亿元,同比增长 11.4%,其中,战略性新兴产业完成投资 2.18 万亿元,同比增长 32.1%;研发经费投入 1.1 万亿元,连续两年破万亿。[①]

党的十八大以来,各地国有企业赓续红色血脉、传承红色基因,成为我们党赢得具有许多新的历史特点的伟大斗争胜利的重要力量。2015 年 11 月 29 日,中共中央、国务院作出到 2020 年打赢脱贫攻坚战的重要决定。这一决定关乎全面建成小康社会的成败,是实现第一个百年奋斗目标的重点工作,具有使命感、紧迫感。国有企业在打赢脱贫攻坚战中发挥了排头兵的关键作用:通过推动基础设施建设,有效补齐贫困地区的民生短板,为脱贫攻坚提供了重要支撑;在贫困地区援建学校和医疗场所,大力提高落后地区公共服务质量;产业扶贫、消费扶贫、人才培养、就业帮扶、对口帮扶多管齐下,提升了脱贫致富实效;在企业与社会中起到积极带头作用,极大提升了企业参与帮扶的积极性与社会责任感。国有企业的这些措施,提高了贫困群众的生活质量,为实现共同富裕目标作出了重要贡献。此外,在 2019 年底开始的新冠肺炎疫情防控工作中,国有企业迅速响应国家号召,承担了火神山、雷神山等专门医院的建设改造任务;在医用防护服、口罩等医疗物资紧缺的情况下,通过转产、扩产等方式,全力保障医疗物资供应;在能源、通信、交通等关键领域,国有企业推出了多项举措,为特殊时期疫情防控的能源、通信、交通支持提供了保障;在疫情防控常态化背景下,国有企业通过订单采购、资金支持等方式,带动上下游企业复工复产,极大地刺激了市场活力,提振了社会经济发展的信心。

[①] 数据来源:国务院国资委副主任袁野于 2024 年 1 月 24 日在国新办新闻发布会上的讲话。

三、国有企业在挑战与变局中谋发展与突破

国有企业在推动中国特色社会主义发展的过程中取得了显著的经济成就、制度成就和理论成就,为国家的繁荣富强和人民的幸福安康作出了重要贡献。

以国有企业改革创新突破资源配置效率与经济效益不高问题,为经济社会的持续健康发展提供有力支撑。国有企业通过引入非国有资本,实现混合所有制改革,优化股权结构,在保障自身政治属性的基础上,有效吸收民营企业的灵活性和创新性优势,使国有企业的活力和市场竞争力有了大幅提升。党的十八大以来,国有企业资产总额和营业收入持续增长,全国非金融国有企业资产总额从 2012 年的 89.5 万亿元增加到 2022 年的 339.5 万亿元[1],营业收入由 2012 年的 22.5 万亿元增加到 2022 年的 82.59 万亿元[2]。越来越多的国有企业进入世界 500 强行列,国有企业国际竞争力大幅提升。2024 年年度《财富》世界 500 强排行榜发布,我国共有 91 家国有企业上榜[3],比 2012 年增加 37 户[4]。此外,国有企业在载人航天、探月工程、北斗导航、国产航母等关键领域取得了一系列具有世界先进水平的重大成果,创新能力显著增强。

随着社会主义市场经济体制的不断完善,中国特色现代国有企业制度不断完善。新时代全面建成高水平社会主义市场经济体制,对国有企业的市场适应性和竞争力提出了更高的要求。而深化国有企业改革是经济体制改革的核心任务,旨在构建和完善社会主义市场经济体制,其核心在于实现公有制与市场经济的有机结合,关键在于促使国有企业构建起符合市场经济规律的管理架构与运营体系。随着改革的不断深化,国有企业已逐步转型为以公司制和股份制为主要形态的现代企业,依据法律自主决策、独立经营、自负盈亏、自担风险,并实现了自我约束与持续发展的良性循环,成为市场中独立而强大的主体。在此过程中,坚持中国共产党的领导与公司法人治理结构有机结合,确保了改革方向的正确性与企业发展的稳健性,形成了具有中国特色的企业治理模式。

国有企业改革实践成果的不断深入,深化了对公有制与市场经济相结合的理

---

[1] 数据来源:《国务院关于 2022 年度国有资产管理情况的综合报告》。
[2] 数据来源:中华人民共和国财政部。
[3] 数据来源:《国资报告》。
[4] 数据来源:《国务院关于 2012 年国有企业改革与发展工作情况的报告》。

论认识,创新了经济治理方式。首先,深化了对国有企业地位和作用的认识。"国有企业是中国特色社会主义的重要物质基础和政治基础"这一论断得到了广泛认同和深入阐释。国有企业作为我们党执政兴国的重要支柱和依靠力量,在推动经济高质量发展、维护国家经济安全等方面发挥了不可替代的作用。其次,形成了具有中国特色的国有企业改革发展理论。在国有企业改革实践中,逐步形成了一系列如"两个一以贯之""四个同步""四个对接"等的理论创新成果。这些理论成果为国有企业改革发展提供了有力的理论支撑和指导方向。在此基础上,社会主义市场经济理论得到进一步丰富。国有企业改革作为社会主义市场经济体制建设的重要组成部分,其成功经验为丰富和发展社会主义市场经济理论提供重要依据。国有企业与市场经济相融合的实践探索,为构建更加完善的市场经济体制提供了有益借鉴和启示。

第二节 巩固公有制的主体地位

习近平总书记在不同讲话和批示中分别从国有企业的地位和作用、国有企业改革、国有企业发展、国有资产监管和国有企业党的建设五个方面[①],对当下国有企业改革作出了全面系统的理论论述,强调国有企业是中国特色社会主义的重要物质基础和政治基础,明确了要坚持"两个一以贯之",把加强党的领导和完善公司治理统一起来,建设中国特色现代国有企业制度。国有企业是中国特色社会主义的重要政治基础,源自其独有的政治性与人民性,决定了国有企业保障国有经济的战略支撑作用,促进了国有经济与其他经济成分协调发展。

一、国有企业的政治性与人民性

习近平总书记早在 2015 年中央政治局就马克思主义政治经济学基本原理和方法论进行第二十八次集体学习会中,就强调"生产资料所有制是生产关系的核心,决定着社会的基本性质和发展方向……我国基本经济制度是中国特色社会主

---

① 国务院国资委党委.坚定不移做强做优做大国有企业——党的十八大以来国有企业改革发展的理论与实践[J].求是,2012(13):63-64.

义制度的重要支柱,也是社会主义市场经济体制的根基,公有制主体地位不能动摇,国有经济主导作用不能动摇。这是保证我国各族人民共享发展成果的制度性保证,也是巩固党的执政地位、坚持我国社会主义制度的重要保证"[①]。国有企业关系公有制主体地位的巩固,关系我们党执政地位和执政能力,关系我国社会主义制度。国有企业是党领导的国家治理体系的重要组成部分,坚持党的领导、加强党的建设是国有企业的"根"和"魂"。国有企业及其广大党员干部职工是关键时刻听指挥、拉得出,危急关头冲得上、打得赢的基本队伍。作为中国特色社会主义的重要政治基础,国有企业的政治性与人民性是其本质属性的重要体现,二者相辅相成、不可分割。

国有经济作为生产资料归国家所有的市场主体类型,是社会主义公有制经济体系中的核心构成部分,同时也是引领和支撑国民经济发展的关键力量。它牢牢掌控着国家经济的关键领域和命脉产业,依托其庞大的经济基础和尖端的技术装备,与社会化大生产紧密交织,共同推动着国家经济向前发展。国有经济不仅是中国特色社会主义经济制度的重要基石,更承载着鲜明的政治属性,是保障国家经济安全、促进社会公平正义、实现人民共同富裕的重要力量。国有企业的政治性具体体现在党对国有企业的领导核心作用,以及国有企业履行经济职能时对国家意志的体现两个方面。一方面,坚持党的领导是国有企业的"根"和"魂"。国有企业必须坚决贯彻党的理论和路线方针政策,确保企业改革发展的正确方向。党的领导不仅体现在政治方向、思想引领上,而且体现在组织保障、干部管理、人才队伍建设等各个方面。另一方面,国有企业是国家出资设立的企业,其经营管理和发展方向必须体现国家的战略意图和长远规划。国有企业承担着执行国家经济政策、参与国家重大项目建设、维护国家经济安全等重任,是国家宏观调控的重要工具。此外,国有企业围绕国家重大战略部署,积极投身经济社会发展主战场,特别是在关系国家安全和国民经济命脉的重要行业和关键领域发挥骨干作用,并积极参与国际竞争与合作,从而提升国家整体竞争力。

国有企业以人民为中心的价值取向,决定了其在高质量发展中扎实推进共同富裕的内在要求。国有资产是全体人民的宝贵财富,是保障人民共同利益的重要力量,企业发展应以确保并增进最广大人民的根本利益为宗旨,企业运营应以人民的利益为首要考量,企业的发展成果最终要惠及全体人民。国有企业可以通过提

[①] 习近平.不断开拓当代中国马克思主义政治经济学新境界[J].求是,2020(16).

供优质的产品和服务、创造更多的就业机会、缴纳税收以支持公共事业等方式,不断满足人民日益增长的美好生活需要。与此同时,国有企业还是广大员工实现自我价值的重要平台,通过建立健全薪酬福利体系、职业发展通道和劳动保护机制,确保员工合法权益得到保障。

国有企业的政治性与人民性是其本质属性的重要体现。政治性确保了国有企业的发展方向和战略定位符合国家意志和人民利益;人民性则要求国有企业始终坚持以人民为中心的发展思想,积极履行社会责任和担当,为全体人民创造更加美好的生活。

二、国有企业保障国有经济的战略支撑作用

习近平总书记强调,"我国公有制经济是长期以来在国家发展历程中形成的,积累了大量财富,这是全体人民的共同财富,必须保管好、使用好、发展好,让其不断保值升值,决不能让大量国有资产闲置了、流失了、浪费了"[1]。这是我国深入推进国有企业改革发展、加强对国有资产的监管、惩治国有资产领域发生的腐败现象的根本目的。国有企业作为国有经济的主要载体,是公有制经济的重要组成部分,其战略支撑作用对于国家整体经济发展至关重要。以公有制为主体是中国特色社会主义制度的经济基础,而国有企业作为公有制经济的代表,其稳健发展和强大实力有助于巩固和发展公有制经济,从而进一步夯实社会主义制度的经济基础。

国有企业在关键领域和行业中占据主导地位,是国家经济发展的重要支柱。党的二十大报告指出,"深化国资国企改革,加快国有经济布局优化和结构调整,推动国有资本和国有企业做强做优做大,提升企业核心竞争力"。国有企业强大的实力和良好的经营状况,能够提升国家的经济实力和国际竞争力,进而增强国家的综合国力。在"强优大"的国有企业改革逻辑上,满足人民美好生活需要,是一个全方位、多层次的大工程,需要全面"强""优""大"的国有企业给予全方位的支持。此外,国有企业在保障国家战略安全方面(包括基础设施建设、能源资源供给和产业链供应链安全等)发挥着关键作用。具体内容将在本书第三章详细阐释。

在中国共产党的领导下,国有企业不断发展壮大,并且具有强大的经济控制力。党的领导是中国特色社会主义最本质的特征,而国有企业作为党领导下的重

---

[1] 习近平总书记于2018年11月1日在民营企业座谈会上的讲话。

要经济力量,其发展方向和战略决策都紧密围绕党和国家的发展大局展开,紧密的党群关系使得国有企业成为中国特色社会主义的重要政治支撑。国有企业能够依托中国特色社会主义制度优势,集中力量办大事,有效实施国家重大战略和项目。由于国有企业通常在关键行业和领域占据主导地位,因此,它们能够对国民经济产生重要影响,保障国家经济安全。国有企业能够通过国家宏观调控,优化资源配置,提高资源使用效率,促进经济结构的优化升级。在关键时刻和重大事件中,国有企业能够迅速响应并发挥重要作用,保障国家安全、稳定和发展。这种责任感和使命感体现了国有企业的政治属性,这也是其作为中国特色社会主义重要政治基础的体现。

三、国有企业促进国有经济与其他经济成分协调发展

中国特色社会主义经济结构相对复杂,在社会主义市场经济的大框架下,以公有制为主体,把包括国有经济在内的各种经济成分纳入社会主义框架内。2023年7月25日至26日,国资委研讨班提出了"三个集中""三个资本",为进一步深化国有企业改革提供了战略性纲领性的指引。会议强调,要推动国有资本向关系国家安全、国民经济命脉的重要行业集中,向提供公共服务、应急能力建设和公益性等关系国计民生的重要行业集中,向前瞻性战略性新兴产业集中,坚守主责、做强主业,当好"长期资本""耐心资本""战略资本"。中国共产党创造三个"有利于"的政治环境,而国有企业创造有效协调各种经济成分的经济环境,最终推进社会主义社会生产力的发展、国家综合实力的增强、人民生活水平的提高。

国有经济与其他经济成分之间的关系是互补和协调的。习近平总书记强调,"在功能定位上,明确公有制经济和非公有制经济都是社会主义市场经济的重要组成部分,都是我国经济社会发展的重要基础"[①]。国有经济是公有制经济的主要组成部分,在国民经济中占据主导地位,对经济稳定和发展起到关键作用。与此同时,国有经济与集体经济、个体经济、私营经济、外资经济等其他所有制形式共同构成社会主义市场经济,各展所长,相互促进。在社会主义市场经济条件下,国有经济与其他所有制经济在法律面前地位平等,公平参与市场竞争,共同提高经济效率。国有经济在资本密集、技术密集和战略性行业中发挥主导作用,而其他所有制

---

① 习近平总书记于2013年11月16日关于《中共中央关于全面深化改革若干重大问题的决定》的说明。

经济在灵活适应市场、创新驱动等方面具有优势,两者互补,共同推动经济发展。国有经济在宏观调控和公共服务领域发挥作用,保障国家经济安全和社会稳定,同时支持和促进其他所有制经济的健康发展。国有经济在推动重大科技创新和产业升级中发挥引领作用,同时激励和带动其他所有制经济共同参与国家创新体系建设。国有经济与其他所有制经济之间通过合资合作、产业链协作等多种形式实现资源共享和优势互补,共同提升竞争力。国有经济在保障民生、环境保护等方面承担着重要社会责任,同时鼓励和支持其他所有制经济积极参与社会责任的履行。通过这些关系,国有经济与其他经济成分形成了一个有机统一、协调发展的经济体系,共同为实现社会主义现代化强国的目标作出贡献。

国有企业有助于形成国有经济与其他经济成分相互促进、共同发展的良好局面。党的十八大以来推出了一系列扩大非公有制企业市场准入、平等发展的改革举措,包括:鼓励非公有制企业参与国有企业改革,允许更多国有经济和其他所有制经济发展成为混合所有制经济,国有资本投资项目允许非国有资本参股等。一方面,国有资产管理体制逐步健全,国有资产管理体制经历了从"条条"管理和"块块"管理到分级监管、授权经营、分工监督的转变,建立了以管资本为主的国有资产监管体系,促进了国有资本的合理流动和优化配置。另一方面,混合所有制改革有序推进,通过引入非公有资本等战略投资者,实现了国有资本的多元化和混合所有制经济的有效发展。混合所有制改革激发了国有企业的活力和竞争力,提高了国有资本的运营效率和保值增值能力。国家通过制定相关政策,推动形成统一开放、竞争有序的市场体系,既保障国有经济的主导地位,又促进其他所有制经济的公平发展,实现各类所有制经济的共同繁荣。一方面,国有经济通过其控制力和影响力,为其他经济成分提供稳定的市场环境和政策支持,促进它们的健康发展;另一方面,其他经济成分的快速发展也为国有经济注入了新的活力和动力,推动了国有经济的改革和创新。

第三节 服务国家战略大局

习近平总书记在 2023 年 9 月 27 日召开的中共中央政治局会议上指出,要不断增强国有企业核心功能和核心竞争力,夯实中国特色社会主义的重要物质基础和政治基础。国有企业作为中国特色社会主义的重要物质基础和政治基础,承担着党执政兴国的重要支柱和依靠力量的历史使命。它们不仅是国家经济发展的主力军，而且在维护国家经济安全、保障民生福祉等方面发挥着不可替代的作用。这种历史使命和责任担当使得国有企业能够在关键时刻挺身而出，为国有经济的稳定发展提供坚实支撑。

一、国有企业在国家战略中的角色与作用

"国有企业是中国特色社会主义的重要物质基础和政治基础"，是习近平总书记对国有企业功能定位的深刻论断。在此基础上，习近平总书记对国有企业在国家战略中的角色与作用进行了更加深入细化的阐释。2014年8月18日，习近平总书记在中央全面深化改革领导小组第四次会议的讲话中指出，"国有企业特别是中央管理企业，在关系国家安全和国民经济命脉的主要行业和关键领域占据支配地位，是国民经济的重要支柱，在我们党执政和我国社会主义国家政权的经济基础中也是起支柱作用的，必须搞好"。2015年10月13日，习近平总书记在中央全面深化改革领导小组第十七次会议上对国有企业进行了大类上的划分，提出"要立足国有资本的战略定位和发展目标，结合不同国有企业在经济社会发展中的作用、现状和发展需要，根据主营业务和核心业务范围，将国有企业界定为商业类和公益类"。其中，商业类国有企业以增强国有经济活力、放大国有资本功能、实现保值增值为主要目标；公益类国有企业以保障民生、服务社会、提供公共产品和服务为主要目标。2020年4月10日，习近平总书记在中央财经委员会第七次会议上强调，"国有企业冲在前面，发挥了重要作用，在促进产业循环中也起到了关键作用"，并明确了国有企业改革的要求与底线，即"国有企业也要改革优化，但绝对不能否定、绝对不能削弱"。同年，习近平总书记在中央全面深化改革委员会第十六次会议上进一步指出，"国有资产是全体人民共同的宝贵财富，是保障党和国家事业发展、保障人民利益的重要物质基础，一定要管好用好"。以上表述均表明了国有企业在服务国家战略大局中起到的不可替代的重要作用。

国有企业作为中国特色社会主义经济的顶梁柱，必须自觉地将自身发展融入党和国家事业发展的全局中，发挥不可替代的作用。作为中国特色社会主义的物质基础与政治基础，国有企业不仅是党领导国家发展、实现民族复兴的坚强支柱和坚实后盾，其基本使命更在于战略支撑，确保国家重大战略决策的顺利落地与高效执行。在各级国有资产监管机构的科学引导与有力推动下，国有企业勇挑重担，积

极践行国家战略部署,不断强化公共服务与应急响应能力,为国家能源安全、电力供应、天然气保供等领域提供了坚实保障,实现了近100%的原油生产自给、电网全覆盖、97%的天然气供应,并构建了覆盖全国的基础电信网络体系。同时,国有企业主动承担了改善民生的社会责任,自2013年以来,中央企业累计上缴国有资本收益1.5万亿元,并向社保基金划转国有资本1.2万亿元,为社会保障体系的完善贡献了重要力量。在脱贫攻坚战中,国有企业累计投入及引进各类资金超过千亿元,助力246个国家扶贫开发工作重点县成功脱贫摘帽。此外,国有企业还积极响应国家区域协调发展战略,深度参与"一带一路"国际合作,推动中老铁路、希腊比雷埃夫斯港等一系列标志性国际合作项目成功落地,展现了国有企业在推动全球经济一体化、促进共同发展中的积极作为与责任担当。[①]

要推动国有企业在落实国家战略中发挥主力军作用。国有企业是中国特色社会主义经济的顶梁柱,其发展壮大是践行公有制经济的表现,能够在服务国家发展大局中不断增强战略保障功能,包括促进经济高质量发展,引领国家关键科技攻关和基础产业发展。在科技创新领域,国有企业是国家战略科技力量的重要支撑,尤其在关键核心技术攻关、基础研究、应用基础研究以及前沿性颠覆性原创技术研究等方面发挥着领军作用。在社会主义市场经济体制下,国有企业兼具宏观调控合作者与混合所有制改革先行者的多重角色,一方面与政府在宏观调控中密切合作,通过投资、价格、就业等手段,协助政府实现宏观经济目标;另一方面,国有企业通过混合所有制改革,吸引和带动社会资本,提高资本效率,推动经济体制改革。国有企业是实施国家重大战略和政策的重要力量,在国家重大工程项目中,国有企业往往承担着重要角色,如能源、交通、通信等基础设施的建设和运营,在促进全体人民共同富裕方面发挥着重要作用。实施国有企业改革深化提升行动,是以习近平同志为核心的党中央站在党和国家工作大局的战略高度,继部署实施国有企业改革三年行动之后,面向新时代新征程作出的一项全局性、战略性重大决策部署。通过深化改革,国有企业不断提升自身竞争力,推动产业升级和转型,为经济高质量发展提供动力。

---

① 数据来源:国务院国资委党委.不断创新发展中国特色国有资产监管体制[J].求是,2024(4).

二、国有企业的社会责任

2015年7月17日,习近平总书记在吉林东北工业集团长春一东离合器股份有限公司听取了5名职工的发言后指出,"国有企业是推进现代化、保障人民共同利益的重要力量,要坚持国有企业在国家发展中的重要地位不动摇,坚持把国有企业搞好、把国有企业做大做强做优不动摇"[①]。国有企业在新中国建设和改革开放中承担的社会责任更大,国有企业社会责任是国企价值评价的关键。随着西方新自由主义思潮的不断涌入,一些别有用心者发表了诸多否定国有企业的言论:国有企业效益低时,则认为其注定低效率,而国有企业增加利润后,又讽刺其利润依靠垄断;国有企业不够市场化,则批评其与市场经济不兼容,而国有企业参与市场竞争后,又指责其"与民争利";国有企业不扩张,诟病其没有活力,而国有企业扩张后,又抱怨其挤压民营企业的生存空间。其中最具代表性的是2009—2012年期间《经济学人》杂志上发表的一系列质疑和批评我国国有企业的文章。一时间,各种论述国企低效率、滋生腐败、遏制私营经济发展的文章频现。

针对质疑,一批具有真知灼见的马克思主义学者从理论和现实上给出了强有力的回应,否定了一系列有关国有企业的错误观点,稳固了国有企业的主导地位,明确国有企业在承担经济责任的同时,与生俱来地承担着政治责任、社会责任,积极推动了国有企业的改革和发展。其中,国有企业的社会责任是评价国有企业价值的关键因素之一,确认了国有企业服务国家战略大局的重要价值。

当代中国作为一个以公有制为主体、各种所有制经济共同发展的社会主义市场经济国家,其国有企业具有明显的特质。社会主义国有企业在本质上具有承担社会责任的特点,与私有企业的利润最大化目标有着显著区别,长期以来承载着远比其他企业重得多的国家财政税收负担和社会责任。[②] 不仅如此,社会主义国家的国有企业与资本主义国家的国有企业在社会责任承担上也有着本质的区别。资本主义国有企业虽然有一部分社会责任是针对普通大众的,也在一定程度上促进了生产力的发展,但其主要目的是为私人垄断资本服务,为其廉价地提供基础科学研究、基础设施建设、水电通信等必需的公共产品,便于资本主义私有企业利润最大

---

① 习近平.保持战略定力增强发展自信 坚持变中求新变中求进变中突破[N].人民日报,2015-07-19.

② 刘国光.谈谈当前中国国有企业改革[J].企业改革与管理,1996(1):6-8.

化,并以此作为其国有企业最重要的"社会责任"之一。如果资本主义国有企业不能很好地为私人垄断资本服务,往往就会受到保守党的攻击,甚至可能被重新私有化,欧美国家在 20 世纪 80 年代的私有化浪潮便是如此。社会主义国有企业最根本的社会责任是维护好社会主义制度的经济基础,使国有资本保值增值,提高社会主义国家的整体科研实力和综合竞争力,坚持以按劳分配为主体,改善收入分配,将社会发展的成果更多地惠及人民,使人和自然和谐发展,最终有利于人的自由全面发展——这一切最终的核心都是为了劳动人民的长远利益和根本利益,是以人为本而非以资本为中心。

具有更强制度文化嵌入和国家干预的国有企业在承担社会责任方面要优于私有企业。党的二十届三中全会审议通过的《中共中央关于进一步全面深化改革、推进中国式现代化的决定》,明确了"推动国有资本和国有企业做强做优做大,增强核心功能,提高核心竞争力"的目标,把核心功能放在核心竞争力之前,并围绕核心功能作出一系列部署,比如持续推动国有资本实现"三个集中",进一步明晰不同类型国有企业功能定位,建立国有企业履行战略使命评价制度,完善国有企业分类考核评价体系等。社会主义国有企业作为国家管理的企业,与私有企业不同,政府作为国有企业实际控制者对国有企业决策行为会产生更大的影响。政府领导者无论从主观意愿还是客观环境上都有动机在兼顾企业盈利的同时重视社会责任的履行,而私有企业则更可能存在机会主义和过分追求短期利益而规避或转嫁强制性企业社会责任(Corporate Social Responsibility, CSR)。[①] 因此,从管理角度来看,国有企业的社会责任履行水平应高于私有企业。此外,也正因为政府的直接控制,所以国有企业有动机从事一些诸如公共设施建设、促进社区团结及解决就业问题等一系列非营利性项目,这使得国有企业在社会基础和关系构建方面履行社会责任的水平相对优于私有企业。再者,国有企业在行业市场中承担支柱构筑功能、流通调节功能、社会创利功能、产权导向功能和技术示范等功能,因此从市场层面说,国有企业的社会责任履行水平也优于私有企业。此外,在应对自然灾害和突发事件时,国有企业能够迅速响应、积极作为,为国家和人民提供有力支持。这种社会责任和民生保障作用,使得国有企业能够赢得人民群众的信任和支持,为国有经济的战略支撑作用提供坚实的群众基础。

[①] 丁晓钦在《全球化背景下的企业社会责任理论批判》一文中认为,企业可以采用双重标准,以转移资本、逃离投资国、向投资国转嫁环境污染等方式规避和转嫁社会责任。

三、国有企业的国际合作

世界百年未有之大变局正处于加速演进与新的动荡变革期，逆全球化思潮全面抬头，保护主义、单边主义明显上升。与此同时，我国也进入战略机遇和风险挑战并存的时代，在全面建设社会主义现代化开局起步的关键时期，我们要把握百年未有之大变局的时代机遇，发挥国有企业作为中国特色社会主义的重要物质基础和政治基础的双重优势，来构建新的国际合作平台和新的竞争力，以中国式现代化推动构建人类命运共同体。

国有企业的特殊属性与地位，决定了其具备成为海外竞争者的前提条件。2023年年末，国务院国资委首提"五个价值"，即"中央企业要更加注重提升增加值、功能价值、经济增加值、战略性新兴产业收入和增加值占比以及品牌价值五个方面的价值"[1]，为未来深入开展国资央企工作指引方向。2024年8月5日最新发布的《财富》世界500强排行榜中，中国有133家公司上榜，其中国有企业共91家，占比为68.4%。2024年《财富》中国500强排行榜中，国家电网有限公司以5 459亿美元的营收位居榜首，中国石化和中国石油分列榜单第二位和第三位。同期，作为发达国家的法国、美国、意大利、韩国、德国5个国家共有9家国有企业上榜，其他10个发展中国家共有18家国有企业上榜。[2] 两相比较，充分体现了我国国有企业的重要地位和作用。随着高质量发展理念的深入人心，国有企业发展方向更加注重核心竞争力，以更好地适应国际市场的竞争环境。其中部分国有企业开始淡化过去的规模情结，选择更加注重价值创造能力提升。与国外国有企业世界范围内国有化、私有化交替进行的发展历程不同，我国对国有企业的定位有着清醒且深刻的认识，即"国有企业是中国特色社会主义的重要物质基础和政治基础，是我们党执政兴国的重要支柱和依靠力量"。从行业分布来看，上榜世界500强的国外国有企业主要集中在能源、金融、铁路、邮政等公共基础设施领域。相较之下，我国国有企业发展呈现出行业分布更广、在国民经济中比重更高的特征。从世界500强榜单来看，我国国有企业除了在能源、金融和公共基础设施领域有布局，还在电子信息、装备制造、航空等领域培育了一批具有全球竞争力的国有企业。

---

[1] 国务院国资委党委书记、主任张玉卓于2023年12月25日至26日在中央企业负责人会议上的讲话。
[2] 数据来源：《国资报告》。

改革开放以来,国有企业积极践行"走出去"战略,已经深度融入全球产业链供应链网络体系,成为当前中国企业进行海外投资的主导力量。随着我国经济的发展壮大、海外投资规模的扩大、国际影响力的提升,国有企业积极参与国际竞争与合作,在能源开发、工程承包、投资安全等海外事务中给我国经济带来的作用和影响日益增强,成为我国对外经济交往乃至对外战略依赖的重要力量。国有企业通过"走出去"和"引进来"相结合的方式,拓展海外市场和资金来源,推动国际化经营和品牌建设。同时,国有企业还加强与国际企业和机构的合作与交流,共同应对全球性挑战和问题。这种国际合作与全球竞争力使得国有企业能够在国际舞台上发挥更大作用,为国有经济的战略支撑作用提供国际视野和全球资源。国有企业作为"一带一路"建设的主力军,积极参与沿线国家的基础设施建设、产能合作、贸易与投资等领域,推动共建国家经济要素的有序自由流动、资源高效配置和市场深度融合。"一带一路"倡议提出十几年来,国务院国资委和中央企业积极响应,对外投资收益率稳步提升,海外业务布局持续优化,生产要素全球配置能力进一步提高,一批中央企业经锻造形成了与全球跨国公司"同台竞技"的实力。在加大经济投入的同时,国有企业从多个维度加强与沿线国家的互联互通,将推进基础设施建设和产能合作的"硬联通"与制度、政策、标准和规则的"软联通"相结合,为企业争取更多海外投资市场与项目资源创造更好的市场条件。站在构建人类命运共同体的高度,我国国有企业积极拓展国际市场,着眼国际市场需求复杂性、多样性、差异化的特点,通过提升产品质量、优化服务流程、加强品牌宣传等方式,不断树立国际化企业的形象,提升品牌在国际市场上的知名度和影响力。

第三章

维护国家经济安全的重要基石

2023年中央企业负责人会议强调国资中央企业要坚定履行新时代新征程的重大使命,"加快建设现代化产业体系、实现高质量发展,更好发挥科技创新、产业控制、安全支撑作用"[①]。维护国家经济安全是国有企业和国有经济的重要职责和使命。习近平总书记指出,"推动创新发展、协调发展、绿色发展、开放发展、共享发展,前提都是国家安全、社会稳定。没有安全和稳定,一切都无从谈起"[②]。当前国际局势不稳定性与不确定性显著提高,安全方面面临的挑战也相应增多。要进一步增强国有企业和国有经济维护国家经济安全的功能,深化关键领域的改革,强化国有企业在国家安全和经济命脉行业的主导地位,同时提升其抵御风险的能力。将安全发展理念融入国家发展的各个层面和国际合作的全过程,有效预防和应对可能干扰我国现代化进程的风险因素,从而巩固国家安全的防线。

[①] 国务院国资委召开中央企业负责人会议 以进促稳推动高质量发展 勇担使命增强核心功能提高核心竞争力[EB/OL]. http://www.sasac.gov.cn/n2588020/n2877938/n2879597/n2879599/c29664439/content.html.

[②] 习近平在省部级主要领导干部学习贯彻党的十八届五中全会精神专题研讨班上的讲话[N]. 人民日报,2016—5—10.

第一节　国民经济的重要支柱

在 2014 年 8 月 18 日召开的中央全面深化改革领导小组第四次会议上，习近平总书记指出，国有企业特别是中央管理企业，在关系国家安全和国民经济命脉的主要行业和关键领域占据支配地位，是国民经济的重要支柱。国有企业作为国民经济的重要支柱，在维护经济安全方面发挥着关键作用。2023 年 11 月 7 日下午，习近平总书记在主持中央全面深化改革委员会第三次会议时强调，增强国有经济对自然垄断环节控制力，更好满足构建现代化基础设施体系的需要，更好保障国家安全。《中共中央关于进一步全面深化改革 推进中国式现代化的决定》指出，推动国有资本向关系国家安全、国民经济命脉的重要行业和关键领域集中，向关系国计民生的公共服务、应急能力、公益性领域等集中，向前瞻性战略性新兴产业集中。国有企业通过控制关键行业和领域，确保国家对重要资源和经济命脉的控制力，从而保障国家的经济独立性和自主性。在基础设施建设、能源供应、信息通信等关键领域，国有企业的投资和运营不仅支撑了国民经济的稳定运行，而且为应对外部冲击和内部挑战提供了坚实的基础。此外，国有企业在技术创新和产业升级中的引领作用，有助于提升国家在全球经济中的竞争力，确保经济的长期稳定和持续发展。在经济波动或危机时期，国有企业能够通过其规模和资源优势，稳定市场、保障就业、维护社会稳定，成为保障经济安全的中流砥柱。

一、更好地满足构建现代化基础设施体系的需要

基础设施是经济社会发展的重要支撑。习近平总书记在党的二十大报告中提出"构建现代化基础设施体系"。交通、能源、电信、水利等基础设施是经济社会发展的重要支撑，现代化国家必须拥有现代化的基础设施体系。《中华人民共和国国民经济和社会发展第十四个五年规划和 2035 年远景目标纲要》将"建设现代化基础设施体系"作为"加快发展现代产业体系 巩固壮大实体经济根基"篇章中的一部分，提出"统筹推进传统基础设施和新型基础设施建设，打造系统完备、高效实用、智能绿色、安全可靠的现代化基础设施体系"，重点包括建设新型基础设施、建设交通强国、构建现代能源体系、加强水利基础设施建设等方面。

2022年4月26日召开的中央财经委员会第十一次会议研究全面加强基础设施建设问题。会议指出,党的十八大以来,我国在重大科技设施、水利工程、交通枢纽、信息基础设施、国家战略储备等方面取得了一批世界领先的成果,基础设施整体水平实现了跨越式提升。我国交通网络已发展为一个多层次、广覆盖的综合体系,其中包括贯穿全国的"五纵五横"运输通道,它们构成了交通网络的核心。高铁系统则以"四纵四横"的布局,为城市间的快速通达提供了支撑。国家高速公路网从首都延伸至各省级行政中心,实现了省级中心之间的直连,同时进一步扩展至关键的地级市和县级市,提升了整体的交通效率。内河航运方面,通过"两横一纵两网十八线"的规划,优化了水运网络,增强了运输能力。中国在高速公路和高速铁路的总里程上居全球首位。邮政网络覆盖全国,实现了"乡乡设所、村村通邮"。现代通信网络逐步完善,实现了"村村通电话、乡乡能上网",网络规模与用户数量均为世界之最。能源领域构建了"四大油气战略通道"、区域成品油管网和国内天然气主干网系统。水利基础设施日益完善。

随着基础设施逐渐呈现规模化、网络化,其服务水平也在持续提升。部分领域的基础设施建设已达到世界领先水平,如高速铁路、高原铁路、高寒铁路和重载铁路等技术方面都处于国际先进位置。[①] 基础设施的完备程度是衡量国家硬实力的重要标志之一。2023年,中国基础设施投资增长了5.9%,增幅高出全部固定资产投资整体水平2.9个百分点。其中,水运投资增长了22.0%,铁路运输增长了25.2%,电力、热力生产和供应投资增加了27.3%,燃气生产和供应业的投资增长了16.7%,这些领域成为国有部门投资的重点方向。[②]

经济运行的效率与人流、物流、信息流的通畅程度高度相关。在基础设施建设推进方面,党的十八大以来,中交集团累计建成了超过1.5万千米的高速公路、逾1 000千米的高速铁路、500千米以上的轨道交通,建成超500个万吨级港口泊位和100座以上特长隧道。截至2021年末,中国中铁参与了全国55%的铁路、69%的高速铁路、15%的高速公路、82%的城市轨道项目,以及2.27万千米的大桥和2.04万千米的隧道建设。[③] 同时,国有企业在水利工程中发挥了重要作用,全国已有25个

---

① 韩亚栋、管筱璞. 如何理解全面加强基础设施建设[EB/OL]. https://www.ccdi.gov.cn/yaowenn/202204/t20220429_189784.html.
② 数据来源:刘贵浙. 2023年固定资产投资:民间投资占比降至50.4%[EB/OL]. https://baijiahao.baidu.com/s?id=1792774185139862292&wfr=spider&for=pc.
③ 数据来源:胡迟、刘金逗. 国企应更好发挥基础设施建设主力军作用[EB/OL]. https://baijiahao.baidu.com/s?id=1769273847938270427&wfr=spider&for=pc.

省(市、区)成立了省级水投公司,通过直接投资和 PPP 模式①参与重大水利工程、农村供水和流域治理等项目,取得了显著成效,为水利事业改革发展提供了重要支持。

作为重要的基础产业和新兴产业,新型基础设施建设是中国经济增长的新引擎。2018 年中央经济工作会议将"5G 基建、特高压、城际高速铁路和城际轨道交通、充电桩、大数据中心、人工智能、工业互联网"定为新型基础设施建设的重点领域。根据《中央企业高质量发展报告(2022)》,近 70 家中央企业及其逾 700 家子企业积极布局新基建领域,"十四五"期间计划投资 1 300 多个项目,总投资超过 10 万亿元。GSMA 移动智库发布的《中国移动经济发展报告 2020》预测,到 2025 年,中国 5G 用户渗透率将达到约 50%,与其他主要 5G 市场(如韩国、日本、美国)接近。《中国移动经济发展 2023》进一步指出,中国大陆是全球最大的 5G 市场,2022 年底 5G 连接数已超过全球总量的 60%。中国电信、中国联通和中国移动等通信央企建设的 5G 网络在新冠肺炎疫情防控中发挥了重要作用,为全球公共卫生应对提供了借鉴,也为今后我国将高科技应用于公共卫生设施、更好地救治病人提供了范本。到 2024 年上半年,中国移动的总连接数超 35 亿,通过促进互联网经济、人工智能和数字经济的发展,间接带动数十万亿元的经济总产出,为中国在全球信息技术领域占据领先位置打下了基础。中国铁塔全力支持 5G 新基建战略的实施,2024 年上半年塔类业务收入达 379.57 亿元,同比增长 1.3%;塔类站址数达 207 万个,运营商塔类租户达 349.3 万户,站址共享水平持续提升。②

基础设施建设是一项系统复杂的工程,涉及范围广,覆盖行业多。在总结发展成就的同时,我们也应清醒认识到我国基础设施与国家发展和安全保障需求相比仍有不足。首先,基础设施投资大、回收慢、风险高,融资渠道的局限和财政资金的不稳定性制约了中央企业和地方国有企业进一步参与基础设施建设。其次,我国人均基础设施资本存量仅为发达国家的 20%~30%③,传统基础设施需求仍然旺盛;5G、大数据和人工智能的快速推广也对配套设施提出了更高要求。全面加强基础设施建设,对于保障国家安全、畅通国内大循环、促进国内国际双循环、扩大内需

---

① PPP 即 Public,Private,Partnership 三个单词首字母的缩写。PPP 模式一般指政府和社会资本合作模式。
② 中国铁塔.2024 年中期财报显示营收稳步增长,利润显著提升[EB/OL]. https://baijiahao.baidu.com/s? id=1808539505500785336&wfr=spider&for=pc.
③ 数据来源:陈龙,马源.算好基础设施建设的经济账和综合账[N].学习时报,2022-07-06.

和推动高质量发展具有重要意义。国有企业应推动铁路、公路、水运、航空、物流等基础设施建设，构建安全、便捷、高效、绿色、经济的交通网络体系，并加大对电网、油气管道、水系和通信网络等关键领域的投入，发展移动通信、人工智能、计算机网络、卫星和工业互联网等新基建，切实强化与现代化建设相适应的基础设施建设，确保国家核心网络安全。

二、强化在重要行业和关键领域的战略支撑作用

习近平总书记在2021年12月的中央经济工作会议上指出，要明确重要能源资源国内生产自给的战略底线，发挥国有企业支撑托底作用，加快油气等资源先进开采技术的开发应用。在2023年9月7日的新时代推动东北全面振兴座谈会上，习近平总书记提到要"提高国有企业核心竞争力，推动国有资本向重要行业和关键领域集中，强化战略支撑作用"。《关于推进国有资本调整和国有企业重组的指导意见》明确了增强国有经济控制力的要求，指出重点领域包括国家安全相关行业、重大基础设施、重要矿产资源、公共产品和服务行业，以及支柱产业和高新技术产业中的骨干企业。时任国资委主任李荣融曾在接受新华社专访时表示，国有经济需在军工、电网电力、石油石化、电信、煤炭、民航、航运七大行业保持绝对控制力，并对装备制造、汽车、电子信息、建筑、钢铁、有色金属、化工等九大基础和支柱产业中的骨干企业保持较强控制力。

（一）军工行业

军工行业直接关联国家安全，涉及武器装备的研发、生产和销售，是维护国家主权和领土完整的基石，必须由国家保持绝对控制。新中国成立后，国有企业充分发挥了集中力量办大事的优势，成功研制出"两弹一星"等国防重器。国家通过中国航天科技集团、中国船舶重工集团等大型国有企业，对这些关键行业进行管理和控制，确保其绝对掌握在国家手中。在新的历史时期，国有企业承担着国防军工建设重大工程，掌握了一批国防核心关键技术，通过研发和生产先进的军事装备，为国防现代化提供物质基础和技术支撑。

（二）电网电力行业

电力是现代经济的血液，电力数据被称为经济的"晴雨表"。电网电力行业包括电网的规划、建设和运营，为国家提供稳定可靠的能源供应，涉及国家电网公司等大型国有企业，它们负责全国范围内的电力输送和分配，是工业化和城市化不可

或缺的基础设施。电力安全不仅关乎能源安全,而且与政治、经济、网络和社会等多领域安全紧密相连。当前,在车网融合、大力发展新型基础设施等国家政策驱动下,新型负荷基础设施不断刺激用电需求。国有企业要在保障安全的基础上,不断推动电力行业的创新和改革,以适应新时代的发展需求。

(三)石油石化行业

石油石化行业是能源安全和化工原料供应的关键,包括石油的开采、加工和销售,对国家的能源战略和化工产业具有重要影响。石化化工行业关乎产业链供应链安全稳定、绿色低碳发展、民生福祉改善。[1] 石油石化行业在全球经济中占有重要地位,其对国际市场波动的应对能力直接影响国内经济的稳定。2023年,石油和主要化学品市场受能源价格高位回落和供需压力加大的影响,产品价格下跌较为明显。[2] 受价格影响,石油和化工行业外贸进出口量保持增长,但金额明显下降。国家通过中国石油天然气集团公司、中国石油化工集团公司等大型国有企业来管理和控制这些行业。石化行业的碳排放量在工业领域中仅次于电力、钢铁和建材行业,位居第四。在全球气候变化和"双碳"目标的背景下,石油石化行业的绿色低碳转型对经济安全具有重要意义。

(四)电信行业

电信行业包括电话、互联网和无线电通信等服务,作为国民经济的战略性、基础性、先导性产业,是信息时代的基础,对国家的信息安全和社会经济发展具有重要意义。国家通过中国移动通信集团公司、中国电信集团公司等大型国有企业来管理和控制这些行业。党的二十届三中全会指出,要推动电信等行业的自然垄断环节独立运营,并对竞争性环节实行市场化改革,同时完善监管体制和机制。国有企业要更好地优化网络型基础设施布局,提升骨干网络可靠性,提升普遍服务能力和水平。

(五)煤炭行业

煤炭作为我国的主要能源,是保障能源安全的"压舱石",在我国能源结构中占有重要地位。煤炭行业对保障国家能源供应安全和支持工业生产具有重要作用。国家通过中国煤炭科工集团公司、中国华能集团公司等大型国有企业来管理和控

---

[1] 六部门联合印发关于"十四五"推动石化化工行业高质量发展的指导意见[EB/OL]. 工业和信息化部网站. http://www.miit.gov.cn/zwgk/zcwj/wjfb/yj/art/2022/art_4ef438217a4548cb98c2d7f4f09ld72e.html.
[2] 中国石油和化学工业联合会. 2023年石油和化学行业经济运行报告[EB/OL]. https://www.199it.com/archives/1703003.html.

制这些行业。为确保能源供应安全,需巩固国内能源生产基础,统筹推进煤炭的清洁低碳发展、多元化利用以及综合储运等工作。

(六)民航行业

民航行业是国家交通运输体系的重要组成部分,对促进国内外交流、旅游业发展和区域经济一体化具有积极影响。《"十四五"民用航空发展规划》强调了民航在构建新发展格局中的关键作用,提出要加快构建安全、高效、绿色、智慧的现代民航体系,以服务国家发展战略、满足人民需求。面对疫情等突发性公共卫生事件,民航业展现出强大的应急处置能力和风险管理能力,保障了航空运输的连续性和安全性。民航行业的运输效率和经济效益直接影响国家经济的运行质量。2023年,民航全行业完成运输总周转量显著增长,同时行业累计实现营业收入增长68.3%,亏损大幅度减少,显示出民航业对经济发展的重要贡献。国家通过中国航空集团公司、中国东方航空集团公司等大型国有企业来管理和控制这些行业,在保障国家安全、促进经济发展、提升国际竞争力等方面发挥着重要作用。

(七)航运业

航运业被视为国家海军的后备力量,对保障国家海上安全具有重要作用。海运行业负责全球超过80%的国际贸易货物运输,是全球贸易健康和稳定发展的基石。航运行业是国家对外贸易和全球供应链的关键,对维护国家经济的开放性和国际竞争力至关重要,国家通过中国远洋运输集团公司、中国海运集团公司等大型国有企业来管理和控制这些行业。中国航运企业在国际市场中通过兼并重组、资源整合来提升竞争力,并在国际航运资源配置中发挥重要作用。国有企业在重要行业和关键领域的主导地位,对于保障国家经济安全、推动高质量发展、服务国家战略目标具有不可替代的作用。

三、聚焦国计民生、公共服务等功能

中国式现代化必须始终坚持以民生为重。党的十八大以来,习近平总书记高度重视民生保障工作。根据国有企业主营业务与核心业务的不同,公益类国有企业以保障民生、服务社会、提供公共产品和服务为主要目标。2022年春节前夕,习近平总书记在山西慰问基层干部群众时强调,大企业特别是国有企业要带头保供稳价,强化民生用能供给保障责任,确保人民群众安全温暖过冬。由此可见,国有企业在社会公共服务、应急能力和公益领域贡献巨大,并在养老、就业、医疗等方面发挥兜底作用。

(一)提供社会公共服务并直接参与基础设施建设

作为社会公共服务和基础设施建设的主要提供者,国有企业直接参与了事涉国计民生和国家安全的工程建设。国有企业通过其规模和资源优势,保障了供水、供暖和供电等基础性公共服务的连续性和可靠性。此外,国有企业通常能够保持供水、供暖和供电价格的稳定,以免因追求经济效益导致的价格波动而对民生造成影响。在特大自然灾害发生后,国有企业"科学统筹、快速响应",以其强大的组织管理能力勇挑重担,凝聚力量,积极履行社会责任,在防汛抗洪、抢险救灾以及灾后重建中发挥了关键且不可替代的作用。国有企业还通过上缴国有资本收益实现发展成果的全民共享,上缴的资本收益大多投入支持国有企业改革和发展的技术改造或结构调整、补充国家财政收入、根据国家政策和宏观调控需要用于特定领域或项目的投资。

(二)服务国家重大战略

在服务国家重大战略方面,国有企业根据扶贫地区的资源禀赋,通过投资运营、扶持产业项目、扶智扶志并重,推动贫困地区产业发展和居民就业。国资委和中央企业在技术、人才、资金等方面具有显著优势,国有企业在扶贫领域广泛参与,累计投入和引进各类扶贫资金超千亿元,派出3.7万名扶贫干部,帮助248个贫困县脱贫摘帽,助力我国如期实现脱贫攻坚目标。[1] 在接续乡村振兴和推动共同富裕方面,国有企业持续发力,根据《中央企业社会责任蓝皮书(2022)》的数据,2022年1—10月,中央企业在246个定点帮扶县投入帮扶资金210.6亿元,购买和协助销售脱贫地区农产品80.2亿元,培训基层干部及技术人员48.9万名。

(三)提升服务人民美好生活水平

在提升服务人民美好生活水平上,国有企业作为国家经济的重要支柱,在保障就业方面发挥着关键作用,它们不仅提供大量稳定的工作岗位,吸纳包括高校毕业生、退役军人和农民工在内的不同群体就业,而且通过职业培训和技能提升,增强员工的就业能力,同时严格遵守劳动法规,确保员工权益,积极应对经济波动和社会变化,维护就业市场的稳定。党的十八大以来,中央企业累计上缴税费约占全国税收收入的1/7,上缴国有资本收益1.5万亿元,向社保基金划转国有资本1.2万

---

[1] 国务院国资委党委.在脱贫攻坚中彰显国资央企使命担当[J].求是,2021(4).

亿元①，积极推动改善民生福祉、服务社会。

第二节　维护国内经济稳定大局

国有企业在维护国家经济安全和推动高质量发展中发挥了多维作用。在促进产业循环、保障产业链和供应链的稳定性中，国有企业通过深化改革和优化产业结构，增强了国家经济的自主性和抗冲击能力；国有企业通过增强自身的抗风险能力，包括实施风险管理体系和财务稳健策略，来抵御外部经济波动和市场不确定性，确保国家经济的平稳运行。此外，国有企业在技术创新和科技安全领域具有引领作用，通过加大研发投入和推动科技成果转化，为国家经济的长远发展和提升国际竞争力提供了坚实的科技支撑。

一、促进产业循环

产业链和供应链的优化与稳定是大国经济的重要特征。习近平总书记在2020年4月10日的中央财经委员会第七次会议上指出，国有企业在促进产业循环中起到了关键作用。构建自主可控、安全可靠的产业链，不仅是深化供给侧结构性改革和实现高质量发展的核心任务，而且是保障国家经济安全的基础。所有制是无产阶级运动的根本问题，国有企业作为公有制经济的微观实现主体，是中国特色社会主义的重要物质基础和政治基础。国有企业只有通过不断调整自身定位、深化改革，才能促进产业循环和保障产业链安全稳定。

在计划经济时期，面对复杂、严峻的国内外经济形势，我国借鉴"计划经济＋国有制"的苏联发展模式发展经济，国营企业以实现国民经济恢复和构建独立自主的完整工业体系为目标进行社会主义革命和建设。随着社会主义改造和"一五"计划的顺利完成，我国逐步建立起了较为独立和完整的工业体系，确定了国营经济在国民经济中的领导地位。在这一阶段，国营企业提升产业链韧性的侧重点在于优先发展重工业和国防力量，维护国家经济安全。

在体制转型时期，党的十一届三中全会胜利召开，推动国家工作重心转向经济

---

① 国务院国资委党委.深学细悟笃行　为强国建设贡献国资央企力量[J].求是，2023(9).

建设,开启了中国改革开放的历史新篇章。党的十四大明确提出以建立社会主义市场经济体制为经济体制改革的目标。在这一阶段,国有企业作为经济改革的先行者,发挥了关键作用,迈出了从计划到市场的第一步;同时,全方位的开放暴露了我国与西方发达国家之间的发展鸿沟,在探索中国特色社会主义正确道路的过程中,国有企业深度融入了全球产业链。一方面,国有企业通过试点改革不断推进体制机制创新;另一方面,国有企业积极承接发达国家的产业转移,持续融入全球产业分工体系。在这一时期,国有企业提升产业链韧性的侧重点在于发展和安全的关联,在保证经济安全的基础上以经济发展为重心。

进入新时代后,国有企业通过分类改革,明确国有企业功能使命,以推动经济量的扩张转向质的提高、加快建设社会主义现代化经济体系为发展目标。国有经济布局和结构的优化调整,使得在面对外部风险冲击对产业链造成的负面影响时国有企业始终保持发展稳定性。在发挥产业链"链长"辐射作用的同时,国有企业带动民营企业形成了具有韧性的产业链发展模式,使"两个毫不动摇"的经济基础发展更加牢固。与此同时,深度融入全球分工体系给产业链的国际融合带来了巨大的发展机遇和风险挑战。在这一时期,国有企业提升产业链韧性的侧重点在于统筹经济发展与经济安全,更加强调发展和安全之间的辩证关系。

二、增强抗风险能力

国有经济的抗风险能力,是指国有资本和国有企业在生产经营过程中化解自身风险的能力,同时帮助其他市场主体和国家抵御外部风险的作用。[1]《中共中央关于党的百年奋斗重大成就和历史经验的决议》提出,支持国有资本和国有企业做强做优做大,建立中国特色现代企业制度,增强国有经济竞争力、创新力、控制力、影响力、抗风险能力。在增长动力转换的关键阶段,国有企业增强抗风险能力,对于提升企业适应力、降低发展风险、保障国家经济安全具有重要意义。

在应对"脱实向虚"的经济发展趋势的过程中,中国国有经济经历了重要的调整和改革阶段。自1978年改革开放初期起,中国经济由以农业和传统工业为基础的实体经济逐步转向市场经济体系。起初,改革的核心在于释放生产力,推动国有企业市场化改革,引入市场机制,增强企业自主权,同时鼓励民营企业和外资企业

---

[1] 李政. 新时代增强国有经济"五力"理论逻辑与基本路径[J]. 上海经济研究,2022(1).

的发展。这一阶段主要以促进经济增长和提升企业效率为目标。进入20世纪90年代中期,随着金融市场和房地产市场的迅猛发展,虚拟经济开始对实体经济产生显著影响。自进入21世纪以来,虚拟经济的迅猛发展使得金融风险和"脱实向虚"问题显著。国有企业通过多项措施显著增强了自身的抗风险能力。首先,通过深化改革和市场化,国有企业实现了股份制改革和混合所有制,优化了治理结构,引入了市场机制和专业管理,提升了决策科学性和经营效率。其次,国有企业构建了全面的风险管理体系,涵盖风险识别、评估、控制、防范以及应急预案,旨在应对市场和运营中的潜在威胁。在金融稳健性方面,国有企业通过多样化融资方式和科学的资产管理,确保资金稳定和资产增值。2021年,国资委发布了《关于加强地方国有企业债务风险管控工作的指导意见》,强调加强对地方国有企业债务融资资金用途的管理,确保资金高效投向战略安全、产业引领、公共服务等重要领域,充分发挥资本市场对实体经济的支持作用;同时要探索对企业重大资金支出开展动态监控,有效防范资金使用风险。此外,借助政府政策支持和积极履行社会责任,国有企业在经济困难时获得了财政援助和社会支持。通过国际化战略和市场多元化策略,国有企业扩展了其全球市场,降低了对单一市场的依赖。在内部管理方面,通过引入先进管理理念、提升运营效率以及加强人才培养和激励机制,增强了企业的整体竞争力。这些综合措施使国有企业在面对经济波动和不确定性时,能够更有效地维持稳定运行和持续发展。

国有企业在面对金融危机、重大疫情和自然灾害等外部风险时,通过调整运营策略、优化资源配置、加强内部管理、利用政策支持以及国际化布局等方式,成功地提升了自身的抗风险能力,并在危机中保持了相对稳定的运营。面对2008年金融危机导致的油价暴跌和市场需求减少,中石油采取了多项应对措施。例如,中石油调整了生产计划,优化了资产配置,集中资源发展具有战略意义的项目。同时,中石油加强了与政府的合作,利用政策支持和财政补贴来稳定运营。此外,中石油在危机期间加大了对核心业务的投资,确保了长远发展和市场竞争力。在2020年全球新冠肺炎疫情的影响下,中建集团面对经济不确定性和项目停滞的挑战,迅速调整了项目计划,实施了严格的疫情防控措施,保障了工地安全和施工进度。此外,中建集团还通过数字化转型,推动了在线协作和远程管理,增强了企业的运营灵活性和抗风险能力。

三、引领技术创新与保障科技安全

科技自立自强不仅是发展问题,更是生存问题。加快实现高水平科技自立自强,是推动高质量发展的必然途径。党的十九届五中全会首次提出"把科技自立自强作为国家发展的战略支撑",党的二十大将"实现高水平科技自立自强,进入创新型国家前列"列入 2035 年发展目标,表明我国对技术创新和科技安全的高度重视。这是基于科学认识世界、时代和历史变革而作出的战略选择。就国家安全问题,党的十九届四中全会明确指出,经济安全是基础,科技安全则是保障。习近平总书记强调:"只有把关键核心技术掌握在自己手中,才能从根本上保障国家经济安全、国防安全和其他安全。"[1]

在我国经济发展过程中,国有企业是创新驱动发展的重要力量,作为国家战略科技力量的重要组成部分,对服务国家重大战略具有重大现实意义。新中国成立初期,国家百废待兴,国有企业白手起家,在集中力量办大事的举国体制下,这一时期创造了新中国的第一辆国产解放牌汽车、第一台"东方红"拖拉机、第一根无缝钢管和第一座大型油田,奠定了我国基础工业体系,为我国迈向工业大国打下了坚实基础。改革开放至 20 世纪末,国有企业在邓小平提出的"科学技术是第一生产力""科学技术主要是为经济建设服务的"论断的指导下,开始重视科技创新方面的改革,并通过扩大自主权,推行"放权让利"和"破三铁"政策,构建现代企业制度,激发企业活力,促进科技与经济的融合。

进入 21 世纪,国有企业在国家科教兴国战略和创新型国家建设目标的指引下,加强了科技创新能力建设,推动了国家创新体系的完善,促进了科技成果的转化和应用。党的十八大以来,国有企业进入了全面深化改革的新阶段,更加注重创新驱动发展,加快了关键核心技术攻关的速度,在人工智能、量子通信、新材料、5G 等领域取得了显著成就。国有企业在载人航天、探月工程、深海探测、高速铁路、核能发电等领域取得了一系列重大创新成果,为维护和塑造国家经济安全提供了强大的科技支撑,充分展现了国有企业在核心领域突破中的领先优势。在新发展格局下,国有企业肩负着新的任务与使命,就是要进一步全面深化改革,推动混合所

---

[1] 习近平. 习近平在中国科学院第十九次院士大会、中国工程院第十四次院士大会上的讲话[N]. 人民日报,2018-05-29.

有制经济发展,培育具备全球竞争力的世界一流企业,并在构建现代化产业体系和推动高质量发展中发挥科技创新、产业控制、安全支撑作用。

新时代技术发展仍存在原始创新不足、重点产业核心关键技术受制于人、创新体系不完善等短板。维护国家经济安全必须大幅提升科技实力,在更广范围和更高层次上发挥科技创新的支撑作用。"十四五"规划鼓励国有企业加大研发投入,推动基础技术研发的协同推进。2024年上半年,地方国资委监管企业的研发经费投入达2 495.7亿元,同比增长10.4%。[①] 国有企业应当积极融入学科交叉融合发展的变革趋势,加强对基础研究关键科学问题的研究;同时,作为战略性投资者,在资本运营中按比例支持基础研究,形成长期支持机制。此外,还应提升科技管理水平,解决科技资源分散、领域交叉重叠、技术开发重复低效等问题,推动创新链、产业链、资金链和人才链的深度融合,克服科技创新中的体制机制障碍。

第三节　筑牢开放发展中的安全屏障

改革开放四十多年来,国有企业在不断深化自身体制机制改革的同时,积极拓展国际化经营和开放发展。从在国内成立中外合资公司到开展对外直接投资再到实现资源的国际化配置,国有企业在改革和开放中不断创新和成长,经历了从"引进来"到"引进来"和"走出去"并重的发展过程,也时刻面临着国际化经营的经济安全风险。国有企业应强化底线思维,全面提高境外安全保障和应对风险能力。

一、瞄准国际标准提高发展水平

国有企业改革开放的过程也是中国进行市场化改革和推进现代化建设的过程。在新中国成立至改革开放前,国家实行计划经济体制,国有企业的生产经营目标主要是满足国内需求,较少涉及国际化经营。20世纪50年代的"156"项目、70年代初的"43"项目以及改革开放前夕的"78"项目,都是这一时期的重要经济建设计划。这三次大规模技术引进奠定了国家工业化和现代化建设的技术基础,推动

---

① 数据来源:上半年我国地方国企研发经费投入同比增长10.4%[EB/OL].[2024-07-29]. https://baijiahao.baidu.com/s?id=1805655564796933177&wfr=spider&for=pc.

形成了一批国有骨干企业。尤其是第三次对外经济引进,在中美建交和外交关系缓和的背景下,国有企业的国际化经营从技术设备的引入转向资金、技术与先进管理经验的交流。

实行对外开放政策后,国有企业的国际化步伐逐步加快。1979年,国务院首次提出"出国办企业"的方针。同年10月,中国国际信托投资公司(中信集团前身)成立,成为对外开放的重要标志。① 在国家设立经济特区、立法引入外资、推进中外合作以及政府推动经济合作等政策支持下,不少国有企业纷纷开始探寻更广阔的发展空间,在国内市场开展国际合作。这一时期通过引进外资开展国际化经营,国有企业以市场换技术,提升了企业的技术水平和管理能力。

在1997年的全国外资工作会议上,我国首次提出"走出去"战略,推动了国有企业国际化进程加速。随着市场化改革的深入推进,国有企业逐渐尝试对外投资,进入海外市场。20世纪90年代,家电和摩托车企业率先向东南亚进行直接投资。2001年,党的十五届五中全会明确提出实施"走出去"战略,中国正式加入世界贸易组织,国有企业的海外投资领域逐步扩展。此后,国内市场加速国际化、国际竞争日益激烈,国有企业开始优化价值链配置,提升抗风险能力和国际化经营水平。

在2008年全球金融危机之后,许多国际企业遭遇了信贷紧缩并面临经营上的挑战,这导致它们的市场估值下降,从而为国有企业提供了以较低成本进行并购的机遇。因此,在2010年,国有企业的海外投资实现了逆市增长。接下来的2010—2015年,国有企业的对外投资规模总体保持稳定。到2016年,受人民币贬值预期影响,国有企业加快了海外投资的步伐,投资增速明显提升。为有效管理金融风险及对外投资风险,相关监管机构加强了对国有企业海外投资活动的监管力度。这一系列措施旨在确保投资的真实性与合规性,同时抑制非理性和虚假的投资行为,促进对外投资健康、有序发展。国务院国资委发布的《中央企业海外发展报告(2023)》显示,截至2022年底,中央企业境外投资机构和项目逾8 000个,境外员工125万人,境外资产总额近8万亿元(比2019年略有下降),当年境外投资规模达3 739亿元。

自2013年中国提出"一带一路"倡议以来,国有企业作为国家战略的坚定执行者和区域经济合作的先锋,发挥了关键作用。截至2023年10月,中央企业累计承

---

① 合作共赢 国企构筑国际化大格局[EB/OL]. https://baijiahao. baidu. com/s? id=16457846594569594 71&wfr=spider&for=pc.

担了超过200个境外重大基础设施项目,包括雅万高铁、马普托跨海大桥和比雷埃夫斯港等明星项目;建设并运营了二十多个产业园区;与共建国家在制度对接、技术标准协调、检验结果互认和电子证书联网等方面取得了积极进展。三大电信运营商的海外服务网络已覆盖四十多个国家。中央企业在"一带一路"沿线拥有逾8 000个机构和项目,直接带动了近百万外方员工的就业。① 目前,我国海外投资正朝着高质量、高效率、更加理性的方向发展,国有企业的海外发展多元化趋势显著。在这一过程中,国有企业也注重风险管理和合规经营,尊重当地法律法规,并积极履行社会责任,以高标准的商业行为树立了良好的国际形象,不仅为促进全球经济的均衡发展和构建人类命运共同体做出了积极贡献,而且在服务国家战略的同时,实现了自身的可持续发展和国际化经营能力的提升。

国有企业在深化对内改革、对外开放的过程中不断对标国际发展水平,其国际化经营演变过程——从早期的技术引进与市场保护,到逐步转向国际合作与竞争,再到最终实现"引进来"与"走出去"的有机结合——既是中国经济体制改革和对外开放战略制度演进的微观体现,也是中国积极参与和融入全球经济交流的自然结果。国有企业在国际市场上寻求资源、拓展市场,并不断提升自身的国际化经营能力,维护了国家经济高质量发展成效。

二、强化全球化供应链的韧性

国务院国资委发布的《关于中央企业在建设世界一流企业中加强供应链管理的指导意见》提出,加强企业管理体系和管理能力建设,是推动企业高质量发展的必要手段,是建设世界一流企业的重要基础和保障。② 供应链管理侧重于物流视角,涵盖了国有企业因上下游关系形成的链条式联系,以及这些联系在时间和空间上的分布状态。这种链条式的结构体现了产业链中物流活动的连续性和动态性,确保了从原材料采购到产品制造,再到最终产品交付的整个流程的顺畅和效率。③ 供应链的韧性实质上是指国有企业在面对供应中断时能够迅速察觉并采取有效措

---

① 数据来源:中国企业积极参与高质量共建"一带一路"——五个合作项目 十年繁荣之路[N].人民日报,2023—10—12.
② 黄盛.强基强链 国有企业加快供应链体系建设[EB/OL]. http://finance.people.com.cn/n1/2024/0827/c1004—40307138.html.
③ 段巍,王兵.提升产业链供应链韧性的理论与路径[N].中国社会科学报,2023—04—12.

施应对,且具备快速恢复正常运作的能力。如何抵御冲击和挑战,构建一条具有韧性的供应链,已经成为全球各国企业共同关心的核心议题。[1]

自20世纪90年代以来,随着信息技术的飞速发展和交通运输成本的显著降低,生产力的关键要素发生了变革。这些变化促进了国际分工的进一步深化,使得产业链的分工变得更加细化和复杂。供应链不再局限于单一国家的边界,而是跨越了国界,形成了全球性的网络。各个国家的经济联系因此变得更加紧密,经济活动的相互影响也更加显著。在这样的背景下,一旦某个国家的产业链或供应链遇到问题,这种影响就很可能迅速扩散到其他国家,甚至可能引发全球范围内的连锁反应。例如,一个环节的中断或延迟可能导致整个供应链的效率下降,影响整个生产和分销过程。因此,供应链的稳定性和可靠性不仅是国家层面的关切,而且具有全球公共产品的特性,其健康运行对全球经济的稳定和发展至关重要。这也意味着,维护供应链的稳定需要世界各国的共同努力和合作。国有企业强化全球化供应链的韧性,维护产业链和供应链的稳定,是促进世界经济发展并让成果惠及全体人民的重要保障。

2024年5月,工业和信息化部会同交通运输部、商务部印发的《制造业企业供应链管理水平提升指南(试行)》明确提出制造业企业提升供应链管理水平要以高端化、智能化、绿色化发展为导向。[2] 国有企业应以此为导向,增强全球供应链的韧性,构建精益化、协同化、国际化、智能化的现代供应链体系。

(一)要加强全球供应链多维协同

国有企业应积极参与全球供应链网络,加强与"一带一路"沿线国家互联互通,参与全球供应链规则制定,强化风险预警和应对能力,完善供应商风险管理体系,构建多元化物流运输网络,培育积极主动的供应链风险管理文化。具体措施包括:

(1)开发多样化供应源,降低对单一市场或供应商的依赖,提升供应链的抗风险能力。

(2)强化物流环节的安全措施,包括运输工具的安全检查、货物保险和运输过程中的实时监控。

(3)建立全球供应链的应急响应机制,快速应对自然灾害、地缘政治冲突等突

---

[1] 陆健.构建富有韧性的全球产业链供应链体系——产业链供应链韧性与稳定国际论坛综述[N].光明日报,2022-09-21.

[2] 关于《制造业企业供应链管理水平提升指南(试行)》的政策解读[EB/OL]. https://www.gov.cn/zhengce/202405/content_6952608.htm?ddtab=true&ddtab=true.

发事件。

(4) 与全球合作伙伴建立紧密合作关系,通过资源、技术和市场信息的共享,实现协同效应。

(二) 要加快国有企业供应链数字化转型

2022 年 10 月发布的《国务院关于数字经济发展情况的报告》指出,数字化供应链在培育我国经济新动能、拓展发展新空间以及推动居民消费升级方面具有重要意义,同时为数字化供应链建设从核心技术体系、管理标准等维度提供指导。在"百年未有之大变局"的时代背景下,美欧等西方国家作为多年来掌控着全球大多数价值链的"链主",其既得利益受到了来自中国的竞争压力。因此,我们要采取下列措施加以应对:

(1) 加大对关键信息技术研发的投入,确保供应链管理系统和相关技术设备的安全可控,减少对外依赖。

(2) 利用人工智能、物联网等技术,实现供应链管理的自动化和智能化,提升供应链的响应速度和运营效率。

(3) 建立健全的数据安全管理体系,对供应链中的数据进行加密和安全存储,防止数据泄露或被非法访问。

(4) 加强网络安全基础设施建设,提升国有企业网络的防护能力,确保供应链信息系统的安全稳定运行。

(5) 加强数字化人才的培养和引进,建立专业的研发和管理团队,支撑供应链数字化转型的技术和管理需求。

(6) 建立跨部门协同机制,整合各方资源和信息,形成合力,推动供应链的数字化转型。2020 年,国务院国有资产监督管理委员会组织了国有企业数字化转型典型案例的征集工作,遴选出 100 个典型案例,为国有企业数字化转型提供了示范引领作用。

(三) 要健全国有企业绿色供应链体系

2017 年,国务院办公厅发布的《关于积极推进供应链创新与应用的指导意见》明确提出建设绿色供应链。推动供应链绿色低碳转型已成为国际社会的广泛共识和期望。但在全球化的产业分工体系中,这一进程常常遭遇挑战。这些挑战源于众多不同的利益相关者以及产业链上下游各环节间需要协调的复杂性,这些都给实现环境友好型发展目标造成了多重困境。通过完善绿色供应链体系,可以促进国有企业产业结构的优化升级,提高国有企业资源配置效率和环境风险管理能力,推动绿色技术创新和市场响应能力,提升国际竞争力,引导绿色消费,有效应对国际贸易壁垒,从而在保障国家经济安全的同时,推动经济的高质量发展和可持续发展。具体应对措施如下:

(1)国有企业应当将绿色发展理念融入企业战略,确保供应链活动符合可持续发展和环境保护的要求。

(2)实施绿色采购,优先选择环保材料和节能产品,减少供应链中的资源消耗和污染排放。

(3)评估和选择符合环保标准的供应商,要求供应商遵守环境法规,减少生产过程对环境的影响。

(4)优化物流网络,采用节能环保的运输方式,减少物流过程中的能源消耗和碳排放。

(5)鼓励和支持绿色技术的研发和应用,提高供应链的能源效率和环境友好性。

(6)提高环境信息的透明度,定期发布供应链环境管理报告,接受社会监督。

(7)建立环境风险评估与管理机制,识别并应对供应链中的环境风险,保障供应链的稳定。

(8)积极参与国际绿色供应链标准和倡议,与国际伙伴共同推动全球供应链的绿色转型。

三、强化开放条件下的金融安全机制

金融是国民经济的血脉,关系中国式现代化建设全局。国有金融资本是推进国家现代化、维护国家金融安全的重要保障,是我们党和国家事业发展的重要物质基础和政治基础。[①] 2023年10月底召开的中央金融工作会议提出坚定不移走中国特色金融发展之路的"八个坚持",其中之一是"坚持统筹金融开放和安全"。从历史和现实来看,金融强国通常具有高度开放的特点。近年来,国有企业的进出口规模不断扩大。根据海关总署数据,自2014年起,国有企业的进出口总额(以人民币计)年均增长4.5%。2023年,国有企业进出口规模达到6.7万亿元,占全国进出口

---

① 中共中央 国务院 关于完善国有金融资本管理的指导意见[EB/OL]. https://www.gov.cn/gongbao/content/2018/content_5306813.html.

总额的16%。2024年一季度,我国货物贸易进出口总值单季首次突破10万亿元,国有企业进出口规模也创下历史新高。①习近平总书记强调,"越是开放越要重视安全,统筹好发展和安全两件大事,增强自身竞争能力、开放监管能力、风险防控能力"。防控风险是金融工作的永恒主题。正因此,党的二十届三中全会将深化金融体制改革作为健全宏观经济治理体系的重要部分,特别提出要强化开放条件下的金融安全机制。这表明,推进金融高水平开放,必须加快金融安全制度建设,提高应对风险挑战能力,健全国有企业开放发展的国家经济安全保障体系。

一要充分发挥党的领导作用。要深刻认识党的领导是中国特色金融发展之路最本质的特征,是我国金融发展最大的政治优势、制度优势。在推进开放环境下的金融体系改革的过程中,必须坚定不移地维护党中央对金融事务的统一领导,全面贯彻党中央开放发展决策部署,充分发挥党总揽全局、协调各方的领导核心作用,以确保改革能够持续地沿着具有中国特色的金融发展道路前进。

二要完善国有金融资本管理体制,防范资本流失,加强对国有金融资本重大布局调整、产权流转及境外投资的监督。要确保国有金融资本的配置符合国家战略,产权流转过程透明合规,境外投资符合国家利益并具备有效的风险控制。进一步加强对境外国有资本的监管,积极协调国有大企业的海外行为,建立起有效的协调机制,避免同类企业在海外出现恶性竞争。②

三要完善风险管理制度。根据《中央企业境外投资监督管理办法》,国有企业的境外投资应符合自身发展战略和国际化规划,注重境内外业务协同,遵守中国及投资国的法律法规和商业规则,确保合规运营与稳健发展。国有金融机构应建立覆盖识别、评估、控制、缓释、监测及报告等环节的风险管理机制,确保体系有效运作。同时,完善金融监管,强化机构、行为、功能和穿透式监管,提升整体风险防控能力。

四、强化海外利益和投资风险预警、防控、保护体制机制

国有企业在全球经济活动中扮演着重要角色,其海外利益和投资安全直接关系到国家经济的安全和稳定。国际政治、经济、法律环境复杂多变,国有企业的海

---

① 秉持风险中性,服务国有企业高质量发展[EB/OL]. https://baijiahao.baidu.com/s?id=1802269440053000523&wfr=spider&for=pc.
② 国务院发展研究中心课题组.提升国有大企业国际竞争力[J].求是,2016(20).

外投资往往涉及大量国有资产，需要通过风险预警和防控机制来应对各种不确定性和潜在威胁。强化风险管理机制有助于保障这些资产的安全，防止国有资产流失。近年来，监管机构也在不断完善市场风险管理相关的政策供给，不断推动国企提升市场风险管理能力。2020年1月，国资委在《关于切实加强金融衍生业务管理有关事项的通知》中强调企业需要充分利用金融衍生品的对冲作用，以更有效地管理和控制风险，并确保金融衍生业务的操作规范性。2022年3月，国资委在《关于中央企业加快建设世界一流财务管理体系的指导意见》中指出，中央企业应加强对海外资金流动的实时监控，确保资金流动的透明度和可控性，同时构建和完善金融市场风险的监测和预警系统。2022年7月，国家外汇管理局联合国资委发布了《企业汇率风险管理指引》，该指引涵盖了风险意识、风险管理体系建设、金融产品选择以及具体应用场景等多个方面，旨在为企业尤其是国有企业提供一个中立的汇率风险管理参考框架。通过这些连续的政策指导和规范，国有企业被引导朝着更加规范化、系统化的风险管理方向发展，以适应复杂多变的国际金融市场环境，保障企业的稳健运营和财务安全。

当前，全球传统与非传统安全问题复杂交织，这对国际安全体系和秩序构成了挑战。一些国家出于对国家安全的考虑，可能会采取一些措施，如外资审查、出口管制和制裁等，这些措施在某些情况下可能会损害我国公民和机构的正当权益。国有企业在海外运营时，可能会遇到一些挑战和风险。国有企业快速增长的海外利益保护需求与现有体制机制及保护能力之间仍存在差距，因此，需要不断强化国有企业海外利益和投资风险预警、防控、保护体制机制。

一要提升事前防范预警的能力。国有企业应确保境外投资符合企业发展战略和国际化经营规划，通过建立和完善国资委的监管制度体系来确保国有企业在境外投资活动中遵守相关法律法规，合规经营，有序发展。加强对中央企业境外投资的全链条监管，从投资决策到项目实施，再到后期管理，确保每个环节都符合规范。

二要建立健全境外投资管理制度，涵盖投资决策流程、管理部门职责和风险控制机制，确保对境外投资活动的全程监管，及时发现并应对投资风险，减少损失。建立投资决策前的风险评估机制，委托独立第三方机构对投资目的地的政治、经济、文化、市场、法律等因素进行全面评估，引入多元化投资者以分散风险。投资规模应与企业的资本实力、融资能力、行业经验和管理水平相匹配，遵循价值创造原则，加强项目论证和投资管理，提升投资收益，实现国有资产保值增值。同时，强化境外投资的财务管理,防范财务风险,提升投资效益,完善内部审计监督,定期汇总境外投资财务情况。建立涉外项目的法律风险评估制度,对可能面临的法律风险进行评估和预防,以减少潜在的法律纠纷。

三要加强安全风险防范。加强与国家有关部门及驻外使领馆的联系,建立统一、科学的安全风险评估、监测预警及应急处置体系,有效防范和应对项目的系统性风险。通过多部门协作,统筹安全风险的监测预警及会商研判,协同制定应对措施。[①] 充分利用政策性出口信用保险和商业保险,将保险嵌入企业风险管理体系,以减少风险带来的损失。同时,加强与投资国政府、媒体、企业及社区等社会各界的公共关系建设,积极履行社会责任,注重跨文化融合,营造良好的外部环境。

---

① 陶凯元.构建海外利益保护和风险预警防范体系[N].学习时报,2022—10—21.

第四章

推进国有经济布局优化与结构调整

党的二十届三中全会提出"推进国有经济布局优化和结构调整,推动国有资本和国有企业做强做优做大"[①]。要坚持党对国有企业的全面领导,为国有企业布局和结构调整指引方向,破除体制机制障碍。要明确国有企业功能定位,分类推进战略性重组和专业化整合。国有企业要通过拆分、合并等方式实现战略性重组以增强核心功能,通过聚焦核心业务、剥离次要业务等方式实现专业化整合以提升核心竞争力。

由于在国有经济布局优化与结构调整的过程中,必然涉及国有资本向重要行业和关键领域集中,因此要加强政府规划引导,明确国有资本重点投资领域和方向;要推进国有资本配置方式市场化改革,主动适应高水平社会主义市场经济体制;国有企业混合所有制改革,要积极引入其他资本以实现股权多元化。

国有资本重要的投资方向是前瞻性战略性新兴产业,要发挥国有经济战略支撑作用,构建产业体系新支柱;要增强国家战略宏观引导、统筹协调功能,引导前瞻性战略性新兴产业合理布局;要发挥耐心资本的投资引领作用,健全国有资本带动社会资本投资的体制机制,促进各类先进生产要素向前瞻性战略性新兴产业聚集。

---

① 中共中央关于进一步全面深化改革 推进中国式现代化的决定[N].人民日报,2024-07-22(001).

第一节　推进国有企业战略性重组和专业化整合

习近平总书记指出"着眼增强国有企业核心功能、提升核心竞争力"[①],深入开展国有企业重组整合。中国话语体系下的国有企业是指"中央政府和地方政府分别代表国家履行出资人职责,享有所有者权益"[②]的企业,是社会主义全民所有制的具体实现形式。新时代国有企业要实现高质量发展,就需要根据企业功能定位,分类推进重组整合,坚持问题导向与目标导向相结合。在党的全面领导下推进国有企业布局和业务调整,突破既有利益格局。国有企业通过拆分、合并、合作等方式实现战略性重组以增强核心功能,通过聚焦核心业务、剥离次要业务等方式实现专业化整合以提升核心竞争力,在具体实施过程中要协调好战略性重组和专业化整合的相互关系。

一、明晰不同类型国有企业功能定位,完善主责主业管理

根据国有企业不同功能定位,分类推进战略性重组和专业化整合。公益类和商业类国有企业适用不同重组方案。党和政府根据国有企业发展目标、功能定位和主营业务等的不同,"将国有企业界定为商业类和公益类"[③],因企施策,分类推进战略性重组。商业类国有企业重组的主要目的是提升经营效率,降本增效,实现国有资产保值增值,主动适应市场经济体制,使国有企业组织形式公司化、股份多元化。公益类国有企业重组的主要目标是保障和改善民生,维护国家经济安全和增强经济调控能力,在产品和价格实行政府管控的同时引入市场机制,提升公共服务水平。公益类和商业类国有企业战略性重组应分类实施和差异化考核,商业类国有企业考核以经营业绩、利润水平、市场竞争力为重点,公益类国有企业考核重点是公共产品和服务供给的质量和效率。

---

① 习近平.关于《中共中央关于进一步全面深化改革、推进中国式现代化的决定》的说明[N].人民日报,2024—07—22(001).
② 丁晓钦."做强做优做大":国有企业改革理论与实践的逻辑统一——我国国有企业发展历程与展望[J].当代经济研究,2021(9):39—51.
③ 国资委财政部发展改革委关于印发《关于国有企业功能界定与分类的指导意见》的通知[J].中华人民共和国国务院公报,2016(10):80—82.

国有企业根据主责主业适用不同整合方案。在主业处于充分竞争领域的国有企业,专业化整合应优化国有资本投资方向,整合行业优势资源,培育在本行业的竞争优势,扩大市场份额,剥离非优势业务。在主业处于关系国民经济安全、国家经济命脉的行业和领域的国有企业,专业化整合应聚焦主责主业,加强国有资本布局监管,确保国有资本主要流向核心业务,落实国家重大战略和承担宏观调控任务。

国有企业布局和结构存在一系列现实问题。习近平总书记在参加十二届全国人大五次会议辽宁代表团的审议时强调,要优化国有资本布局,全面落实国有资产保值增值责任,防止国有资产流失和重大风险事件发生。国有企业在推动中国式现代化进程、提高人民生活水平、落实国家经济政策等方面发挥了重大作用,同时还面临一系列现实问题。一是各地区和各行业之间国有企业缺乏协调配合,生产要素重复投入,主业不够聚焦,资源缺乏优化配置。二是同行业内部国有企业同质化竞争,缺乏规模优势,生产和采购成本高,市场竞争力有待加强。三是在关键产业内国有企业的产业链供应链不完整,在世界市场不确定性增加的条件下产业链供应链存在中断风险,关键产品和原材料供给能力不足,抵御外部风险能力有待加强。四是国有企业在组织重大技术攻关方面缺乏资源整合与有计划发展,需要提升创新能力和技术水平。五是国有企业在提升经济调控能力、维护国家经济安全等方面任重道远。国有企业进一步深化改革应立足于解决现实问题,根据不同功能定位,聚焦主责主业,有计划地推进资源优化配置和业务整合,"体现了适应市场和促进发展的双重追求"[1]。

国有企业战略性重组和专业化整合要坚持目标导向与问题导向相结合。国有企业重组整合以实现高质量发展作为目标导向。党的二十届三中全会提出"高质量发展是全面建设社会主义现代化国家的首要任务"[2],国有企业在中国国民经济中居于主导地位,应率先落实国家经济政策,贯彻新发展理念,为其他类型企业的转型升级发挥带动示范作用。国有企业要想根据本地区资源禀赋因地制宜发展新质生产力,实现实体经济与数字经济融合,加快现代化基础设施建设,发展现代生产性服务业,保证产业链供应链自主可控,就需要对现有投资布局进行战略性重组,对现有业务模式进行专业化整合。

---

[1] 时杰. 深入推进国有企业战略性重组和专业化整合[J]. 现代国企研究,2023(9):10—16.
[2] 中共中央关于进一步全面深化改革 推进中国式现代化的决定[N]. 人民日报,2024-07-22(001).

国有企业战略性重组和专业化整合应立足于解决自身问题矛盾。(1)针对不同地区间、行业间的国有企业缺乏协调配合、生产要素重复投入、同质化竞争问题,要进行资源整合,聚焦主业,提高市场竞争力;(2)针对关键部门产业链供应链不完整问题,同一产业链供应链上下游的国有企业要加强业务协同,对现有资源配置布局进行重组和整合;(3)针对关键生产设备、零部件和技术依赖进口问题,要对相关国有企业进行专业化整合,"促进技术、人才和资本的跨界流动"[1],集中资源进行技术攻关,尽快实现国产替代和关键产业备份;(4)针对世界市场波动、外部风险增加的问题,涉及国家安全和国民经济命脉的国有企业要加快重组整合,保证粮食、能源等产品供应稳定可靠,增强维护国家经济安全、保持社会大局稳定的能力。

二、坚持党对国有企业的全面领导

马克思主义的理论与实践要求无产阶级政党自觉领导经济建设。俄国十月革命实践强调无产阶级先锋队自觉领导革命斗争和经济建设。20世纪初,俄国社会民主党内各种思潮和派别对立,党组织涣散,战斗力不强,列宁批评党内经济派崇拜群众运动的自发性,强调无产阶级的政党是"由职业革命家组成而由全体人民的真正的政治领袖们领导的组织"[2]。党的组织全国集中统一,具有严密的组织性与纪律性,作为无产阶级的先锋队自觉领导革命斗争。在成功夺取政权后的国内经济建设时期,列宁提出"无产阶级专政就是无产阶级对政治的领导"[3],并通过制定各种方针政策指导国内经济文化建设。

中国化时代化的马克思主义强调中国共产党全面领导经济工作。俄国的社会主义革命和建设深刻影响了近代中国革命的理论与实践。在中国土地革命战争时期,以毛泽东同志为代表的中国共产党人将马克思、列宁主义理论与中国具体革命实践结合,提出"组织革命战争,改良群众生活,这是我们的两大任务"[4]。中国共产党不仅自觉领导革命斗争,而且指导根据地的经济工作,组织工农业生产和商品流通,建立银行和发行货币,提升群众生活质量,从而获得了群众拥护。抗日战争时期,为应对日本帝国主义的侵略和国民党政权的经济封锁,中国共产党领导了根据

---

[1] 时杰.深入推进国有企业战略性重组和专业化整合[J].现代国企研究,2023(9):10—16.
[2] 列宁.列宁选集:第1卷[M].北京:人民出版社,2012:382.
[3] 列宁.列宁选集:第4卷[M].北京:人民出版社,2012:500.
[4] 毛泽东.毛泽东选集:第1卷[M].北京:人民出版社,1991:139.

地的经济建设,毛泽东同志指出"共产党员必须学会组织劳动力的全部方针和方法"①,组织军民开展大生产运动,积累了党领导经济工作的实践经验。习近平总书记指出"坚持党的领导,发挥党总揽全局、协调各方的领导核心作用,是我国社会主义市场经济体制的一个重要特征"②。因此,从俄国革命到马克思主义中国化的理论与实践,都要求无产阶级政党自觉领导经济工作。

中国共产党的全面领导为国有企业战略性重组和专业化整合提供了方向。党的全面领导将把方向与重点落实相结合,推动国有企业资源重组和业务整合走深走实。党的二十届三中全会指出"坚持党中央对进一步全面深化改革的集中统一领导"③,发挥党中央对国有企业改革总揽全局、统筹协调的作用。地方各级党委(党组)除坚决贯彻党中央决策部署外,还应根据本地区特征谋划当地国有企业改革,有效解决不同地区、行业间国有企业缺乏协调配合、业务分散、同质化竞争问题,发挥重落实的作用。

走好新时代党的群众路线,将基层工作经验吸收总结到国有企业改革设计中。马克思指出"观念的东西不外是移入人的头脑并在人的头脑中改造过的物质的东西而已"④,现实社会中人的实践活动是认识产生的源泉。国有企业战略性重组和专业化整合不仅要突出顶层设计,而且应充分重视国有企业一线工作人员、技术专家、基层党组织反映的问题矛盾,回应社会期盼。在中国共产党领导下将基层实践提供的经验性认识总结为成系统的理论,为下一步国有企业改革实践提供方向。

在国有企业战略性重组和专业化整合过程中,发挥中国共产党的指挥协调、检查纠正作用。在涉及跨地区跨行业国有企业布局调整和资源重组,同一产业链上下游、同质化竞争的国有企业的业务整合等方面,要充分发挥国有资产监督管理机构党委的指挥协调作用。在国有企业改革实施过程中负责的党委应"及时发现问题、纠正偏差"⑤,检查国有企业的改革实效,总结经验,修正错误。

调整国有企业布局,突破既有利益格局,需要中国共产党的坚强领导。国有企业资源重组与业务整合必然涉及利益关系调整,需要在中国共产党坚强领导下贯彻落实。马克思认为人处于现实的社会关系中,"不管个人在主观上怎样超脱各种

---

① 毛泽东.毛泽东选集:第3卷[M].北京:人民出版社,1991:912.
② 习近平.习近平谈治国理政:第1卷[M].北京:外文出版社,2018:118.
③ 中共中央关于进一步全面深化改革 推进中国式现代化的决定[N].人民日报,2024-07-22(001).
④ 马克思.资本论:第1卷[M].北京:人民出版社,2004:22.
⑤ 中共中央关于进一步全面深化改革 推进中国式现代化的决定[N].人民日报,2024-07-22(001).

关系,他在社会意义上总是这些关系的产物"[1]。国有企业工作人员看待问题的视角、观点和方法不可避免地受本部门、本行业利益关系的影响。中国共产党着眼全局和整体,站在最广大人民群众的立场上,因而国有企业在进一步深化改革过程中应当保持中国共产党的坚强领导。调整国有企业布局,整合资源向主业集中,向优势企业集中,向"链长"企业集中[2],同时剥离次要业务,处置低效无效资产,退出同质化竞争领域,这些必然涉及现有利益关系的深刻调整。在国有企业跨地区跨行业合作与业务整改过程中,国有资产监督管理机构党委要发挥指挥协调、监督检查作用。

将党的领导融入国有企业改制重组全过程。从国际比较视野看,中国国有企业的特殊性在于"把党的领导融入公司治理各个环节"[3],中国共产党不仅从政策方针上领导国有企业,而且将党组织融入公司治理结构中。在国有企业整合资源、优化结构、调整业务、加强协调配合等方面,企业内设立的党组织应坚决落实战略性重组和专业化整合的任务。国有企业管理者不仅要具备创新敬业、冒险进取的企业家精神,而且应具备党性修养、政治觉悟,能平衡企业利益与社会大局利益,并自觉将中国共产党的政策方针落实到实际工作中,推进国有企业布局与业务模式调整。

三、增强国有企业核心功能,提升其核心竞争力

(一)国有企业通过拆分、合并、合作等方式实现战略性重组,增强核心功能

国有企业战略性重组的内涵是在中国共产党领导下"通过企业间的合并、收购、分立等方式,对国有企业进行重新组织和重构"[4]。战略性重组的目的是减少国有企业同质化竞争,解决资源重复投入问题,集中优势资源以加强技术攻关,打通产业链上下游,保证产业链供应链自主可控,增强国有企业的规模协同效应,落实国家经济发展战略,突出核心功能。

国有企业战略性重组在2020—2022年的国企改革三年行动中实施。在国务

---

[1] 马克思.资本论:第1卷[M].北京:人民出版社,2004:10.
[2] 刘志强.让主责主业更聚焦 让产业结构更清晰 中央企业加快推进专业化整合[N].人民日报,2022-08-03(018).
[3] 丁晓钦."做强做优做大":国有企业改革理论与实践的逻辑统一——我国国有企业发展历程与展望[J].当代经济研究,2021(09):39—51.
[4] 时杰.深入推进国有企业战略性重组和专业化整合[J].现代国企研究,2023(09):10—16.

院国资委指挥协调下"推进5组9家中央企业战略性重组,新组建、接收8家中央企业"①,业务相近的国有企业通过收购、合并、联合成立新公司,签订战略合作协议等方式实现重组。例如,中国船舶、中国石油、中国石化等企业共同组建中国海洋工程装备技术发展有限公司,在本行业实现业务协同,增强市场竞争力。

国有企业战略性重组的实施,促进了企业的高质量发展。在2020—2022年的国企改革三年行动时期,国有企业公司制改革全面完成,建立了董事会制度。国有企业经理层逐步采用了聘任制、合同制用工方式,以突出市场化、契约化导向。国有企业业务布局、资源投入已向关系国家经济命脉的行业领域集中,其中中央企业超70%的营业收入涉及国计民生等重点领域。② 国有企业投资向战略性新兴产业、未来产业集中,以市场化方式处置低效无效资产的任务已基本完成,从而降低了经营成本,提高了生产效率,逐步实现了高质量发展。

(二)国有企业通过聚焦核心业务、剥离次要业务等方式实现专业化整合,提升核心竞争力

国有企业专业化整合的内涵是"将核心业务和优势领域集中整合,将有限的资源和资本聚焦在最具竞争力的领域"③,同时剥离和转让次要业务,避免国有企业在非优势业务领域浪费投资、摊大饼式发展。专业化整合目的是使国有企业在特定行业、领域提升市场份额,增强核心竞争力,加强国有企业在同一专业领域、同一产业链上下游的协调配合,处置非主业非优势业务,"让企业主责主业更聚焦、产业结构更清晰"④。

国有企业专业化整合的具体方式既有传统行业中的国有企业整合相似业务,如加强协调配合,避免同质化竞争;也有新兴产业中的国有企业整合业务,如提升市场份额,整合人才、资金、技术等要素以增强协同创新能力。同一产业链上下游的国有企业进行整合,以尽快实现国产替代,保证关键产业链供应链自主可控。中央企业之间整合业务,以避免基础设施建设条块分割,从而实现互联互通。中央和地方国有企业之间进行专业化整合,以实现中央和地方之间业务协同发展。

---

① 曹友生.新时期加快推进国企战略性重组和专业化整合的思考[EB/OL]. http://www.sasac.gov.cn/n4470048/n29955503/n31255390/n31295630/c31297116/content.html.
② 王威.国企改革三年行动,带来哪些改变?[EB/OL]. http://www.sasac.gov.cn/n4470048/n13461446/n15390485/n15390500/c27122953/content.html.
③ 时杰.深入推进国有企业战略性重组和专业化整合[J].现代国企研究,2023(09):10—16.
④ 刘志强.让主责主业更聚焦 让产业结构更清晰 中央企业加快推进专业化整合[N].人民日报,2022—08—03(018).

从国有企业专业化整合的实施效果来看，在2020—2022年国企改革三年行动时期，在国务院国资委指导下完成了"三十余个中央企业专业化整合重点项目"[①]。国有企业专业化整合有效化解了产业链供应链中断风险，使得能源和粮食产销地的协调配合加强、油气管网的资源整合加快、关键原材料供应的安全性增加，有效提升了国有企业在重大技术攻关、维护国家经济安全、宏观经济调控等方面的能力。

(三) 协调国有企业战略性重组和专业化整合的相互关系

战略性重组侧重整合国有企业现有资源，调整投资布局，优化国有企业内部组织结构，完成公司制改革，建立现代企业制度，以更加适应市场经济竞争。其主要方式是国有企业的合并、拆分、合作等，通常跨地区、跨行业进行重组。专业化整合侧重使国有企业聚焦主要业务，提高主业的竞争力和技术水平，同时剥离非主业、非优势业务，提高经营效率和盈利水平，通常在特定行业、特定领域进行业务整合。

国有企业战略性重组和专业化整合的相同点在于都需要政府的规划引导。国有企业进一步深化改革不能仅依靠市场经济的自发调节和价值规律的自发作用。政府国有资产监督管理部门代表国家对国有企业履行出资人职责、享有所有者权利，应自觉指导协调国有企业落实中国共产党的政策方针，实现高质量发展。政府为国有企业的资源重组和业务整合提供实施方案，制定专门的税收补贴政策，统筹协调中央与地方、跨地区跨行业的国有企业改制重组，监督检查考核战略性重组和专业化整合的实施效果等。

专业化整合以战略性重组为手段。新时代的国有企业要增强维护国家经济安全、经济调控的能力，提升核心竞争力和经营效率，聚焦主要业务，完成专业化整合，必须以战略性重组为手段，对国有企业进行拆分、合并。例如，在煤炭行业进行专业化整合，中国国新、中煤集团等中央企业联合出资设立煤炭资源整合平台——国源公司[②]，对其他国有企业中作为非主业、非优势的煤炭业务进行剥离和拆分，再重组合并到国源公司，从而逐步实现煤炭行业国有企业的资源整合。

---

① 曹友生. 新时期加快推进国企战略性重组和专业化整合的思考[EB/OL]. http://www.sasac.gov.cn/n4470048/n29955503/n31255390/n31295630/c31297116/content.html.

② 刘志强. 让主责主业更聚焦 让产业结构更清晰 中央企业加快推进专业化整合[N]. 人民日报，2022-08-03(018).

第二节　推动国有资本向重要行业和关键领域集中

习近平总书记指出"推动国有资本做强做优做大,有效防止国有资产流失"[1],国有企业实行战略性重组和专业化整合,调整业务和投资布局,必然涉及国有资本向重要行业和关键领域集中。中央和地方政府代表国家作为国有资本出资人,充分行使所有者权益,应加强规划引导,明确国有资本重点投资领域和方向,推动国有资本与其他所有制形式的资本在不同行业领域协调发展。完善国有资本配置方式,立足市场需求和国家战略,通过市场化方式促进国有资本在不同部门、行业间合理有序流动。坚持"两个毫不动摇",鼓励非公有资本参与国有企业混合所有制改革,积极引入其他资本以实现国有企业股权多元化,盘活存量资产。

一、明确国有资本重点投资领域和方向

(一)主要经济形式作为"普照的光"影响其他经济形式

马克思主义认为,主要经济形式作为"普照的光"会影响其他经济形式。主要经济形式影响其他经济形式的特点和发展方向。只有单一经济形式的社会只存在于空想中,现实社会中多种相互联系的经济形式共存,马克思指出"在一切社会形式中都有一种一定的生产决定其他一切生产的地位和影响"[2]。从历史发展视野看,在耕作业居于绝对主导地位的社会形态中,手工业生产方式及其社会关系"都多少带着土地所有制的性质"[3]。在资本主义生产方式居于统治地位的社会形态中,小生产方式、人与人的社会交往具有了商品货币关系的性质。20世纪50年代,中国建立了社会主义制度,公有制经济居于国民经济主体地位,对其他经济形式的性质和发展方向产生了深刻影响。由此可见,主要经济形式会影响其他经济形式的性质和发展前景。

---

[1] 习近平.习近平谈治国理政:第3卷[M].北京:外文出版社,2020:26.
[2] 马克思,恩格斯.马克思恩格斯选集:第2卷[M].北京:人民出版社,2012:707.
[3] 马克思,恩格斯.马克思恩格斯选集:第2卷[M].北京:人民出版社,2012:707.

(二)进一步深化经济体制改革要增强公有制经济的竞争力和对其他经济的影响力

中国特色社会主义进入新时代后,进一步深化经济体制改革要坚持马克思"普照的光"思想,增强公有制经济的竞争力和对其他经济成分的影响力。2020年11月2日,习近平总书记在主持召开中央全面深化改革委员会第十六次会议时指出,推进国有经济布局优化和结构调整,对更好服务国家战略目标、更好适应高质量发展、构建新发展格局具有重要意义。市场经济条件下资本具有谋求自我增殖的特性,不能简单依靠价值规律的自发调节作用确定国有资本投资方向,应加强国有资本投资布局的引导,"确保资金投向符合国家战略要求"[①]。政府要加强国有资本监管,确保国有资本投资聚焦国家经济安全、国计民生、产业引领和公共服务等行业和领域。国有资本向重要行业和关键领域集中,增强国有经济的主导作用,有利于公有制经济作为"普照的光"影响其他行业和领域内经济活动的运行,引导非公有制经济的发展方向。

(三)政府引导国有资本向关键行业和领域集中,以增强社会主义公有制经济的控制力和领导力

政府在国有资本的投资方向和布局中发挥规划引导作用。中国话语体系中的国有资本是指中央和地方政府代表国家作为出资人,向各种性质的企业投资并取得权益的资本,政府在国有资本运营中行使所有者权利。国有资本既有资本的一般特性——在不断的循环周转中保值增值,又要承担社会责任——落实国家经济政策和承担重大战略任务,是社会主义公有制经济的重要实现形式。

(四)明确国有资本要集中的行业和领域

党的二十届三中全会提出,"完善主责主业管理,明确国有资本重点投资领域和方向"[②]。在这一过程中,一是推动国有资本向关系国家经济安全和国民经济命脉的交通、能源、电力、通信、军工等重要行业和关键领域集中,增强社会主义公有制经济对其他经济成分的领导力。二是推动国有资本向关系国计民生的公共服务、应急和公益领域集中,提高社会主义公有制经济维持社会大局稳定、保障和改善民生的能力,增强应对世界市场波动、经济周期和重大突发事件的控制力。三是顺应新科技革命和产业革命潮流,将国有资本投资方向集中到战略性新兴产业和

---

① 中共中央关于进一步全面深化改革 推进中国式现代化的决定[N].人民日报,2024-07-22(001).
② 中共中央关于进一步全面深化改革 推进中国式现代化的决定[N].人民日报,2024-07-22(001).

未来产业,抢占未来科技和产业竞争的制高点,培育更多"链主"企业,投资"独角兽"企业。四是引导国有资本退出非主业、非优势的行业领域,依据"有进有退、有所为有所不为"[1]原则,通过市场化方式剥离转让低效、无效资产,避免国有资本大而不强,摊大饼式发展。

(五)推动国有资本和其他性质的资本在不同层次的市场协调发展

市场经济不是抽象存在,不同行业领域和消费需求形成不同层级的市场。有学者把中国的基本经济制度概括为"三层资本和三层市场"[2]的混合经济,三层资本是指国有资本、民营资本、混合资本,三层市场是指顶层市场、基层市场和中层市场。基础设施建设和维护、国防安全、重要支柱产业等形成的顶层市场具有长期性、战略性特征,满足顶层市场需求所需要的预付资本量大、投资风险高、回收成本周期长且民营资本和混合资本无力投资或不愿投资,因而这一重任主要由国有资本承担。基层市场面向居民日常生活,需求多样、个性化,预付资本量相对小,回收成本的周期短,而民营资本通常体量小但数量庞大,可以为居民生活提供丰富多样的商品服务并在基层市场竞争。混合资本主要满足中层市场需求,为超越基层市场又达不到顶层市场的特殊需求提供产品。

(六)引导不同所有制形式的资本向不同层级的市场集中,既能协调配合又要互不妨碍

中央和地方政府作为国有资本出资人,要确保国有资本的投资方向是关系国家经济安全和国计民生的重要行业和领域,前瞻性战略性新兴产业,主要满足顶层市场需求。国有资本要避免全行业扩张,挤占其他性质资本的发展空间。政府自觉有计划地引导非公有资本主要满足基层市场需求,防止非公有资本为谋求增殖无序扩张,渗透国家政权,削弱公有制经济的控制力和领导力。在浙江共同富裕示范区建设中,一条重要经验就是"国有企业与民营企业相对均衡",国有资本与民营资本分别解决不同层级市场的需求问题,彼此分工协作。国有资本向重要行业和领域集中,而民营资本则在基层市场承担了社会大部分就业、丰富且个性化的商品生产,为增加政府税收、提高居民部门收入、缩小收入差距、维护社会稳定发挥了重要作用。

---

[1] 中华人民共和国国民经济和社会发展第十四个五年规划和2035年远景目标纲要[N].人民日报,2021-03-13(001).

[2] 郑永年.共同富裕的中国方案[M].杭州:浙江人民出版社,2022:71,101.

二、完善国有资本优化配置机制

（一）推进国有资本配置方式市场化改革，主动适应高水平社会主义市场经济体制

在市场经济条件下科学界定国有资本出资人、运营主体和持股企业的边界。高水平社会主义市场经济体制运行的一大特征是所有权的权能分离，即资本的所有权、使用权、收益权等权能相对独立并分属不同主体。所有权是基础，派生出其他权能，资本使用权、收益权则表现所有权的性质。中国的市场经济体制是从计划经济转轨而来，受历史因素影响，长期存在政企不分、所有权与使用权混同的现象。部分地方政府作为国有资本出资人，过度干预实际运营，导致国有资本投资厌恶风险，决策机制不灵活。国有资本配置方式改革坚持问题导向，进一步推进国有资本所有权权能分离，科学划分国有资本出资人、运营投资主体、持股企业的"权利边界"[1]，充分赋予不同市场主体独立性和自主权。规范政府行为，逐渐避免用行政手段干涉国有资本持股企业的运营。

（二）改革国有资本考核评价机制

党的二十届三中全会提出"完善国有资本经营预算和绩效评价制度"[2]。国有资本运营趋向保守、厌恶风险与考核评价机制有很大关系，如收益考核期限过短，国有资本流失追责机制导致出资人和运营主体趋向短期和成熟行业投资，对前瞻性战略性新兴产业、新质生产力的发展支持不足。以市场化导向改革国有资本考核评价机制，根据实际市场状况、投资行业特点实行差异化考核，适当延长考核年限，科学确定投资运营主体责任豁免机制，注重国有资本投资项目的全生命周期考核、对所投资行业的整体贡献。

（三）通过市场化方式促进国有资本在不同部门和行业间转移

逐步减少行政手段对国有资本流动的直接干预。一段时间内部分地方政府以行政手段直接干预国有经济布局和资源配置，造成部分产业总需求与总供给矛盾，供给结构不合理，生产要素不断流入已经产能过剩的行业，新兴产业的投资相对不足。深化供给侧结构性改革，调整国有经济布局和聚焦主要业务需要"找到国有大

---

[1] 中华人民共和国国民经济和社会发展第十四个五年规划和2035年远景目标纲要[N].人民日报，2021—03—13(001).

[2] 中共中央关于进一步全面深化改革 推进中国式现代化的决定[N].人民日报，2024—07—22(001).

企业与市场经济最终融合的方式"①,根据不断变化的市场需求推动国有资本在不同部门和行业间流动。让国有资本以市场化方式流动,减少行政手段直接干预导致的寻租和资源错配,从而降低交易成本。建设全国统一大市场,"清理和废除妨碍全国统一市场和公平竞争的各种规定和做法"②,逐步取消地方保护主义性质的法律法规,打破国有资本跨地区跨行业流动的行政壁垒。

(四)运营主体公司化、投资方式证券化促进国有资本高效有序流动

市场经济条件下国有资本投资运营主体推进公司化改制,自主开展国有资本的投资和运营。国有资本投资运营主体的内部组织结构、人事任用制度、投资绩效考核评价机制、决策机制要更加适应市场需求。国有资本流动主要依托资本市场进行,以股份投资和转让、基金投资、期货期权交易、债权持有和转让等方式在不同部门和行业间高效有序流动,主动适应资本市场规律和运行特点。国有资本"出海",在境外投资要适应不同地区的资本市场特性。运营主体、投资方式市场化改革促进国有资本在不同国家的部门和行业间流动,在资本市场运作中实现国有资本保值增值,落实国家经济战略。

(五)国有资本流动方向要立足市场需求

一方面,国有资本流动方向要立足国内市场需求。马克思认为单个资本循环是社会总资本循环的一个环节,社会总资本循环不仅包含生产和交换过程,而且包括"个人消费"③,商品出售进入消费是另一资本循环收回货币和下一轮投资的条件。物质生产对交换、分配、消费起决定作用,但"生产就其单方面形式来说也决定于其他要素"④,流通速度加快,消费扩大反作用于生产。市场经济条件下商品消费需求总量、结构不断变化,是调节社会总资本流动方向和规模的自发力量。中国进一步深化经济体制改革要逐步改变过去重生产、轻消费的发展路径。构建新发展格局以国内大循环为主体,必须立足国内市场消费需求确定国有资本流动方向和规模,国有资本从生产过剩行业流出,向供给不足行业投资。在政策指引下,国有资本流向"重点行业、关键领域和优势企业"⑤。

---

① 张牡霞.国资委:国企改革远未结束 将着眼重要行业关键领域[N].上海证券报,2011-02-23(F03).
② 中共中央关于进一步全面深化改革 推进中国式现代化的决定[N].人民日报,2024-07-22(001).
③ 马克思.资本论:第2卷[M].北京:人民出版社,2004:390.
④ 马克思,恩格斯.马克思恩格斯选集:第2卷[M].北京:人民出版社,2012:699.
⑤ 马玲.以市场化方式推动国有资本向重点行业关键领域优势企业集中[N].金融时报,2023-03-09(002).

另一方面,国有资本对外投资应立足国际市场需求。构建新发展格局不是关起门来搞建设,应充分连通国内市场与世界市场,使国内国际双循环相互促进。新时代中国的国有资本随"一带一路"倡议、亚洲基础设施投资银行等向国际市场输出,国有资本的海外投资运营要具体分析世界市场需求,根据当地历史文化特征、竞争状况制定具体投资策略,为资本输入国带来产业转移和就业岗位。国有资本的海外经济活动除了提高公有制经济的国际竞争力,实现国有资本保值增值,还能"作为构建人类命运共同体、谋求更加公平公正的国际经贸新秩序的主要现实力量"[1],帮助广大发展中国家和地区摆脱对西方资本、技术和发展路径的依附。

三、积极引入其他资本以实现股权多元化

(一)以股份制组织生产经营更加适应社会化大生产

在较发达商品货币关系和信用制度基础上,股份制经营主体以发行股票的方式向社会集资,统一经营。马克思指出在股份制下"生产规模惊人地扩大了"[2],促进了生产资料和劳动力的更大规模集中。以股份制集中经营的资本表现为"社会资本",与独立经营的私人资本对立。股份制下资本所有权"同现实再生产过程中的职能完全分离"[3],股份持有者不参与直接生产经营活动,依靠股息和红利收入分割一部分产业工人的剩余劳动产品,职业经理人掌握股份制企业和社会资本的经营管理权。马克思认为股份制是资本主义本身的自我否定,是向更高级生产形式过渡的方式,保留股份制创造的社会化大生产和物质财富,逐步消灭其私人占有性质,转变为联合起来的劳动者共同占有生产资料的生产方式。

(二)以股份制实现国有企业股权多元化

实现国有企业股权多元化,促进国有资本在不同部门和行业间流动,应充分运用股份制。在新时代要提高国有企业经营效率,使其适应市场竞争,积极应对外部环境变化,就要根据国有企业所处行业和领域、功能定位分类推进股份制改革。处于充分竞争领域的商业类国有企业"原则上都要实行公司制股份制改革"[4],推进国

---

[1] 丁晓钦、崔泽鹏.中国式现代化的财富积累机制及其对西方资本主义模式的超越[J].毛泽东邓小平理论研究,2024(6):15—24+107.
[2] 马克思.资本论:第3卷[M].北京:人民出版社,2004:494.
[3] 马克思.资本论:第3卷[M].北京:人民出版社,2004:495.
[4] 国资委财政部发展改革委关于印发《关于国有企业功能界定与分类的指导意见》的通知[J].中华人民共和国国务院公报,2016(10):80—82.

有企业整体上市,利用资本市场向社会集资。处于重要行业和关键领域,承担国家重大任务的商业类国有企业股份制改革,在积极引入社会资本的同时应保持国有资本控股地位。推进公益类国有企业混合所有制改革。在国有企业股份制改革、实现股权多元化的过程中,国有资本投资运营主体应充分发挥"专业平台作用"[1],通过市场化方式助力国有企业改制重组,实现国有资本高效流动。

(三)鼓励非公有资本参与国有企业混合所有制改革

坚持"两个毫不动摇",促进各种所有制经济共同发展。党的十八届三中全会指出"要完善产权保护制度,积极发展混合所有制经济,推动国有企业完善现代企业制度,支持非公有制经济健康发展"。恩格斯提出"社会主义社会……同现存制度的具有决定意义的差别当然在于,在实行全部生产资料公有制(先是国家的)基础上组织生产"[2]。公有制经济居于社会经济结构的主体地位,保障中国沿着社会主义道路实现现代化。在市场经济条件下严格产权保护,确保各种生产要素按市场贡献参与分配,减少行政手段对经济活动的直接干预,加强预期管理,从制度上保障其他所有制经济形式公平参与市场竞争。破除市场准入壁垒,鼓励民营资本参与国家重大项目投资,国有企业推进股份制改革,根据行业特点和企业功能定位,合理确定向非公有资本释放股权的份额,鼓励非公有资本派出董事或监事。

(四)主动对接全球资本市场,积极引入外国资本

党的二十届三中全会指出"提高外资在华开展股权投资、风险投资的便利性"[3],国有资本流动主要依托资本市场进行,我国资本市场在坚持独立自主的同时应逐步扩大对外开放,主动对接全球资本市场。有条件的地区在数据跨境流动、离岸金融、再保险国际版、自由汇兑等方面先行先试[4],在全面深化改革开放实践中总结可复制可推广的经验和管理模式,营造市场化、法治化、可预期的营商环境。主动对接高标准国际经贸规则,逐步扩大外国资本投资的行业和领域,推进国有企业股份制改革,在实现股权多元化过程中积极引入外国投资者。

(五)鼓励其他资本参与国有企业改制重组

国有资本盘活存量资产需要社会资本参与,鼓励其他所有制形式资本参与国有企业改制重组。国有资本向重要行业和关键领域集中,必然涉及国有企业布局

---

[1] 中央企业混合所有制改革操作指引[N].中国远洋海运报,2019-11-15(B02).
[2] 马克思,恩格斯.马克思恩格斯选集:第4卷[M].北京:人民出版社,2012:601.
[3] 中共中央关于进一步全面深化改革 推进中国式现代化的决定[N].人民日报,2024-07-22(001).
[4] 刘元春.探索全面深化改革开放的新路径[N].文汇报,2024-01-20(006).

收缩战线,逐步退出非主业、非优势业务,处置低效、无效资产。国有资本通过资本市场转让股份、增资扩股、产权置换等方式引入非公有资本投资,盘活存量资产。市场经济条件下保护各类投资者合法权益,引导社会资本通过"参股控股、资产收购"[1]等方式参与国有企业重组和业务调整,防止国有资本流失。在国有企业实现股权多元化的过程中,积极盘活变现低效无效资产,转让非主业、非优势业务,以实现国有资本保值增值。

(六)优化资本市场投资环境

加强国有企业信用和经营状况信息共享,国有资本运营主体可尝试开发更多、更全面的"央企指数"[2],及时向社会反映相关国有企业创新能力、盈利水平、市场竞争力等,为社会资本投资国有企业提供信息支持。建立和完善国有资本与非公有资本"投融资合作对接机制"[3],搭建社会资本参与国家重大项目、国有企业改制重组的融资沟通平台,降低交易成本,保障各类社会资本的平等参与权、知情权和分享利润的权利。逐步破除社会资本投资壁垒,及时更新市场准入负面清单,扩大重要行业和关键领域的投资准入,取消制造业领域外国资本投资准入限制。保持政策连贯性、可预期性,确保各类所有制形式经济"平等使用生产要素、公平参与市场竞争、同等受到法律保护"[4]。

第三节　提前布局前瞻性战略性新兴产业

习近平总书记指出"要突出先导性和支柱性,优先培育和大力发展一批战略性新兴产业集群,构建产业体系新支柱"[5]。国有资本向重要行业和关键领域集中,重要的投资方向就是前瞻性战略性新兴产业。在国际环境深刻变化、新一轮科技革命快速发展的条件下,提前布局前瞻性战略性新兴产业,要发挥国有经济的战略支

---

[1] 中共中央国务院印发《扩大内需战略规划纲要(2022—2035年)》[N].人民日报,2022-12-15(001).

[2] 马玲.以市场化方式推动国有资本向重点行业关键领域优势企业集中[N].金融时报,2023-03-09(002).

[3] 国家发展改革委关于进一步完善政策环境加大力度支持民间投资发展的意见[J].中国产经,2022(21):20-25.

[4] 中共中央关于进一步全面深化改革 推进中国式现代化的决定[N].人民日报,2024-07-22(001).

[5] 习近平.习近平谈治国理政:第3卷[M].北京:外文出版社,2020:247.

撑作用,培育先导性和支柱性产业。增强国家战略宏观引导、统筹协调功能,做好新兴产业在地理空间上的合理规划布局、新兴产业与传统产业的合理衔接。发挥耐心资本的投资引领作用,促进各类先进生产要素向前瞻性战略性新兴产业聚集,健全国有资本带动社会资本投资的体制机制。

一、发挥国有经济战略支撑作用

当前国际环境深刻变化,新一轮科技革命要求提前布局前瞻性战略性新兴产业。物质生产方式是经济活动的决定性环节,同时也是国际关系的决定性因素。马克思指出"一定的生产决定一定的消费、分配、交换和这些不同要素相互间的一定关系"①。物质生产方式的变革会引起分工形式、社会交换和分配关系的变革,进而引起政治、文化上层建筑的调整。各个国家、民族之间的关系"取决于每一个民族的生产力、分工和内部交往的发展程度"②。马克思主义理论和人类历史的实践证明生产力是现实社会中最革命、最活跃的因素。

当前国际政治格局不确定性增加,世界经济进入低迷期,以人工智能为代表的新一轮科技革命迅速发展。在此背景下,只有加快产业变革、促进生产力发展,才能在国际竞争中取得主动地位。世界百年未有之大变局加速演进,逆全球化和保守主义思潮抬头,地区热点事件频发,现有国际治理体系亟待变革。世界市场充分开发并趋于饱和,资本主义世界体系主导的全球分工正在解体,各国经济力量对比深刻调整,"世界进入动荡变革期"③。新科学技术革命深刻改变了现有分工模式、分配关系和国际力量对比。2023年9月7日,习近平总书记在黑龙江省哈尔滨市主持召开新时代推动东北全面振兴座谈会并发表重要讲话。他强调,要继续深化国有企业改革,实施国有企业振兴专项行动,提高国有企业核心竞争力,推动国有资本向重要行业和关键领域集中,强化战略支撑作用。中国只有在现代化进程中提前布局前瞻性战略性新兴产业,促进物质生产方式变革,才能在百年未有之大变局中赢得战略主动,彰显社会主义制度的优越性,为创造人类文明新形态提供物质条件。

---

① 马克思,恩格斯.马克思恩格斯选集:第2卷[M].北京:人民出版社,2012:699.
② 马克思,恩格斯.马克思恩格斯选集:第1卷[M].北京:人民出版社,2012:147.
③ 中华人民共和国国民经济和社会发展第十四个五年规划和2035年远景目标纲要[N].人民日报,2021-03-13(001).

（一）有计划地将国有经济布局到前瞻性战略性新兴产业

马克思主义要求自觉有计划地组织社会生产。马克思在批判资本主义生产方式自发、盲目的社会生产造成生产者之间的毁灭性竞争、资源浪费和生产过剩时，提出在未来的自由人联合体中物质生产过程"处于人的有意识有计划的控制之下"[①]。联合起来的劳动者自觉地组织社会生产，"用公共的生产资料进行劳动"，将生产要素按社会需求有计划地分配到各个生产部门。恩格斯提出"国家权力对于经济发展的反作用"[②]，政治和文化上层建筑可以促进或阻碍经济发展，影响经济形式的性质和发展方向。新时代的中国要充分发挥社会主义制度的优越性，提前规划新兴产业结构和布局，发挥国有资本的投资带动作用、国家战略规划的引导协调功能，避免新兴产业发展的无政府状态。

（二）分阶段将国有经济布局到新兴产业

21世纪以来中国共产党着眼新一轮科技革命潮流，结合我国产业发展现状和国际环境，有计划、分阶段推进前瞻性战略性新兴产业布局。2010年颁布的《国务院关于加快培育和发展战略性新兴产业的决定》，正式启动这一战略部署[③]，为国有经济进行相应的布局结构调整提供了指导思想、基本原则和发展目标等。"十四五"时期提出"战略性新兴产业融合化、集群化、生态化发展"[④]，建立相应的管理和推进机制，国有经济在新兴产业中的布局逐步展开。党的二十届三中全会指出国有资本"向前瞻性战略性新兴产业集中"[⑤]，国有经济在新兴产业和未来产业中的规划和布局进一步深化。

（三）发挥国有经济主导作用，构建产业体系新支柱

加大国有资本向新兴产业中的先导性和支柱性行业投资。从全球视野看，20世纪以来"新科学技术革命、传统产业升级和基础设施建设非常依赖国家投资"[⑥]，世界现代化进程中国家的经济职能普遍被强化，政府加强了宏观调控，注重对新产业、科技创新的布局和投资。前瞻性战略性新兴产业具有"知识技术密集、物质资

[①] 马克思.资本论:第1卷[M].北京:人民出版社,2004:96、97.

[②] 马克思,恩格斯.马克思恩格斯选集:第4卷[M].北京:人民出版社,2012:610.

[③] 于新东,牛少凤,于洋.培育发展战略性新兴产业的背景分析、国际比较与对策研究[J].经济研究参考,2011(16):2—39+51.

[④] 中华人民共和国国民经济和社会发展第十四个五年规划和2035年远景目标纲要[N].人民日报,2021—03—13(001).

[⑤] 中共中央关于进一步全面深化改革 推进中国式现代化的决定[N].人民日报,2024—07—22(001).

[⑥] 刘元春,丁晓钦.发展与超越——中国式现代化的核心问题与战略路径[M].北京:中信出版社,2024:12.

源消耗少、成长潜力大、综合效益好"①等特点,同时其预付资本量大,投资风险高,资本周转时间长,预期收益不确定。中国要充分发挥社会主义制度的优越性,就要有计划地将国有资本投向"关键共性技术、前沿引领技术、现代工程技术、颠覆性技术"②等领域,以加强核心技术研究和产业化运用;加大国有资本对新型基础设施建设的投资,保障关键生产要素供给稳定可靠;国有资本在新能源新材料、高端装备制造、生物科技等方面投资建设一批重大应用示范工程,培育先导性支柱性产业,为各种所有制经济投资布局新兴产业提供前提条件。

(四)加快国有企业在新兴产业中的布局调整,实现资源整合

建设现代化产业体系要"发挥央企引领带动作用"③,在新产业、新业务模式等领域组建一批新企业。前瞻性战略性新兴产业具有集群发展的特点,国有企业在新兴产业的产业链供应链上下游加快重组整合,以实现规模协同效应。创新国有企业之间,国有企业与民营企业、外资企业的合作模式,共同营造良性发展的产业生态。

二、引导前瞻性战略性新兴产业合理布局

(一)增强国家战略宏观引导、统筹协调的功能

构建国家重大战略制定和实施机制。加快制定前瞻性战略性新兴产业的发展规划与实施细则,中央和地方政府动态发布国有经济布局与结构调整指引,为国有资本投资提供方向。做好地区、部门、行业之间新兴产业战略规划的衔接融合落实机制,加强沟通协调配合,形成规模协同效应。推进新兴产业在不同地区行业内部、相互之间合理布局,避免重复建设、同质化竞争。

(二)完善前瞻性战略性新兴产业发展的政策和治理体系

人工智能、生物医药、新能源新材料等新兴产业的快速发展会产生新的劳动分工模式、企业组织形式和分配关系,现有政府产业政策和治理体系难以适应新需求。马克思指出"每种生产形式都产生出它所特有的法的关系、统治形式等"④,根

---

① 国务院关于加快培育和发展战略性新兴产业的决定(全文)[J].中国科技产业,2010(10):14-19.
② 中共中央关于进一步全面深化改革 推进中国式现代化的决定[N].人民日报,2024-07-22(001).
③ 王希.如何增强央企核心功能和核心竞争力?——国务院国资委有关负责人回应国资央企热点问题[EB/OL].https://www.gov.cn/zhengce/202401/content_6928103.html.
④ 马克思,恩格斯.马克思恩格斯选集:第 2 卷[M].北京:人民出版社,2012:688.

据新兴产业的发展实践"加强新领域新赛道制度供给"[①],制定新产品、新业务模式的国家标准体系。完善新兴产业的市场准入制度、行业准则、税收制度,组建相关行业协会,加强行业自律,引导新兴产业健康有序发展。

(三)加强新兴产业劳动者的权益保护

围绕新兴产业、新式分工逐渐聚集起规模庞大的新就业形态劳动人口,其劳动模式、收入分配关系、人与人的交往形式与传统产业有明显差别。加强对新就业形态劳动者的权益保护,"科学确定劳动者工作量和劳动强度"[②],加快制定与新就业形态劳动者休息时间、工资水平、社会保障相关的法律法规。

(四)做好前瞻性战略性新兴产业在地理空间上的合理布局

新兴产业在全国相对均匀分布,有助于缩小城乡地区差距。恩格斯指出"大工业在全国的尽可能均衡的分布是消灭城市和乡村分离的条件"[③],科学技术进步、交通和通信效率的提高使现代工业布局进一步摆脱了自然条件限制。在超越资本主义生产方式的新社会形态中,联合起来的劳动者自觉有计划地将工业和人口在地理空间上相对均匀地布局,逐步消灭城乡之间的对立。在新时代提前布局前瞻性战略性新兴产业,加强政府规划引导,在不同地区、城乡之间做好布局规划,并与国家区域协调发展战略相结合。加强不同地理空间的产品交换、产业分工和生产要素流动,缩小城乡地区之间的经济发展和收入差距,避免新兴产业过度向东部地区和城市集中。

(五)因地制宜做好前瞻性战略性新兴产业的地区发展规划

中国不同地理空间的自然资源禀赋、社会经济发展状况和历史因素各有不同,要因地制宜布局新兴产业,"构建优势互补的区域经济布局"[④]。东部地区充分发挥资金、技术和政策优势,引领前瞻性战略性新兴产业发展,培育世界一流的先进制造业产业集群和相应的现代服务业,率先实现产业升级和高质量发展。中部地区建设中高端产业集群,积极承接东部的制造业转移,加强区域之间新兴产业的分工合作。东北地区在传统产业转型升级、发展现代农业的基础上培育新兴产业。西部地区将新兴产业发展融入"一带一路"建设,积极联通中亚、南亚,"强化开放大通

---

① 中共中央关于进一步全面深化改革 推进中国式现代化的决定[N].人民日报,2024-07-22(001).
② 人社部等八部门关于维护新就业形态劳动者劳动保障权益的指导意见[J].中国人力资源社会保障,2021(08):6-7.
③ 马克思,恩格斯.马克思恩格斯选集:第3卷[M].北京:人民出版社,2012:684.
④ 中共中央关于进一步全面深化改革 推进中国式现代化的决定[N].人民日报,2024-07-22(001).

道建设"①,通过"西气东输""东数西算"等工程强化东西部合作,巩固脱贫攻坚成果。

(六)做好前瞻性战略性新兴产业与传统产业的合理衔接

新兴产业与传统产业是互补合作关系。习近平总书记指出,不能将传统产业简单当成低端产业一关了之,"而是要推动工艺、技术、装备升级,实现绿色低碳转型"②。传统产业在我国经济结构中占据较大比重,承担大量就业,提供基础产品供给,在转型升级中应充分运用新兴产业产品,加快创新技术成果产业化运用,与数字技术、智能制造融合,"为新兴产业发展提供广阔市场空间"③。新兴产业的发展壮大也需要传统产业提供零部件、原材料、能源电力和高素质产业工人等,并对传统产业的生产设备、技术工艺、管理模式等提出更高要求,充分运用新技术、新工艺的"示范、扩散、辐射、加速效应"④来带动传统产业实现绿色低碳转型。

从国际经验来看,只重视新兴产业而忽视传统产业会造成一系列不良后果。市场经济条件下新兴产业扩大生产规模"形成的追加资本,同它自己的量比较起来,会越来越少地吸引工人"⑤,在价值形态上表现为资本有机构成不断提高。在相同投资规模下,新兴产业相比传统制造业能吸收的活劳动、提供的就业岗位相对减少甚至绝对减少。第二次世界大战后美国作为信息技术革命策源地,本土主要保留高新技术产业、现代服务业,在经济全球化背景下将本国传统产业大批外迁至生产成本更低的发展中国家,由此导致产业空心化,传统制造业地区经济衰退,形成铁锈地带(Rust Belt),失业率上升,社会治安恶化。中国人口规模巨大,布局前瞻性战略性新兴产业,要协调这些新兴产业与传统产业的关系,保持两者的合理比重,加强优势互补。

三、发挥耐心资本的投资引领作用

(一)国有资本投资主导,促进各类先进生产要素向前瞻性战略性新兴产业聚集

布局前瞻性战略性新兴产业应发挥政府产业基金投资带动作用。市场经济条

---

① 中华人民共和国国民经济和社会发展第十四个五年规划和2035年远景目标纲要[N].人民日报,2021-03-13(001).
② 习近平.推进生态文明建设需要处理好几个重大关系[J].求知,2023(12):4-5.
③ 江飞涛.为何传统产业不能当"低端产业"简单退出[N].经济日报,2023-09-06(010).
④ 于新东、牛少凤、于洋.培育发展战略性新兴产业的背景分析、国际比较与对策研究[J].经济研究参考,2011(16):2-39+51.
⑤ 马克思.资本论:第1卷[M].北京:人民出版社,2004:724.

件下非公有资本的主要目的是完成自我增殖,对风险高、预期收益不确定的新兴产业投资的积极性相对较低。党的二十届三中全会指出"发挥政府投资基金作用,发展耐心资本"[1]。耐心资本的内涵是主要由投资机构持有,能长期运作的资本[2],资金来源于社保基金、养老金等。相比短期投机资本,耐心资本更注重长期收益,注重企业的长期投资价值。前瞻性战略性新兴产业一般需要长期投资才能盈利,政府产业基金投资运营要发挥耐心资本的作用,不仅要保值增值,更要落实国家战略。

(二)改革政府产业基金投资运营模式

完善产业基金投资运营主体与科技创新龙头企业、产业链链主企业双向挂职交流机制,让投资团队懂产业,企业家懂基金运营。适当延长政府产业基金盈利考核年限,考核评价除基金盈利状况外,还应充分考虑对产业链整合的贡献、支持企业和技术人才完成创新成果产业化应用的数量和质量等。投资前瞻性战略性新兴产业的政府产业基金面临的风险高、回笼资金周期长,基金主要管理人任期要与投资项目时长匹配,基金运作全流程合规应尽职免责,从制度上激励投资团队支持科技创新和长期投资。政府可定期发布新兴产业投资统计数据,如不同行业盈利水平、投资过剩或不足信息动态更新,以促进各类先进生产要素向新兴产业流动,促进新质生产力发展。

(三)健全国有资本带动社会资本投资的体制机制

国有资本投资坚持政府指导,市场化运营,专业化管理原则。党的二十届三中全会指出"优化重大产业基金运作和监管机制"[3]。发挥政府指导监督作用,确保重大产业基金投向符合国家战略要求,向前瞻性战略性新兴产业集中。"完善国有资本收益上缴公共财政制度"[4],使市场经济条件下国有资本保值增值,收益服务国家安全、战略大局、保障和改善民生。重大产业基金运营突出市场化原则,以"子基金投资、直投、生态运营"[5]等方式,提高国有资本配置运行效率,促进国有资本在不同部门和行业间合理有序流动。由专业投资团队实际运营政府产业基金,支持科技

---

[1] 中共中央关于进一步全面深化改革 推进中国式现代化的决定[N].人民日报,2024-07-22(001).
[2] 屠光绍.耐心资本的五个维度[EB/OL].https://www.thecapital.com.cn/newsDetail/109723.
[3] 中共中央关于进一步全面深化改革 推进中国式现代化的决定[N].人民日报,2024-07-22(001).
[4] 中华人民共和国国民经济和社会发展第十四个五年规划和2035年远景目标纲要[N].人民日报,2021-03-13(001).
[5] 郑莹莹.上海三大先导产业母基金发布 总规模达1 000亿元[EB/OL].https://www.chinanews.com.cn/cj/2024/07-26/10258336.shtml.

成果转化、产业链上下游整合,催生新产业、新模式、新动能。

(四)国有资本出资设立产业母基金,带动社会投资机构参与子基金的出资和管理

政府产业基金除直接投资产业链链主企业、科技型中小企业外,还可下设产业子基金,吸收各类非公有资本,增强对社会资本的带动引领作用,放大国有经济整体功能。例如,江苏省将组建约500亿元的战略性新兴产业母基金,"其中不超过174.3亿元可用于直投项目,不低于331.7亿元可用于出资设立产业子基金"[①],公开遴选投资机构参与出资管理,分享产业资本利润。营造政府领投、机构和个人跟投的社会氛围,逐步形成服务新兴产业的多层级资本市场。

---

① 张韩虹.江苏组建"耐心资本"因地制宜发展新质生产力[N].江苏经济报,2024－06－24(A01).

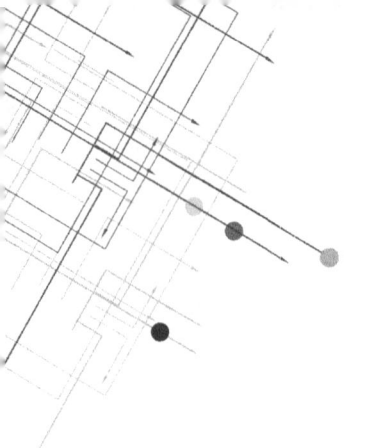

第五章

发挥国有企业产业引领作用

改革开放以来,我国经济社会发展走过了四十多年不平凡的光辉历程,取得了举世瞩目的成就,极大地解放和发展了生产力,建立起世界上最完整的产业体系,制造业规模连续多年位居世界第一。党的十八大以来,以习近平同志为核心的党中央高度重视现代化产业体系建设,强调加快建设以实体经济为支撑的现代化产业体系,这关系我们在未来发展和国际竞争中赢得战略主动。加快构建现代化产业体系、全面建成现代化产业集群、提升产业链现代化水平是塑造全球竞争优势的必然要求,也是关乎打破人为的"筑墙设垒"和强推的"脱钩断链"的关键选择。习近平总书记在多个场合中指出国有企业是中国特色社会主义的重要物质基础和政治基础,是党执政兴国的重要支柱和依靠力量。国有企业和国有资本要坚持以习近平新时代中国特色社会主义思想为指导,坚定不移做强做优做大国有资本和国有企业,充分发挥国有经济在引领产业发展中的主导作用和战略支撑作用,在构建新发展格局、推动高质量发展中发挥更大作用,为全面推进中国式现代化进程作出更大贡献。

第一节 推进现代化产业体系建设

现代化产业体系是现代化国家的物质技术基础,党的二十大报告强调"高质量发展是全面建设社会主义现代化国家的首要任务",并对"建设现代化产业体系"作了重要部署。建设现代化产业体系是当前我国现代化建设的核心任务之一,国有企业作为建设现代化产业体系的排头兵,应强化自身历史责任与使命。习近平总书记强调,"要及时将科技创新成果应用到具体产业和产业链上,改造提升传统产业,培育壮大新兴产业,布局建设未来产业,完善现代化产业体系"[1]。唯有如此,方能使国有企业在建设现代化产业体系中更好地发挥支撑引领作用。

一、改造提升传统产业

传统产业主要是指在工业化的初级阶段和重化工业阶段发展起来的一批产业门类,在统计分类上多属于第二产业中的原材料工业以及加工工业中的轻加工工业,包括钢铁、煤炭、纺织、化工、机械制造等。我国传统产业历史相对悠久,部分产业经过数十年甚至数百年的发展已经具备相对成熟的技术和生产工艺,形成了相对庞大的规模。有数据显示,传统产业在我国制造业中的占比超过80%,是现代化产业体系的底座。[2] 2022年我国纺织品服装出口总额达3 409.5亿美元,国际市场占有率为43.28%。[3] 2023年,我国粗钢产量约为11.6亿吨,占全球总产量的近六成。[4]据《中华人民共和国2023年国民经济和社会发展统计公报》,2023年我国谷物总产量达64 143万吨[联合国粮农组织(FAO)预计2023年全球谷物产量为28.36亿吨],我国谷物产量占比达22%左右。

既有数据已经表明我国传统产业在国内甚至在全球经济发展中都有着举足轻重的地位,并且这一重要性伴随全球经济形势的变化仍在日益凸显。但是随着社会主要矛盾发生转变,人民日益增长的物质文化需要已转变为人民日益增长的美好生活需要,传统产业过去粗放的生产方式已经暴露弊端,在资源利用和环境保护方面存在能源消耗大、产能利用率不高等问题,在市场需求不断变化和消费习惯不断演化下面临市场萎缩和产品销售困难等状况。2023年中央经济工作会议指出,要"广泛应用数智技术、绿色技术,加快传统产业转型升级"。我们正处于以中国式

---

[1] 习近平在中共中央政治局第十一次集体学习时强调:加快发展新质生产力 扎实推进高质量发展[EB/OL]. https://www.gov.cn/yaowen/liebiao/202402/content_6929446.html.
[2] 谢玮.工业大省"挑大梁"[N].中国经济周刊,2024(9).
[3] 数据来源:纺织业"韧性"突围——2022年中国行业外贸竞争力系列报道(二)[N].中国国门时报,2024-01-18(04).
[4] 数据来源:2023年全年全球粗钢产量排行榜:中国产量稳居第一[EB/OL]. https://www.sohu.com/a/769609405_121894856.

现代化推进中华民族伟大复兴的新阶段,传统产业仍是我国现代化产业体系的基底,传统产业的改造升级直接关乎现代化产业体系建设全局,关乎中国式现代化推进全局。要以高质量发展为导向,以国有企业为引领,推动传统产业转型升级,要通过提升传统制造业高端化、智能化、绿色化水平,夯实现代化产业体系的基底。

(一)推动传统制造业产业向高端化迈进,要全面推动传统产业价值链向中高端环节演进

要聚焦于通过产业基础再造工程,突破在基础元器件、关键零部件和核心材料等领域的技术瓶颈,解决长期以来制约行业发展的"卡脖子"难题。在此基础上,通过技术创新、工艺优化和管理升级,实现制造技术和装备水平的跨越式发展,为高端制造奠定坚实基础。高端化发展不仅仅体现在生产制造环节,还需系统性地重构和优化产业链全链条,着力将价值创造过程延伸至研发设计、品牌营销、售后服务等高附加值环节;不仅要求对现有产业结构进行全面审视和调整,更需要通过前瞻性战略布局和精细化管理,提升整个产业链的生产效率和竞争力,从而使传统产业产品逐步向价值链的中高端领域拓展。此外,人才培育和技术创新是推动传统产业高端化发展的核心驱动力,为适应市场的动态需求与变化,必须着力培养具有前瞻性思维的管理人才和精通核心技术的专业人才。应进一步完善人才引进机制和在职员工培训体系,以确保人才队伍的持续优化与提升。同时,企业应积极加强与高校及科研机构的战略合作,深化产学研融合,共同开展前沿技术的研发与应用,构建具有全球竞争力的创新生态系统,为产业的高端化转型提供坚实的人才保障和技术支撑。

(二)推动传统产业智能化改造和数字化转型

随着新一代信息技术与传统制造业的深度融合,我国制造业的数字化和智能化水平不断提升,智能工厂和智慧供应链加快建设。宝钢集团将数字化转型作为公司面向未来的战略任务,成立数智部来推动大数据创新应用,培育"三跨融合"的新模式、新业态,推广覆盖"四个一律"智能车间,实现宝钢制造到宝钢智造的转变。[①] 以宝钢股份上海宝山基地的1580热轧智能车间为例,与传统工厂相比,该智能车间劳动效率提升47%,工序能耗下降9%,质量成本下降20%,产品不良率下

---

① 数据来源:守初心 担使命 未来钢铁 宝钢智造——宝钢股份"智慧制造"打造高质量发展新优势[EB/OL]. http://www.csteelnews.com/xwzx/djbd/202204/t20220415_61962.html.

降10%。① 智能化转型对制造业企业来说意义重大,要鼓励国有企业引领众多中小企业参与数智化改造工程,加强与人工智能芯片、系统集成、软硬件等不同领域机构的合作。鼓励融资租赁、供应链金融等多种形式的金融创新,切实降低广大企业技术改造成本,进行智能化布局,形成从算力到技术再到应用的一体化服务支撑体系。数字化转型同样带来了农业生产方式的变革,促进了农业生产效率的提高、农业生产质量的提升和农业产业结构的升级。"十四五"规划纲要提出"加快发展智慧农业,推进农业生产经营和管理服务数字化改造"。因此,传统农业的发展要加快数字技术的渗透,重点加大智慧农业研发技术的投入力度,加大数字农业领域新技术、新产品、新模式的应用推广力度,创新发展农村电子商务。

(三)推动传统产业绿色化改造

就目前来看,能源消耗、资源消耗等突出的钢铁、煤炭、造纸、纺织、印染等传统行业中产业发展与资源环境的矛盾仍然十分突出,有数据显示,我国传统行业能效、水效与发达国家仍有较大差距,其中钢铁行业国内平均能效水平与国际先进水平相比落后6%~7%,建材落后10%左右,石化化工落后10%~20%。② 传统行业从产能到发展方式都已进入平台期,绿色转型任务更为紧迫。习近平总书记在全国生态环境保护大会上强调,"绿色发展是构建高质量现代化经济体系的必然要求,是解决污染问题的根本之策。重点是调整经济结构和能源结构,优化国土空间开发布局,调整区域流域产业布局,培育壮大节能环保产业、清洁生产产业、清洁能源产业,推进资源全面节约和循环利用,实现生产系统和生活系统循环链接"③。

国有企业作为实施生态文明建设的重要主体,既是绿色发展的重要推动者,也是绿色发展的重要贡献者,要将绿色发展作为我国工业转型升级的必由之路。数据显示,2023年中央煤炭企业全年累计产煤11.3亿吨,日均产量308.3万吨,同比增长4.5%,创历史新高,中央石油石化企业全年累计销售天然气3 543.9亿立方米,同比增长6.1%;资产达2 028.5亿立方米,同比增长6.8%;进口1 470.5亿立方米,同比增长8.8%。④ 中央企业等国有企业在碳排放量和强度方面占位靠前。

---

① 数据来源:边喝咖啡边炼钢:数字化下"中国智造"的别样风景[EB/OL]. https://finance.sina.com.cn/chanjing/cyxw/2022-11-17/doc-imqqsmrp6495231.shtml?r=0.
② 数据来源:许红洲.传统产业探索绿色发展新路径[EB/OL]. https://paper.ce.cn/jjrb/html/2016-03/22/content_296184.html.
③ 习近平出席全国生态环境保护大会并发表重要讲话[EB/OL]. https://www.gov.cn/xinwen/2018-05/19/content_5292116.html.
④ 数据来源:2023中国经济年报[EB/OL]. https://www.gov.cn/zhuanti/2023zgjjnb/index.html.

发电、石化、化工、建材、钢铁、有色金属、航空等高碳排放行业,不仅是国家经济支柱行业,而且是国有企业占主导地位的行业。习近平总书记指出,要"坚持把绿色低碳发展作为解决生态环境问题的治本之策,加快形成绿色生产方式和生活方式,厚植高质量发展的绿色底色"①。传统产业绿色发展的关键在于绿色低碳转型,国有企业要在传统产业绿色低碳变革中发挥引领和带动作用,必须顺应以低碳为特征的全球新一轮能源和产业革命趋势,聚焦于质量变革、效率变革、动力变革。要立足于我国的新型能源禀赋,有计划有步骤地推动碳达峰行动实施,加快创新节水、节能、无废、少废和"三废"综合治理等实用绿色技术,全面推广清洁能源在各传统产业的高效利用,整体规划传统产业的新型能源体系。对标国内外生产企业先进能效水平,确定高耗能行业能效标杆水平,建立与国际接轨的绿色标准,引领传统行业主动对接国际市场,突破国际市场的"绿色壁垒"。

二、积极培育战略性新兴产业

战略性新兴产业是以重大技术突破和重大发展需求为基础,对经济社会全局和长远发展具有引领带动作用的先进产业,具有知识技术密集、物质资源消耗少、成长潜力大、综合效益好等特征,对于培育发展新动能、构建新发展格局具有重要意义,也是推动经济高质量发展的重要力量。自2010年《国务院关于加快培育和发展战略性新兴产业的决定》出台,我国战略性新兴产业经过十余年的发展已取得相当显著的成绩。2023年,我国战略性新兴产业占GDP比重已超过13%②,截至同年9月,战略性新兴产业企业总数已突破200万家。其中,生物产业、相关服务业和新一代信息技术产业企业占比最多,分别为25%、19%和17%。③ 但距离"十四五"规划和2035年远景目标纲要提出我国战略性新兴产业占GDP比重超过17%的目标,还有一定的距离。

全球近现代史的演进已经表明,每一次科技突破均会催生大量新兴产业,形成新的经济增长点。新兴技术的挖掘和发挥以及战略性新兴产业的培育和发展在很

---

① 习近平.以美丽中国建设全面推进人与自然和谐共生的现代化[J].求是,2024(1):4—9.
② 数据来源:我国战略性新兴产业占GDP比重约13%[EB/OL]. https://new.qq.com/rain/a/20240705A04JUT00.
③ 从业界新变化看战略性新兴产业的2023年[EB/OL]. https://www.ndrc.gov.cn/wsdwhfz/202401/t20240116_1363298.html.

大程度上决定了一个国家能否在新一轮竞争中胜出。以第二次工业革命为例,美国有效吸收和应用了钢铁冶炼、重型机械制造和电气化技术,19世纪70—90年代实现了钢铁工业生产力的爆炸式增长,催生了诸如重工业企业规模的巨型化、工厂生产的垂直一体化、世界范围的生产和销售网络等一系列技术-经济范式[1],成就了美国近100年钢铁产业全球霸主的地位。随着新一轮科技革命和产业变革的深入发展,加速发展战略性新兴产业不仅是顺应世界技术大潮、应对新一轮竞争的必然选择,而且是构建国际竞争新优势、掌握发展主动权的迫切需要。习近平总书记在中国科学院第十九次院士大会、中国工程院第十四次院士大会上的讲话中指出,"进入21世纪以来,全球科技创新进入空前密集活跃的时期,新一轮科技革命和产业变革正在重构全球创新版图、重塑全球经济结构",后续又强调"战略性新兴产业是引领未来发展的新支柱、新赛道"[2]。党的二十大报告围绕建设现代化产业体系作出部署时强调,要推动战略性新兴产业融合集群发展,构建新一代信息技术、人工智能、生物技术、新能源、新材料、高端装备、绿色环保等一批新的增长引擎。

战略性新兴产业大多关乎国民经济发展全局,对经济社会全局和长远发展具有引领带动作用。国有企业技术储备足、人才队伍强、资金实力雄厚,具有一定的比较优势,因此,发展战略性新兴产业,国有企业更具备基础和条件。2024年1月24日,国新办围绕中央企业高质量发展举行新闻发布会,指出要从国有经济布局优化和结构调整全局出发,围绕坚定不移做强做优做大国有企业的目标,聚焦战略性新兴产业发展,大力推进专业化整合,并提出要充分"发挥中央企业引领带动作用,根据战略性新兴产业融合集群发展特点","深化产业链生态圈战略合作,加快提升现代化产业体系建设水平"[3]。发展战略性新兴产业是一项系统工程,具有投资金额大而回报周期长的特点,必须着眼于大局,立足于长远发展,并非一蹴而就。中央企业等国有企业要主动在战略性新兴产业发展中担当主力军,就要做好长期战略规划、加强顶层规划设计,根据发展的各个阶段进行动态调整,根据市场和技术变化适时优化策略,处理好经济效益和社会效益的关系,确保在长期内稳步实现预定目标。习近平总书记在2019年中央经济工作会议中指出,"我们必须适应新形

---

[1] 贾根良、杨威. 战略性新兴产业与美国经济的崛起——19世纪下半叶美国钢铁业发展的历史经验及对我国的启示[J]. 经济理论与经济管理,2012(01):97—110.
[2] 习近平. 当前经济工作的几个重大问题[J]. 求是,2023(4).
[3] 打好国资布局"三张牌" 构建战略性新兴产业的"中国路径"[EB/OL]. http://www.sasac.gov.cn/n4470048/n26915116/n29772770/n29772785/c29955696/content.html.

势,谋划区域协调发展新思路"。近年来,各中央企业、各地国资委通过深入实施区域协调发展战略,使我国重大生产力布局发生积极变化,但仍存在一些地区产业结构雷同,部分关键产业、产业链关键环节分布过于集中等问题,战略性新兴产业存在趋同化现象。中央企业等国有企业可以通过发挥资金、技术和集团协同等多方面的优势,加快优化重大生产力布局,把好新兴产业布局方向,以中央企业等国有企业为引领,构建多主体参与的协同决策机制和差异化发展路径,避免低水平的重复建设,在整体发展和相互协作中努力实现差异竞争、合理分工、错位发展。在战略性新兴产业领域,要进一步推动国有资本向关系国家安全、国民经济命脉的重要行业和关键领域集中,向关系国计民生的公共服务、应急响应、公益性的产业行业集中。在信息技术产业、生物产业、新材料产业、高端装备制造业和绿色低碳产业等方面要加大国有资本投入和占比,加快优化战略性新兴产业布局部署。

三、引领发展未来产业

未来产业是指基于颠覆性技术的突破和产业化,并依托于技术与产业等多领域多方面的深度融合。它不仅满足现有需求,而且创造新的应用场景和新消费模式,引导市场主体向更先进的生产力聚集,催生新技术、新产业、新业态和新模式。与战略性新兴产业和未来产业不同,高新技术产业已经形成一定的规模,而战略性新兴产业是国家基于经济转型和未来竞争力需求而重点发展的新兴领域,未来产业则还处于探索阶段,未来可能主导经济的新领域。

未来产业代表新一轮科技革命与产业变革的方向,是重塑全球创新版图与经济格局最活跃的变革力量,更是牢牢把握未来发展主动权的关键所在。前瞻布局未来产业对于支撑我国中长期经济增长、构筑新型竞争优势、引领现代化产业体系建设具有先导作用。未来产业也成为各地拼经济、谋长远的重头戏,对各地培育新增长点、开辟新赛道、推动产业转型升级具有重大战略意义。从全球形势看,世界经济大国和强国高度重视并加快部署未来产业发展。如表 5.1 所示,2019 年 2 月美国白宫科技政策办公室(OSTP)发布的《美国将主导未来产业》报告中将未来产业作为国家战略;在 2021 财年和 2022 财年的美国政府研发预算备忘录中,均提出要发展未来产业相关领域,以此来全力谋求全球未来产业领导权。

表 5.1　　　　　　　　　　美国未来产业发展规划

发布时间	报告/法案	部署领域
2019 年	《美国将主导未来产业》	人工智能、先进制造业、量子信息科学和 5G 通信技术
2019 年	《2021 财年政府研发预算重点》备忘录	为未来工业提供动力的技术、人工智能、量子信息科学和计算的基础研究和应用研究；先进通信网络和自动化技术；智能和数字制造，以及先进的工业机器人等先进制造技术
2020 年	《2022 财年研发预算优先事项和全局行动备忘录》	人工智能、量子信息科学、先进通信网络、先进制造业、与未来产业相关的计算生态系统、与未来产业相关的自主驾驶和远程驾驶
2021 年	《美国就业计划》	半导体、先进计算、先进通信技术、先进能源技术、清洁能源技术和生物技术等领域
2021 年	《无尽前沿法案》	人工智能与机器学习、高性能计算、半导体、先进计算机硬件，量子计算科学与技术，机器人、自动化与先进制造，自然与人为灾害的防灾与减灾，先进通信技术与沉浸技术，生物技术、医学技术、基因组学与合成生物学，数据存储、数据管理、分布式账本技术与网络安全，先进能源技术、电池与工业能效，先进材料科学
2021 年	《NSF 未来法案》	量子信息技术、人工智能、超级计算、网络安全和先进制造
2021 年	《NSF 未来制造业项目》	未来网络制造研究、未来生态制造研究、未来生物制造研究

资料来源：世界主要国家未来产业发展部署与启示[EB/OL]. https://new.qq.com/rain/a/20220114A07G1P00.

自 2014 年中央经济工作会议明确提出探索未来产业发展方向起，我国就开始对未来产业布局进行探索。2020 年 4 月，习近平总书记在考察浙江时强调，"抓紧布局数字经济、生命健康、新材料等战略性新兴产业、未来产业"。2024 年 1 月，习近平总书记在中共中央政治局第十一次集体学习时强调，"要及时将科技创新成果应用到具体产业和产业链上，改造提升传统产业，培育壮大新兴产业，布局建设未来产业，完善现代化产业体系"。这些重要论述进一步突出了以习近平同志为核心的党中央对前瞻性布局未来产业发展的高度重视。这不仅强调了国家对创新和产业升级的战略方向，而且表明了未来产业发展的重点是通过长远规划和系统性支持来实现。因此，与其他类型资本相比，国有资本要做战略资本、耐心资本和长期资本，更加注重中长期考核和战略使命完成情况，中央企业等国有企业在布局创新产业和未来产业方面更有优势。

颠覆性的技术突破和多领域融合的特征使得未来产业的发展具有不确定性，未来产业的发展既有可能因为技术的变化而退出市场，也有可能因重大发展需求而向战略性新兴产业和先导产业、主导产业方向演进。① 因此，国有企业既要做好未来产业发展规划引领，明确未来产业发展的重点方向、战略任务和发展路径，系统谋划布局重点领域的重大项目，深化对未来产业长期发展趋势和规律的认识，从而引导资源向适应未来产业发展的领域和行业集中。未来产业已经明确重点推进未来制造、未来信息、未来材料、未来能源、未来空间和未来健康六大方向产业发展，这些未来新技术的普及和应用都需要一定的基础设施和坚实的产业发展实力才能实现。因此，国有企业既要加快构建协同集成、数字智能、绿色安全高效的新一代基础设施以服务未来产业发展，也要推进新一代技术向传统产业赋能，引导传统产业向未来产业改造。此外，国有企业还要提前打造一批未来产业技术应用场景，以便推动未来技术和各领域进行有效验证，加快未来产业应用迭代和产业化进程。习近平总书记指出，"创新是第一动力、人才是第一资源"。未来产业的发展依赖科技创新人才，国有企业要完善人才培育机制，以未来技术为重点加强产学研深度融合，系统培养具有交叉复合背景的人才，优化企业内部鼓励原创技术研发和宽容失败的创新环境，建立创新激励机制，激发高层次创新人才的创新动力。

第二节　全面构建产业集群

产业集群是当今世界经济发展的新亮点，是作为一种为创造竞争优势而形成的产业空间组织形式，更是现代产业发展的重要组织形式。2024年3月，习近平总书记在湖南考察时指出，"聚焦优势产业，强化产业基础再造和重大技术装备攻关，继续做大做强先进制造业，推动产业高端化、智能化、绿色化发展，打造国家级产业集群"。为此，要推动我国产业迈向中高端、提升产业链供应链韧性和安全水平，就必须深化对产业集群的认识，全面构建产业集群，不断提升我国产业集群竞争力。

---

① 参见余澳,柯遵义.未来产业牵引实现高质量发展的机理与路径研究[J/OL].重庆工商大学学报(社会科学版)，2024(5).[2024－09－10].http://kns.cnki.net/kcms/detail/50.1154.C.20240722.1130.004.html.

一、打造具有国际竞争力的数字产业集群

加快发展数字经济是推动产业链供应链优化升级的迫切需要,有利于促进资源要素高效流动和精准配置,实现产业链上下游及产供销有效衔接、高效运转,助力提升产业链供应链稳定性和竞争力。党的十八大以来,我国数字经济规模连续多年位居世界第二位,截至2023年底,5G＋工业互联网已覆盖41个国民经济大类,2019—2023年,工业互联网核心产业增加值从0.87万亿元增至1.35万亿元,数字化生产性服务业增加值从15.1万亿元增长到21.2万亿元[1],数字经济已经成为国家综合实力扩大的新基础和推动经济增长的主要引擎之一。习近平总书记指出,"要大力发展数字经济,促进数字经济和实体经济深度融合,打造具有国际竞争力的数字产业集群"。数字经济已不仅仅是独立的经济形态,还要与实体经济紧密结合,通过数字技术提升传统产业的效率和竞争力,而数字产业集群正是推动数实深度融合、发展数字经济的重要阵地。

数字产业集群是由以新发展理念为引领,从事数字产品制造、数字产品服务、数字技术应用、数字要素驱动、数字化效率提升的企业主体及其相关机构等组成的具有较强核心竞争力的企业集群。[2] 目前,我国已形成集成电路、人工智能、大数据、数字安防、超高清视频、元宇宙、电子信息等一大批以数字领先企业为引领的数字产业集群。相比传统的产业集群,数字产业集群具有较为明显的融合特征,能够不断突破行业间的固有边界,导致以往传统产业集群背景下的垂直管理模式难以适应并有效推动数字产业集群发展,需要重新规划设计新的集群发展治理模式[3],这要求集群治理模式从传统的垂直管理转向更加灵活的治理框架。国有企业作为核心参与者,要在产业集群中架构跨企业、跨部门的数字化协同管理平台,强调集群内不同企业的自主性和互联性,并且以国有企业为纽带,连接集群内不同企业、科研机构和创新主体,通过集群内成员的多方横向协作和跨领域合作,实现集群内数据、技术和信息的共享和协同,从而在集群内形成以国有企业为核心的有效组织

---

[1] 数据来源:数字中国发展报告2023年[EB/OL].https://www.digitalchina.gov.cn/2024/xwzx/sz-kx/202406/P020240630600725771219.pdf.

[2] 殷利梅,何丹丹,王梦梓,等.打造具有竞争力的数字产业集群[J].宏观经济管理,2024(2):28－35＋52.

[3] 王政.我国数字产业集群加速增长[N].人民日报,2022－11－30(18).

资源,促进创新资源开放共享。

就数字产业集群的发展格局来看,目前我国呈现了东部领先、中西部崛起和区域内协同发展的多层次态势。要推动各地区数字产业集群的均衡发展,就需采取差异化策略,并充分发挥国有企业的引领作用。东部地区要凭借其技术创新、资金实力、人才资源和数字金融领域的优势,引领高端数字技术的发展,并将国有企业作为桥梁通过技术输出和资源共享,支持中西部地区的数字化进程;中部地区应以国有企业为载体加大投资布局,承接东部数字产业的转移并激发制造业数字化潜力,形成连接东部发达地区和西部新兴市场的"数字产业集群枢纽";西部地区则要加强数字基础设施建设,依托丰富的能源资源优势来围绕能源互联网、智慧矿山等构建特色数字产业集群。

二、打造高效生态绿色产业集群

绿色是美好生活的底色,是永续发展的必要条件,绿色低碳发展是当今时代科技革命和产业变革的方向。党的十八大以来,以习近平同志为核心的党中央把生态文明建设纳入中国特色社会主义事业总体布局。近年来,我国能源绿色化发展步伐加快,绿色转型与经济增长的协同发展成效不断显现。2023年,在国家层面建成绿色工厂5 095家,产值占制造业总产值的比重超过17%,全年环保装备制造业总产值预计超过9 700亿元,累计有78家钢铁企业、3.9亿吨粗钢产能完成全流程超低排放改造,新能源汽车比上年增长30.3%。[1] 习近平总书记指出,要"持续优化支持绿色低碳发展的经济政策工具箱,发挥绿色金融的牵引作用,打造高效生态绿色产业集群"[2]。

绿色产业集群实际上是以绿色技术和绿色生产模式为基础的区域性经济集合体,旨在通过减少资源消耗、降低污染排放和提升能源效率来实现产业的绿色化和可持续发展,本质上仍是要推动产业集群的绿色化转型。过去十年里,已有越来越多的国家出台与绿色投资相关的战略政策,将支持绿色产业发展作为战略重点。2020年,英国政府公布"净零战略",提出将在2030年前为绿色产业创造44万个就业岗位;欧盟在2020年制定的总额超过1.8万亿欧元的经济复苏计划中,37%的资

---

[1] 数据来源:坚持把绿色发展理念贯穿经济社会发展始终[EB/OL]. https://news.cctv.com/2024/02/21/ARTIdpd7wSxRTvoKcNtpm7mV240221.shtml.
[2] 习近平.发展新质生产力是推动高质量发展的内在要求和重要着力点[J].求是,2024(11).

金将被投入与绿色转型目标直接相关的领域。① 绿色经济已成为全球产业竞争制高点,推动绿色低碳发展是国际潮流所向、大势所趋。在"双碳"背景下,为协同推进降碳、减污、扩绿、增长,把绿色发展理念贯穿于经济社会发展全过程各方面,走生态优先、节约集约、绿色低碳的高质量发展道路,必须发挥国有企业的引领作用,推动产业集群的绿色化转型,加快打造高效生态绿色产业集群。

国有企业在引领绿色产业集群发展过程中,要将绿色发展作为其战略核心,明确提出低碳和可持续发展的具体目标,通过大力推广绿色技术、优化生产流程、减少碳排放来实现集群整体的绿色升级;还要凭借在产业集群内的地位和龙头作用,引导集群内企业学习和应用国际先进的绿色标准和管理经验,积极参与和推动绿色标准的制定和推广,进一步建立系统化的绿色认证体系,为集群内企业提供明确的涵盖从资源采购到生产、物流、销售等全流程的绿色发展路径,确保每个环节都符合绿色发展的理念,从而形成高度协同的绿色产业链。在此基础上,还可以与金融机构紧密合作,推动绿色贷款及保险服务的普及,设立绿色发展基金,发行绿色债券等创新金融工具,为集群内企业的绿色项目尤其在推动中小企业绿色转型方面提供更为全面的金融保障和有力的资金支持。

三、加快培育世界级先进制造业集群

制造业是立国之本、兴国之器、强国之基,是实体经济的重要基础,先进制造业作为先进生产力的代表和引领制造业未来发展方向的产业形态,是一国工业实力和现代化水平的重要体现。习近平总书记强调,要"促进我国产业迈向全球价值链中高端,培育若干世界级先进制造业集群"。产业集群化发展是产业发展的一个典型特征,从工业革命到现代信息技术革命,先进制造业一直是各国关注的核心,拥有一批具有国际竞争力和影响力的先进制造业集群是制造强国的重要标志。近年来,美国通过《先进制造伙伴计划》(Advanced Manufacturing Partnership)和《国家制造创新网络》(Manufacturing USA)等政策支持,致力于推动制造业的技术创新,特别是在人工智能、机器人、半导体等高科技领域,通过产业政策和技术创新推动高科技领域的集群崛起,日本则以《第五期科学技术基本计划》和《产业竞争力强化

---

① 数据来源:全球绿色产业加速发展[EB/OL]. http://paper.people.com.cn/rmrb/html/2022-03/02/nw.D110000renmrb_20220302_1-15.html.

法》等政府支持和产业链整合,进一步提升了制造业竞争力。德国以"工业 4.0"计划为核心,依托法律法规和数字化平台,推动智能制造集群的发展,这些举措均使得发达经济体的制造业在全球竞争中保持领先地位。

党的十八大以来,我国高度重视先进制造业集群发展。2023 年 5 月,习近平总书记在河北考察并主持召开深入推进京津冀协同发展座谈会时指出,"要巩固壮大实体经济根基,把集成电路、网络安全、生物医药、电力装备、安全应急装备等战略性新兴产业发展作为重中之重,着力打造世界级先进制造业集群"。目前工业和信息化部已遴选出 45 个国家先进制造业集群,其中,新一代信息技术领域占到 13 个、高端装备领域 13 个、新材料领域 7 个、生物医药及高端医疗器械领域 5 个、消费品领域 4 个、新能源及智能网联汽车领域 3 个,覆盖制造强国建设重点领域。2023 年,45 个国家级集群的主导产业产值超过 20 万亿元,在我国工业经济版图上占据重要地位。[①] 进一步做强做大先进制造业,培育先进制造业集群,必须立足我国发展全局,综合分析国内外大势,充分发挥国有企业的龙头引领作用,充分发挥先进制造业集群在现代化建设中的作用。

在先进制造业集群中,要以国有企业为核心,围绕国有企业首先打造一批具有核心技术和国际竞争优势的龙头企业,在集群内形成链接不同企业的关键点。在以国有企业为首的龙头企业带动下,依托系统思维,围绕高端装备制造、新能源、新材料等重点产业链和关键环节进行部署,实施强链、补链、固链、畅链的系统化工程。还要建立高效的集群内配套体系,搭建起高效的公共服务平台,支撑整个先进制造业集群的运行;通过构建集群内的创新中心、技术转移中心、智能制造示范工厂等,充分发挥国有企业的人才优势和技术优势,为集群内的其他企业提供研发设计、技术创新和智能制造方面的支持,从而形成以国有企业为核心的"由点到面"的集群网络。如徐州工程机械先进制造业集群以徐工集团为核心,依托徐工集团等众多龙头企业,带动徐州逾 1 000 家、全球 4 000 家以上产业链、供应链上下游中小企业[②],形成了极具竞争优势的"供应链融通模式"的先进制造业集群,并预计于 2025 年发展为产业规模达到 3 000 亿元、具有特色优势的世界级先进制造业集群。

---

① 数据来源:国家先进制造业集群主导产业产值超 20 万亿元 覆盖制造强国建设重点领域[EB/OL]. https://news.cctv.com/2024/08/20/ARTIUtw5DJU3mzyPgJsSh91C240820.shtml.
② 数据来源:徐州:壮大"一号产业",打造世界级产业集群[EB/OL]. https://www.jiangsu.gov.cn/art/2023/8/3/art_33718_10971364.html.

第三节 打造现代化产业链

随着第四次工业革命的悄然到来,产业生态和产业链格局的重塑工作已然提上日程,产业链供应链竞争力的高低关系到一国在国际竞争中能否赢得战略主动。为推动高质量发展,提高国际竞争力,打造现代产业链已经成为不可回避的话题。习近平总书记指出,"中央企业等国有企业要勇挑重担、敢打头阵,勇当原创技术的'策源地'、现代产业链的'链长'"[①]。这一论断,是以习近平同志为核心的党中央对中央企业等国有企业未来发展提出的新定位和新要求。因此,国有企业不仅要大力发展现代产业链,而且要勇挑重担,引领现代产业链,以全局观和使命观为全链谋篇布局。

一、打造现代化产业链中面临的问题与挑战

进入新发展阶段,经济发展方式由要素驱动转向创新驱动。我国的产业链供应链现代化取得了明显进展,大中小企业融通发展的格局正在形成。但是我国在高端芯片、高端碳纤维复合材料技术等关键领域核心技术长期受制于人,产业链供应链仍存在"断点""堵点"。当前受贸易保护主义及地缘政治博弈加剧等因素的影响,全球供应链不确定性和冲突风险上升,这些都进一步加剧了国有企业在培养链长过程中的挑战。

在全球化的背景下,西方发达国家采取了策略性的"脱钩"措施来重塑全球产业链的布局,并加强对关键技术的掌控。这种趋势促使全球产业链逐渐向以西方发达国家为首的区域集中,国家间的技术合作也逐渐转变为竞争和对立的状态。在这种环境下,一些西方国家利用实体清单、技术限制、投资并购的约束、市场准入门槛以及政府采购政策等工具,对中国的领军企业施加压力,阻碍我国向产业链高端和价值链高附加值环节跃升,并加速产业从我国转移。这不仅影响了我国产业链安全,而且对我国在全球分工和治理中的地位带来了严峻挑战。

进入21世纪以来,世界各国纷纷抢占世界科技革命和产业变革的先机,加紧

---

① 习近平.把握新发展阶段,贯彻新发展理念,构建新发展格局[J].求是,2021(9).

进行战略规划和超前布局,争夺产业发展的主动权和主导权。美国制定了《无尽前沿法案》《芯片与科学法案》等一系列战略规划,德国主要以"工业 4.0"为核心促进产业发展创新战略,日本聚焦"超智能社会"推进科技创新。在第四次工业革命的推动下,人形机器人、智能终端大模型、虚拟现实设备、智能驾驶汽车、3D 打印等颠覆性技术正趋于成熟、走向应用,人工智能、量子计算、脑机接口和生命科学等领域的创新也不断涌现,技术的交叉融合同样正在加速技术革命和产业变革的进程。为了在前沿技术和未来产业中占据有利地位,西方发达国家都在加大投入,在未来产业领域的竞争日趋激烈,逐渐显示出国家主导竞争的趋势。在这种背景下,中央企业等国有企业面临严峻的技术竞争压力,需要在前沿领域进行战略性的投资和布局,以强化技术领导力,应对技术革命带来的挑战,确保国家的战略安全,并构建持续的竞争优势。

同时,全球产业链重构加速,部分发展中国家借助土地和人口红利吸引外资,与我国在低端制造领域展开竞争,全球竞争格局因此出现重大变化和调整。然而,我国现代产业链基础能力和关键领域的"短板"与中央企业构筑全球竞争力的高要求产生了矛盾,部分产业基础受制于人,共性技术供给不足,共性技术供给体系不完善、总量不足和质量不高的问题日益成为制约企业创新发展和参与国际竞争的瓶颈;产业协同力度不够,产业上下游主体在资金、技术、人才、平台、信息等方面的协作有待进一步加强,区域协同推进现代产业体系建设的内在协调机制有待进一步优化。

二、国有企业勇当产业链"链长"

与传统产业链相比,现代产业链较为容易实现多元化联通和多方式联结,位于现代产业链节点的企业之间也是全方位协同合作共赢的关系。① 在现代化产业链的协同生态系统中,"链长"是具有领导地位或核心作用的企业,是产业链现代化建设在新型举国体制下的探索和实践,也是增强产业链安全稳定和竞争力的重要组织形式,更是提升产业基础能力和现代化水平的重要举措。习近平总书记指出,"产业链、供应链在关键时刻不能掉链子,这是大国经济必须具备的重要特征"②。

---

① 景玉琴. 培育国有企业成为现代产业链"链长"[N]. 经济参考报,2021-4-12(A07).
② 习近平. 国家中长期经济社会发展战略若干重大问题[J]. 求是,2020(21):4-10.

进入新发展阶段,为追求高质量发展,产业链不能像过去那样采用简单重复的模式,而是要加大科技创新力度、进口替代力度,重塑新的产业链供应链,其中,尤其要发挥企业的创新主体作用。与此同时,我国产业持续转型升级,工业体系更加健全,为产业链的重塑和升级奠定了坚实的物质基础。2023年5月19日,国资委召开中央企业现代产业链链长建设工作推进会,要推动中央企业链长建设提质深化,要聚焦维护我国产业安全和构建现代化产业体系,遵循市场经济规律和产业发展规律"开门"办"链长"。[①]

我国的产业链"链长制"是源于近年来我国地方政府围绕主导产业、战略性新兴产业的产业链集聚和提升所提出的"链长制"模式。这一模式主要是地方政府利用行政机制解决在区域经济和产业发展中协同性不足的问题,目的是利用区域行政长官的资源配置能力形成对区域产业发展的精准、高强度、持续性支持。[②] 从整体而言,链长企业的主要职能在于从全局的角度出发,以更高层次的视角发挥对全链的战略引领作用,发挥好对产业链的引领和融通带动作用,通过统筹内外部资源,组织和协调产业链各环节的企业,形成协同效应,集中力量在产业链薄弱环节进行重点突破,加速构建完整产业链条,共同提升产业链的稳定性、竞争力和创新能力,从而建成以链长企业为牵引、推动产业链上中下游大中小企业融通发展的新格局。

将中央企业等国有企业定位为现代化产业链"链长"这一做法,突破了传统产业链治理模式的局限性,以"链长"为桥梁,将市场机制的自发性与行政机制的指导性相融合,能够不断为现代化产业链的高质量发展注入持续的动力。改革开放四十余年的国有企业改革实践充分表明,国有企业是国民经济的重要支柱,在稳定经济大盘中发挥着"稳定器"和"压舱石"的作用,是中国特色社会主义市场经济发展的"顶梁柱",更是引领产业与科技创新发展的"国家队"。国有企业在服务国家战略需要、建设现代化产业体系、构建新发展格局的过程中有着天然的引领地位,在长期的发展中积累并形成的在规模、资源配置、政策支持和系统性创新等方面相对于民营企业的优势,奠定了其作为现代产业链"链长"的基石,这必然决定了要由国有企业来构筑"链长"角色、发挥"链长"引领、勇担"链长"重任。

党的领导是国有企业勇当现代化产业链"链长"的政治优势。2016年10月,习

[①] 数据来源:国资委召开中央企业现代产业链链长建设工作推进会[EB/OL]. https://www.gov.cn/xinwen/2022-05/19/content_5691298.html.

[②] 曲永义. 如何打造现代化产业链链长?[J]. 中国政协,2023(12):29—31.

近平总书记在全国国有企业党的建设工作会议中指出,"坚持党的领导、加强党的建设,是我国国有企业的光荣传统,是国有企业的'根'和'魂',是我国国有企业的独特优势"。改革开放以来,党领导国有企业制度日臻完善,为推进国有企业改革发展提供了有力保障。实践证明,一部国有企业发展史,就是一部坚持党的领导、加强党的建设的历史。纵观国有企业的发展历程,党建工作始终是国有企业的独特政治资源,是企业核心竞争力的有机组成部分。中央企业等国有企业本质上就是在党领导下建设中国特色社会主义的经济组织,既有企业的特性,更有政治的属性。[1] 国有企业进入市场参与竞争不能只关注经济效益,还要强调政治属性,关注社会效益。国有企业"链长"的建设,绝非仅仅为了满足产业链全链条的利益实现问题,而且要多措并举,推进稳链、补链、强链建设,要集中力量解决链条薄弱环节。中国航发沈阳黎明航空发动机有限责任公司以党建为引领,充分发挥党委"把方向、管大局、促落实"作用,通过构建"链长"机制,加强战略供应商管理、厂所协同、党建共建联建,在航空发动机自主研制的道路上不断取得进展。在新冠肺炎疫情防控期间,国有企业在党的领导下短时间内实现防护服和口罩等医用物资的供应,率先完成复产复工,维护了产业链供应链的稳定。

坚持党的领导,能够确保国有企业的改革发展方向、业务发展方向与国家战略高度契合,实现更符合国家和社会发展的企业战略安排。只有不断将国有企业党建的领导优势转化为发展优势,才能在构建产业链"链长"过程中,充分提升国有企业的战略价值地位,聚焦国之大者,围绕国之所需,更好发挥国有企业在产业链现代化中的主体支撑和融通带动作用。

相对于非公企业而言,由国有企业来担任现代化产业链"链长"得益于国有企业在资源禀赋、企业规模和科技创新投入等多方面的优势。具体来看,2023年中央企业实现的营业收入高达39.8万亿元,利润总额达到2.6万亿元,归母净利润为1.1万亿元。[2] 国有企业在经济总量上的巨大规模、强劲的资金实力和盈利能力,为其在产业链中的引领作用提供了坚实的物质基础,决定了其有能力担当产业链"链长"的角色。国有企业作为国家创新链条的重要枢纽和科技强国建设的骨干中坚,凭借强大的资金实力和市场影响力,加大研发投入来实现产业链整体的优化与升级。2023年,国有企业战略性新兴产业完成投资2.18万亿元,同比增长32.1%;研

---

[1] 王玉普.把国企党建的政治优势转化为发展优势[N].学习时报,2017-01-11(A5).
[2] 数据来源:2023年央企实现营收39.8万亿元[EB/OL]. https://www.gov.cn/lianbo/bumen/202401/content_6927905.html.

发经费投入1.1万亿元,连续两年破万亿元[①],推动了产业链的技术进步与创新发展。此外,国有企业通过战略性重组和专业化整合,不断优化资源配置,提高产业链的竞争力和自主可控能力,不仅巩固和增强了自身在关键领域和重要行业的主导地位,而且通过整合上下游资源,构建起更加高效协同的产业链生态系统。中国船舶集团自联合重组以来,实现了国际竞争地位和对国家战略保障支撑能力的双重提升,大幅提高了研发设计、生产制造及全球供应链的整合能力。[②] 2023年以来,中央企业围绕所属上市公司的资产重组以及重点领域专业化整合节奏明显加快。航空工业集团旗下的直升机领域优质资产——昌飞集团和哈飞集团均将其100%股权注入中直股份,中直股份获得直升机领域优质资产注入后,能够实现中航工业直升机业务的整合,提升企业在直升机领域的综合实力和市场竞争力。在国家政策的支持下,国有企业能够更有效地进行资源整合和市场布局,充分发挥其在现代产业链中的"链长"作用,引领和推动产业链的高质量发展,支撑构建现代化产业体系。

支撑托底的责任担当是国有企业勇当"链长"的根本保证。作为产业链"链长",国有企业大多具备全局观念和强烈的使命意识,不仅能从本企业的角度出发,更能站在整个产业链乃至国家战略的高度来谋篇布局。现代化产业链的重塑,不仅体现为质量上的提高和数量上的全面,更要考虑产业链供应链的安全和稳定。国有企业以重要能源资源、关键技术和粮食能够国内生产自给作为重要的战略底线,通过建立科学有效的风险防控机制来有效应对各种潜在的市场风险和海外风险,以在确保产业链供应链安全稳定方面发挥重要作用。面对芯片紧缺的挑战,奇瑞通过提前布局芯片产业链上下游、器件应用,有效对冲了负面影响,实现了汽车出口的同比增长。

2023年中央企业负责人会议指出,中央企业将着力增强战略支撑托底能力,持续保障与现代化建设相适应的能源资源供给,扩大我国在粮食、能源资源等基础性保障领域的战略纵深。党的十八大以来,国有企业在重点行业和关键领域托底作用愈发凸显。截至2023年11月底,发电企业以占全国52%的装机规模贡献了63%的发电量;煤炭企业带头执行电煤长协机制,向下游企业让利超过900亿元;

---

① 数据来源:2023年央企实现营收39.8万亿元[EB/OL]. https://www.gov.cn/lianbo/bumen/202401/content_6927905.html.
② 数据来源:新时期加快推进国企战略性重组和专业化整合的思考[EB/OL]. http://www.sasac.gov.cn/n4470048/n29955503/n31255390/n31295630/c31297116/content.html.

电网企业累计组织跨区跨省电力支援超 3 200 次。①

三、在"双链融合"中实现"链长"的创新引领

2024年4月,习近平总书记在陕西考察时强调,"要围绕产业链部署创新链、围绕创新链布局产业链,推动经济高质量发展迈出更大步伐",深刻揭示科技创新必须与产业发展、经济发展紧密结合、同向发力、协同联动、互促提高的内在要求。在当前全球经济格局重构和技术革命加速的背景下,国有企业作为现代产业链的"链长",肩负着提升产业链供应链韧性和竞争力的重任。面对外部压力与内部短板的双重挑战,国有企业必须在"双链融合"中发挥关键作用,通过加强创新链与产业链的协同发展,实现技术突破与产业升级。只有通过持续的技术创新和资源整合,国有企业才能引领我国产业链向高端化、智能化方向发展,确保在全球竞争中占据优势地位,进而实现产业链供应链的安全稳定和高质量发展。

(一)要立足于国内需求,以目标导向引领产业链创新链深度融合

我国超大规模国内市场需求是建设现代化产业链的重要依托,高端技术和产品的迭代升级离不开实际应用场景的反馈与推动,初期的技术突破往往需要通过实际需求不断优化,才能实现质的飞跃。使生产、分配、流通、消费更多依托国内市场,实际上是在为高端技术与关键产品的市场化应用奠定坚实基础。以国内需求为主要目标,可以确保现代化产业链的发展得到国内需求市场的有效支撑。

(二)要优化产业链创新生态系统,建立健全创新链式传导体制机制

从纵向来看,要实现创新在不同阶段各个环节的有效传导,不断完善从创新链到产业链的转化机制,形成从创新到应用,再由应用反馈创新的良性循环。从横向来看,重点产业领域更要加快产业链全链条的融合创新,推动创新组织形式、研发制造模式和管理运营方式的全方位变革,以创新为驱动推动应用研究和产业化融合发展。从产业链内部来看,国有企业往往位于产业链的核心环节,具有较强的上下游资源整合能力,可以通过与上下游企业建立长期稳定的合作关系,优化产业链供应链的管理和生产流程,因此以国有资本投资公司和运营公司为代表的国有企业可以通过构建产业基金和专业化平台,以产业基金、风险投资基金等形式来支持

---

① 数据来源:衣学东.中央企业有力支撑国民经济回升向好 2024 将着力提升价值创造能力[EB/OL]. http://www.sasac.gov.cn/n2588020/n2877938/n2879671/n2879673/c29728599/content.html.

中小企业和初创企业。

(三)要加强区域间联系,强化跨区域创新链产业链合作

国有企业具备跨区域布局的天然优势,通过在不同地区设立分支机构或开展项目,能够有效打通区域间的产业链条,推动区域资源的优化配置与共享。东部沿海地区的制造业优势可以与中西部地区的资源禀赋和技术创新相结合,从而推动整个产业链的高效运转,扩大技术创新覆盖范围。这一过程不仅加速了各区域资源联动,而且能通过跨区域的产业布局,将创新成果快速应用于产业链中游的生产制造环节,促进不同地区的产业链与创新链深度融合,带动区域间产业协同发展,缩小各地区产业发展差距。除此之外,还应以国有企业为主导,通过高水平的对外开放,带领融入全球产业链创新链,充分利用国际领先技术和先进经验发展产业链,充分吸引国际生产要素流入。

(四)产业链供应链安全稳定是构建新发展格局、推动高质量发展的重要支撑

国有企业要增强产业链全链条资源整合和统筹能力,既要打好关键核心技术攻坚战,强化重大创新成果迭代应用,补齐产业链短板,也要立足产业链规模优势,完善配套基础设施,加快发展优势领域,打造长板产业,以补齐短板和打造长板齐头并发力来提升产业链安全可控水平,增强产业链供应链核心竞争力。此外,还要加强风险预警和防控机制建设,完善风险研判预警机制,建立全链条运行监测和风险评估机制,着力化解"黑天鹅""灰犀牛"等事件。

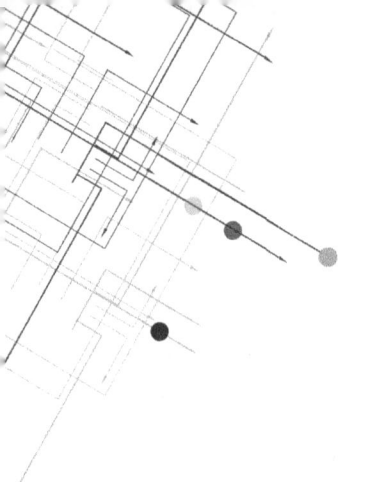

第六章

增强国有企业创新能力

创新是引领发展的第一动力,无论是从人类社会的演进历史还是从我国的发展历程来看,这都是亘古不变的真理。改革开放以来,我国坚持创新驱动,不断推进制度创新和科技创新,加大创新型人才培养力度,积极构建创新型社会,推动我国经济社会持续向前发展。党的十八大以后,习近平总书记提出的"创新、协调、绿色、开放、共享"的新发展理念,成为我国经济发展的指导原则。面对新一轮科技革命和产业变革,我国不断推进高水平科技自立自强,在此过程中,要强化企业创新主体地位,推动产学研更紧密融合,国有企业具有的资源、技术和人才优势使其具备良好的创新条件和能力,国有企业在国民经济中的特殊地位和作用更决定了国有企业创新发展对于国民经济高质量发展具有重要意义。党的二十届三中全会审议通过的《中共中央关于进一步全面深化改革、推进中国式现代化的决定》提出,"健全国有企业推进原始创新制度安排",更为国有企业创新发展指明了新的方向。

第一节 坚持创新驱动发展战略

创新驱动战略强调通过科技创新来引领和推动经济社会发展。对于国有企业而言,坚持创新驱动战略不仅是顺应时代发展趋势的必然选择,而且是实现自身转型升级、增强核心竞争力的关键途径。国有企业要突出国家重大战略导向,发挥好创新引领作用,积极构建创新文化,成为推动经济高质量发展的重要担当。

一、突出国家重大战略导向

习近平总书记指出,国有企业特别是中央所属国有企业,一定要加强自主创新能力,研发和掌握更多的国之重器。[①] 作为国民经济的主导,国有企业在国家重大战略领域作出了重要贡献,在航空航天、国产大飞机这些研发周期长、攻关投入大、其他所有制企业参与意愿不强的领域坚定投入,取得了丰硕的成果,为我国带来了越来越多的"重器"(如表6.1所示)。

表6.1　　　　　　　　　国有企业部分代表性原创技术领域成就

企业名称	成　就	所属领域
中国石油	掌握"CG STEER旋转地质导向钻井系统"相关核心技术,填补国内相关领域空白	基础应用技术领域
中国海油	掌握多项首创技术,实现三项世界级创新,自主研发建造的"深海一号"能源站交付	基础应用技术领域
中国生物	突破血浆制备技术,成功研制新冠肺炎康复者恢复期病毒灭活血浆	基础应用技术领域
中国商飞	成功研制国产大型客机C919	前沿技术领域
航天科技、科工集团	神舟飞船、天宫太空实验室、嫦娥月球探测器、北斗卫星导航系统、天问火星探测器等	前沿技术领域
中国中铁	在工程建造方面形成技术优势,掌握一大批关键核心技术,高铁、桥梁建造、高原铁路等处于国际领先地位,完成国内及国际一批典范工程	长板技术领域
中核集团	成功研制我国首个大型商用压水堆先进燃料元件CF3,全球第一台"华龙一号"首次并网成功并投入商业运营	长板技术领域
中国中车	掌握高铁、大功率机车、城市轨道车辆等领域相关核心技术,技术指标处于世界领先地位	长板技术领域
国家电网	在特高压、新能源并网、智能电网等领域掌握了一批处于国际领跑地位的核心技术,取得一批重大原创性成果	长板技术领域
中国移动、中国联通	至2021年4月,5G网络已基本覆盖地级以上城市以及部分重点县,5G技术在融合应用方面形成领先优势	长板技术领域

资料来源:郝昀琦,马雪梅,李雅琼.国有企业如何"打造原创技术策源地"[J].现代国企研究,2022(9):26—29.

[①] 习近平.切实把新发展理念落到实处 不断增强经济社会发展创新力[N].人民日报,2018—06—15.

当前，要继续发挥国有企业在关键领域和重大项目上的主导作用，强化规划引导，做好系统部署，在重要战略领域加大科技研发投入，加强产学研一体化合作，加强国际科技交流合作。

(一)在重要战略领域加大科技研发投入

欧盟执委会最新发布的《2023年欧盟工业研发投资记分牌》统计数据显示，2021—2022年研发投入全球排名前50位的公司中，中国只有华为、阿里巴巴、腾讯、中建集团4家企业入围，其中，只有中建集团为国有企业。我国国有企业科技研发投入与国外高水平创新企业相比仍有较大差距，具体到"卡脖子"的半导体行业，差距则更为明显，中国内地上榜的半导体企业数量虽然在所有上榜的半导体企业总量当中的占比达到了14.4%，但是总的研发投入只有28.62亿欧元，在所有上榜的半导体企业的研发总投入中的占比仅有3.5%，而美国占比则达到了62.6%。[①]加强关键核心技术攻关，要求国有企业必须持续加大科技研发投入，逐步缩小与发达国家的差距。同时，要提高研发资金的使用效率，确保资金能够投入关键技术领域和前沿科技研究。进入新时代以来，中央企业科技创新力度空前加大。"十三五"期间中央企业研发投入年均增长14.5%，2022年、2023年连续两年研发投入均超过1万亿元，在航天、深海、能源、交通等领域取得了一批标志性成果，在关键材料、核心元器件等领域实现了重大突破。并且，2024年国有资本金用于支持科技创新的比例达到83%[②]，累计对25万名关键人才和科研骨干实施了股权分红激励，形成了协同推动新质生产力发展的强大合力。[③]2024年7月26日，国资委表示将以发展新质生产力为重要着力点，通过"三增"（供应增、效益增、投资增）、"三新投入"（科投创新投入、产业焕新投入、设备更新投入）、"三个边界"（财务边界、业务边界、企业边界）管控，有力推动中央企业更好实现高质量发展。"三新投入"首要就是加大科技创新投入，加快突破关键领域"卡脖子"技术瓶颈。各地同样在积极加大研发投入，打造国有企业原创技术策源地，2024年1月至6月，地方

[①] 搜狐网.全球企业研发投入Top50:华为进入前五,三星第七,英特尔第八[EB/OL].(2023−12−20). http://news.sohu.com/a/745631297_128469.

[②] 证券时报.国资委发声! 事关新一轮国企改革、央企科技创新[EB/OL].(2024−07−26). https://baijiahao.baidu.com/s? id=1805626499523399649&wfr=spider&for=pc.

[③] 科技日报.国务院国资委:把科技创新作为"头号任务"[EB/OL].(2024−07−26). http://stdaily.com/index/kejixinwen/202407/a5e364e7be64450ca954ba6aca104d8b.shtml.

国资委监管企业研发经费投入达 2 495.7 亿元,同比增长 10.4%。[①]

(二)全面加强产学研合作

党的二十届三中全会审议通过的《中共中央关于进一步全面深化改革 推进中国式现代化的决定》强调要"强化企业科技创新主体地位,建立培育壮大科技领军企业机制,加强企业主导的产学研深度融合,建立企业研发准备金制度,支持企业主动牵头或参与国家科技攻关任务"。国有企业加强产学研合作是提升自主创新能力和市场竞争力的关键。通过与高校和科研院所建立紧密的合作关系,国有企业可以充分利用最新前沿科研资源和技术成果,弥补自身研发能力的不足。合作过程中,企业可以提供实际应用场景和市场需求反馈,推动科研机构进行更具市场导向的研究和开发。同时,各主体还能够联合培养创新人才,共享实验平台和数据资源,实现优势互补。这不仅有助于提升国有企业的技术创新水平,而且能加快科技成果的产业化进程,促进整个行业的技术进步和经济发展。长江存储所实现的存储芯片领域的自主创新是我国国有企业产学研相结合的重要成果。2016 年,武汉新芯与紫光集团等国有企业共同成立了长江存储,除此之外,还联合中科院微电子研究所、清华大学、复旦大学等科研院校机构,共同研发了 NAND flash 芯片的相关技术。经历多年努力研发,我国陆续在 3D NAND 和 DRAM(动态随机存取存储器)上打破国际垄断,摆脱了过去完全缺席存储芯片市场的困境。长江存储作为国内的领头企业,率先实现了 3D NAND 的突破创新。[②]

(三)加强国际科技合作与交流,推动技术引进与自主创新相结合

习近平总书记在 2024 年 1 月 31 日中共中央政治局第十一次集体学习时强调"加快发展新质生产力,扎实推进高质量发展",并指出"发展新质生产力,必须进一步全面深化改革,形成与之相适应的新型生产关系……同时,要扩大高水平对外开放,为发展新质生产力营造良好国际环境",这启示我们要注重在高水平开放中发展新质生产力。对企业而言,加强国际合作与交流有助于汇聚全球顶尖创新资源和资金技术,碰撞出时代前沿的科技成果。作为光刻机领域的绝对巨头,阿斯麦(ASML)的成功离不开持续的创新和全球范围内的合作。2004 年,阿斯麦和台积电共同研发了"浸润式"光刻机。随后,为了研发极紫外光刻机(EUV),阿斯麦邀请

---

① 新华社.上半年我国地方国企研发经费投入同比增长 10.4%[EB/OL].(2024-07-26). https://baijiahao.baidu.com/s?id=1805655218691214922&wfr=spider&for=pc.
② 观察者网.国产存储技术新突破,长江存储打破垄断[EB/OL].(2019-11-30). https://www.guancha.cn/industry-science/2019_11_30_526896.shtml.

了英特尔、三星和台积电入股共同研发,联合3所大学、10个研究所、15个欧洲公司共同开展"More Moore"项目,并于2013年推出了第一台EUV量产产品。对于高水平开放,过去我国讲得比较多的是经济领域的制度型开放,对于科技创新讲得更多的是高水平科技自立自强,容易让人产生一种闭门造车的错觉,但实际上我国一直非常注重国际科技合作交流,高水平科技自立自强针对的是美国等西方国家对我国的技术垄断。2024年6月11日,中央全面深化改革委员会召开第五次会议,审议通过了《关于建设具有全球竞争力的科技创新开放环境的若干意见》,强调"建设具有全球竞争力的科技创新开放环境",提出了扩大国际科技交流合作,加强国际化科研环境建设,确保人才引进来、留得住、用得好等举措落实,将高水平开放与科技创新有机融合,为我国在科技领域高水平开放指明了方向。国有企业应坚持贯彻这一指导思想,善于利用国际资源,引进国外先进技术,同时加强自主创新,形成自主知识产权,提升自身的技术实力和核心竞争力。

二、发挥国有企业创新引领作用

国有企业是国民经济的主导,国有企业的创新发展对于全社会具有重要的创新引领作用。从"做强做优做大"到"建设世界一流企业",从"着力创新体制机制"到"推动国有企业完善创新体系、增强创新能力、激发创新活力",创新被摆在了促进国有企业高质量发展和服务国家重大战略的核心位置。[①] 要根据企业的规模、所属领域和特点,发挥好不同类型国有企业的创新示范作用,国有大型企业要打造成世界一流示范企业和专精特新示范企业,国有中小型企业要积极打造成科技创新"小巨人"。

2018年以来,国务院国资委遴选基础条件较好、主营业务突出、竞争优势明显的航天科技等11家中央企业,组织开展了创建世界一流示范企业工作,力争在部分重点领域和关键环节取得实质性突破。[②] 经过5年的努力,创建工作取得重要阶段性成效,包括发展质量效益稳步提升,全员劳动生产率平均值为102.8万元/人,是中央企业总平均值的1.35倍;自主创新能力有效增强,取得一批具有自主知识产权、世界领先的原创成果;体制机制改革持续深入,建立健全市场化经营机制;产

---

① 李红娟,刘现伟.充分发挥国有企业创新引领作用[N].经济日报,2022-07-28.
② 刘志强.创建世界一流示范企业 央企迈出坚实步伐[N].人民日报,2021-08-04.

业引领作用不断显现。①

2023年,在11家中央企业创建世界一流示范企业工作取得积极成效的基础上,国务院国资委组织中央企业和地方国资委同步开展创建世界一流示范企业和专精特新示范企业"双示范"行动。世界一流示范企业中,包括中国电科、中国石化等10家中央企业和上海汽车集团股份有限公司等7家地方国企,专精特新示范企业中有中国核工业集团有限公司等200家。②

在推动大型国有企业提升创新能力的同时,国资委也于2023年启动实施启航企业培育工程,意在培育国资"独角兽"企业。2024年,国资委按照"四新"(新赛道、新技术、新平台、新机制)标准,遴选确定了首批启航企业,首批启航企业多数成立于3年以内,重点布局人工智能、量子信息、生物医药等新兴领域,企业核心技术骨干平均年龄在35岁左右。③ 纳入名单的启航企业有望在监管机制、经营机制、激励机制等机制上迎来创新,采取更具市场化的方式进行创新研发和转化应用,这体现了我国通过国有资产管理体制机制创新,积极探索打造国有企业创新型新兴力量。

三、构建国有企业创新文化

文化是重要的"软实力",企业文化是一家企业长期积淀的价值观、行为准则和工作方式的集合,对企业的发展具有深远影响。企业文化对外传达了企业的价值观和使命,有利于塑造良好的企业形象,吸引那些与企业价值观相匹配的人才;对内有利于增强员工的归属感和忠诚度,降低管理成本,提高工作效率。构建国有企业创新文化能够激励管理层不断创新管理机制,带头进行创新活动,激励员工的创新热情,从而提升企业的创新能力。国有企业构建创新文化具有自身的优势与不足:一方面,国有企业的社会责任感与使命能够激励全体成员敬业奉献,形成创新发展的内在激励;另一方面,国有企业容易受行政体系的影响而形成保守的企业文化,不利于提高企业的创新活力。因此,国有企业应该积极弘扬创新精神,从领导者到制度方面都要形成合力,推动企业形成创新文化。

---

① 刘瑾.10家央企和7家地方国企纳入创建世界一流示范企业范围[N].经济日报,2023-04-22.
② 国务院国有资产监督管理委员会.关于印发创建世界一流示范企业和专精特新示范企业名单的通知[EB/OL].(2023-03-16). http://www.sasac.gov.cn/n2588035/c27463163/content.html.
③ 新华社.国务院国资委确定首批启航企业 加快发展新质生产力[EB/OL].(2024-04-01). http://www.sasac.gov.cn/n2588025/n2588139/c30435090/content.html.

(一) 弘扬创新精神

"两弹一星"精神、载人航天精神、探月精神、新时代北斗精神等宝贵精神都是国有企业在社会主义建设时期和改革开放新时期实践过程中形成的宝贵创新精神,要传承和发扬这些精神,不断探索和形成新时代国有企业创新精神,传承创新基因,汲取创新力量,开辟创新成果。

(二) 培育具有创新精神的国有企业家

企业的创新文化需要由企业家以身作则,自上而下推动形成,国有企业家的创新精神对于企业的创新文化的构建具有重要引领作用。国有企业家应具备前瞻性的战略眼光,能够洞察行业发展趋势,把握科技创新前沿,引领企业在技术研发、产品创新、管理优化等方面不断突破。

(三) 营造创新环境

首先,要营造鼓励创新、宽容失败的企业文化,鼓励员工敢于尝试、勇于创新。

其次,应当构建灵活的组织结构和流程,以快速响应市场变化和技术创新的需求,减少不必要的官僚程序,为激发企业创新活力构建一个开放、包容的人文环境。要建立风险管理机制以识别和评估创新过程中的风险,并且制定风险应对策略以确保创新活动稳健进行。数字化转型为创新提供了新的机遇,国有企业要充分利用大数据、云计算等技术优化决策过程,提高研发效率和管理水平,推动创新活动向数字化、智能化方向发展。

最后,要建立创新评估与反馈机制,定期评估创新效果,及时调整创新策略,持续优化创新过程。

(四) 深化国企改革,推动国企市场化运营和创新

一是加强国有企业经营管理体制改革,构建"产权清晰、权责明确、政企分开、管理科学"的现代企业制度。

二是加强国有企业混合所有制改革,促进国有企业和民营企业协同创新。

2020年7月,天津市属国有企业中环集团通过混合所有制改革引入民企TCL成为100%控股股东,在遵循产业在津、职工稳定、资产不流失三条底线的前提下,由国有企业变更为民营企业。在此之后,中环集团取得了突飞猛进的变化。2021年前三季度,中环集团实现合并营业收入298.11亿元,同比增长108.9%;净利润32.38亿元,同比增长348.8%。[①] 中环集团旗下上市公司中环股份(现TCL中环)

---

① 王宁.一家科技型国企的混改转型路[N].经济参考报,2022-01-17.

在2021年实现了市值破千亿元的壮举。在中国光伏领域,该公司曾与隆基股份（现隆基绿能）并称"单晶双雄",但受限于国有体制之弊,其在市场竞争中往往比同行"慢半拍",混合所有制改革之后中环股份的自主创新之路更加坚决,技术成果向商业成果的转化速度也得以加快。中环集团通过混合所有制改革变身私营企业表明了国有企业混合所有制改革对于激发企业活力的重要意义,但也表明我国国有企业管理体制机制仍然存在很多抑制企业进行市场化运营和创新的不利因素,需要持之以恒地进行经营管理体制改革,减少不必要的决策程序,增强企业创新能力和活力,以避免更多国有企业只能通过引入民营资本甚至变身为民营企业才能维持和获得市场竞争力。

第二节　打造原创技术策源地

2022年2月,中央全面深化改革委员会第二十四次会议审议通过了《关于推进国有企业打造原创技术策源地的指导意见》。习近平总书记在会上强调:"提升国有企业原创技术需求牵引、源头供给、资源配置、转化应用能力,打造原创技术策源地。"国有企业打造原创技术策源地要以国家战略规划为导向,立足国有企业优势提出重大需求,整合资源,加强自主创新能力,研发原创性和颠覆性技术,及时将研发成果转化为应用成果。

一、提升需求牵引能力

人类科技和产业发展史表明,科学技术最终转化为产业应用成果需要经过基础研究、应用研究、市场推广几个阶段。基础研究是科技进步的基础,但如果没有市场需求的支撑,基础研究成果往往就只能局限于学术界和实验室。经济史证明,基于创新的应用的大规模推广,有时甚至在创新出现十年以后才发生。[1] 只有具有市场需求,具有应用场景,基础研究才能大量转化为应用研究。国有企业尤其是大型国有企业具有雄厚的资金和技术优势,能够对接国家战略需求,推动大型项目落

---

[1] Mandel, Ernest. *Long Waves of Capitalist Development: A Marxist Interpretation: Based on the Marshall Lectures Given at the University of Cambridge*. Cambridge University Press, Éditions de la Maison des sciences de l'homme, 1995, p30.

地,对技术创新产生强大需求,有利于推动产业链上下游相关技术的发展。

"十四五"期间,中央企业和地方国资都在积极增加投资,推动重大项目落地。2023年中央企业完成总投资6.2万亿元,同比增长6.9%;完成战略性新兴产业投资2.2万亿元,同比增长32.1%;中央企业承担的国家"十四五"规划重大工程、央企产业焕新行动和未来产业启航行动等逾1 000个重点项目有序推进,2023年完成投资2万亿元。[①]《上海市国资国企发展"十四五"规划》提出将新增投资超过3万亿元,其中90%以上集中在关系上海经济社会持续发展的重要行业和关键领域,北京等多地也提出在前瞻性战略性新兴领域的布局将大幅提升,这些投资不仅能有效拉动经济增长,而且会推动科技的进步和发展。

要发挥国有企业采购对科技创新的引领作用,带头积极采购科技创新产品。国有企业要坚持公平公开原则,购买技术最好、性价比最高的设备,让真正的科技创新型企业和科技创新产品得到广阔的市场应用空间,激励更多企业投身科技创新,用科技引领企业发展,用产品引领市场潮流。当前,我国正在实施大规模设备更新以提升制造业发展水平,国有企业要充分发挥采购对科技创新的需求牵引作用。2024年8月6日,国务院国资委和国家发改委联合发布了《关于规范中央企业采购管理工作的指导意见》。该指导意见称,要发挥采购对科技创新的支撑作用,"在卫星导航、芯片、高端数控机床、工业机器人、先进医疗设备等科技创新重点领域,充分发挥中央企业采购使用的主力军作用,带头使用创新产品"[②]。这有利于支持原创技术策源地企业、创新联合体等创新产品和服务,促进科技创新成果的产业化和商业化。

二、提升源头供给能力

习近平总书记强调:"中央企业等国有企业要勇挑重担、敢打头阵,勇当原创技术的'策源地'、现代产业链的'链长'。"[③]国有企业尤其是中央企业作为科技创新的国家队,承担着加强原创性、颠覆性技术攻关,以重大技术突破带动相关技术突破,以技术创新引领产业升级的重要使命。要充分发挥国有企业的技术龙头作用,带

---

① 李心萍.2023年中央企业完成总投资6.2万亿元[N].人民日报,2024—02—12.
② 国务院国有资产监督管理委员会.关于印发《关于规范中央企业采购管理工作的指导意见》的通知[EB/OL].(2024—04—01).http://www.sasac.gov.cn/n2588035/c31372608/content.html.
③ 习近平.把握新发展阶段,贯彻新发展理念,构建新发展格局[J].求是,2021(9):1.

动相关领域研究和应用的发展,为全社会提供创新基础和动力。

大型国有企业和中央企业在打造原创技术策源地方面具备资金、人才、政策、研发体系、产业基础、国际合作等多方面的优势。这些优势为它们在技术创新和产业升级方面提供了强有力的保障,使其有能力、有条件成为引领技术进步和经济发展的重要力量。大型国有企业和中央企业通常拥有雄厚的资金实力,可以持续进行高投入的科研项目;拥有先进的科研设备和完善的实验设施,有助于提高科研效率和成果转化率;更能够吸引和留住大量高素质的科研人才,不断提升科研队伍的整体水平;提供高层次的教育培训平台,不断提升科研人员的专业能力和创新意识;拥有成熟的研发管理机制以及完善的项目管理和评估体系,能够有效协调各部门和科研团队的工作,提高科研工作的效率和质量;在产业链中占据核心地位,具备强大的产业基础和完善的上下游配套设施,可以通过产业链的协同创新,实现技术成果的快速转化和产业化;具备全球化的业务布局,能够与国际知名科研机构和企业建立广泛的合作关系,引进先进的科研方法和技术,以提升自身的科研水平。此外,作为国家经济的重要支柱,大型国有企业和中央企业肩负着推动国家科技进步和经济发展的重要使命。这种使命感也将驱使它们不断进行技术创新,追求卓越,努力成为原创技术策源地。

2022年3月,国务院国资委科技创新局正式成立,并遴选出首批29家"重点支持类"原创技术策源地企业先行先试。2024年5月,国务院国资委开展第二批中央企业原创技术策源地布局建设,在量子信息、类脑智能、生物制造等36个领域,支持40家中央企业布局52个原创技术策源地。两批布局后,共有58家中央企业承建97个原创技术策源地。下一步,国务院国资委将推动各中央企业加大第一、第二批策源地建设力度,结合实际加快推进"鼓励关注类"策源地建设,深入实施"加强应用基础研究"等11个行动计划,力争在量子信息、6G、深地深海、可控核聚变、前沿材料等领域取得一批原创成果,推动中央企业持续完善创新体系、增强创新能力、激发创新活力,加快发展新质生产力。①

在推动重点企业先行先试的基础上,我国还充分发挥中央企业的引领作用,联合高校、科研机构、地方国有企业、民营企业共同建立创新联合体,加大重点技术布局和全链条融合创新力度,推动基础研究、应用研究、产业化全链条融合发展。从2023年6月国资委发起这项工作以来,至2024年6月一年时间里已启动了3批中

---

① 李心萍.央企加快打造原创技术策源地[N].人民日报,2024-07-03.

央企业创新联合体建设。2024年6月14日，国资委启动第三批中央企业创新联合体建设，围绕战略性新兴产业和未来产业等重点领域，在工业软件、工业母机、算力网络、新能源、先进材料、二氧化碳捕集利用等方向组织中央企业续建3个、新建17个创新联合体。完成第三批布局后，共21家中央企业又牵头建设24个创新联合体，全面带动高校院所、地方国有企业、民营企业等产学研用各类创新主体，加快完善产业创新组织机制。[1]

三、提升资源配置能力

习近平总书记指出："科技创新、制度创新要协同发挥作用，两个轮子一起转。"[2]国有企业应把科技创新与组织创新、管理创新相结合，优化内部资源配置机制，确保资金、人才、技术等关键资源能够高效地流向研发和创新领域。

（一）在资金方面，要积极对接国家科技支持政策，多渠道引入国内外创新资本

当前，国家和地方政府都成立了若干科技产业基金以支持企业创新发展。国内外市场化基金也都致力于挖掘优质投资标的，国有企业可以通过这些方式拓展资金来源。研发准备金是企业为保障研发项目的资金需要，在开展研发活动前或研发过程中提前储备的专门用于研发项目、单独核算的资金。研发准备金可以稳定研发投入，确保企业在不同经济周期下都能保持一定水平的研发支出，避免因短期利润波动而影响长期的技术创新和产品开发；还可以作为风险缓冲，减少研发失败对企业财务状况的冲击。研发准备金制度是研发活动资金项目的重要制度性保障。国有企业要建立并完善研发准备金制度，以保障科研活动长期稳定进行；要引导研发投入方向，构建"分层分类"的研发资金管理体系，合理布局研发经费投入方向，聚焦战略性新兴产业和未来产业，持续加大基础研究、原创性和颠覆性技术投入占比。

（二）在技术和人才方面，应加强与国内外科研机构、高校的合作，通过产学研用一体化模式，整合各方资源，形成协同创新的合力

这种跨界合作不仅能够促进知识的交流和技术的融合，而且能够加速原创技术的孵化和应用。国有企业要加强创新平台和创新团队建设，形成集领军人才、骨干人才、青年人才于一体的人才梯队。近年来，中央企业和地方国资纷纷成立中央

---

[1] 新华网.国务院国资委启动第三批中央企业创新联合体建设[EB/OL].(2024－06－14). http://www.news.cn/politics/20240614/41f7f20e6dda42d796ab963e77785978/c.html.

[2] 习近平.习近平谈治国理政:第2卷[M].北京:外文出版社 2017:273.

研究院、未来研究院、创新研究院等创新平台,构建内外部创新协同的研发体系,培育创新力量。同时,国有企业要创新人才培养和激励机制。比如,南方电网公司出台"南网人才30条",设置"高层次人才专项""科学家工作室专项",推行重大科研项目"揭榜制""挂帅制""赛马制""自荐制",完善项目分红、股权激励、项目跟投等激励机制……坚持人才和机制"双峰并立",构建开放创新生态,通过一系列举措充分激发了科技人才创新活力。[①]

四、提升应用转化能力

应用转化能力是衡量一家企业、一个机构乃至整个国家创新体系效率的关键指标。首先,强大的应用转化能力意味着企业能够缩短产品从概念到市场的周期,快速将研发成果转化为市场上的新产品、新服务或新工艺,从而在激烈的市场竞争中抢占先机甚至引领市场潮流。其次,强大的应用转化能力可以促进资源的有效利用,提高研发投资的回报率。通过有效的转化机制,企业能够确保研发投入产生最大的经济效益和社会效益,避免资源浪费。最后,应用转化能力的提升能够激发更多的创新活动,一方面创新转化而来的巨大收益使得企业可以有更雄厚的资金用于研发创新,另一方面在已有创新成果的基础上,为了维持竞争力和市场份额,企业也将持续加大创新研发力度。

国有企业从事的创新活动与国家战略目标和世界科技创新前沿息息相关,提高科技创新的应用转化能力具有强大的溢出效应,有利于增强自身的竞争力,也有可能引领一个产业的发展,甚至对全社会生产力的发展具有重要影响。国有企业要提升转化应用能力,首先需要建立与市场需求紧密结合的研发机制,确保创新成果能够快速响应市场变化。这要求企业不仅要关注技术的研发,更要关注技术的应用和产业化过程。其次,国有企业需要构建一个高效的项目管理和运营体系,确保从研发到市场推广的每一个环节都能够高效运作。这包括建立项目评估机制、优化资源配置、提高项目管理能力等。同时,国有企业应充分利用政策支持和财政资金,为技术创新和成果转化提供必要的资金保障。最后,要健全成果转化激励机制,运用股权激励、分红激励、虚拟股权、项目跟投等方式开展成果转化激励。

---

① 人民政协网.南方电网:强化科技自主创新 支撑推动高质量发展[EB/OL].(2024-06-14).https://www.rmzxb.com.cn/c/2024-08-01/3586592.shtml.

第三节　打好关键核心技术攻坚战

习近平总书记深刻指出:"关键核心技术是要不来、买不来、讨不来的。只有把关键核心技术掌握在自己手中,才能从根本上保障国家经济安全、国防安全和其他安全。"[①]国有企业作为国家经济的中坚力量,承担了许多关键领域的技术突破任务。党的十八大以来,在国家战略的引导下,国有企业积极响应国家号召,大力开展关键核心技术攻关,取得了一批具有标志性意义的重大科技成果,在科技创新领域发挥了引领作用,为维护我国国家安全提供了重要支撑。当前,面对新一轮科技革命和产业变革,面对国外对我国的技术遏制和打压,打好关键核心技术攻坚战,突破"卡脖子"技术是摆在我国面前的重要任务,国有企业要在这场攻坚战中充分发挥自身优势,为加强高水平科技自立自强贡献强大力量。要坚持党对科技工作的领导,践行新型举国体制,强化企业科技创新主体地位,培育创新型人才,建设创新型团队。

一、加强党对国有企业科技创新的领导

党的领导是中国特色社会主义最本质的特征,国有企业加强党的领导是坚持党对经济工作和科技工作集中统一领导的生动体现。中国共产党一向重视科技事业和创新发展。1956年,中共中央召开知识分子会议,毛泽东发出了"向科学进军"的伟大号召。在1978年3月召开的全国科学大会上,邓小平同志指出:"科学技术是生产力,这是马克思主义历来的观点。"1988年9月,他又进一步提出了"科学技术是第一生产力"的著名论断。1995年,在全国科技大会上,江泽民同志提出"创新是一个民族进步的灵魂,是一个国家兴旺发达的不竭动力",并提出实施科教兴国战略。2006年全国科技大会上,以胡锦涛同志为核心的党中央提出自主创新、建设创新型国家战略,颁布了《国家中长期科学和技术发展规划纲要(2006—2020)》。党的十八大以来,以习近平同志为核心的党中央提出"创新是引领发展的第一动力",针对新一轮科技革命和产业变革浪潮提出健全新型举国体制。2023年,我国

---

① 习近平.习近平谈治国理政:第3卷[M].北京:外文出版社2020:248.

重组科技部,并且设立中央科技委员会,主要目的是加强党中央对科技工作的集中统一领导,统筹推进国家创新体系建设和科技体制改革,统筹解决科技领域战略性、方向性、全局性重大问题。同时,在新的创新体系中,国有企业也发挥着更加重要的作用,要全面加强国有企业党的领导,使国有企业更好贯彻落实党的科技工作指导精神,加强自主创新能力建设,实现国家科技战略目标。

要将党建工作与科技创新工作统筹安排,实现"两手抓,两手都要硬"。在制定企业发展战略和科技创新规划时,同步考虑党建工作,确保两者相互促进。鼓励企业中的优秀科技人才加入党组织,增强党组织在科技创新领域的影响力和号召力。通过政治学习和组织活动,提高他们的政治觉悟和责任感。通过设立联合工作组、定期召开联席会议等方式,建立党建与创新工作的联动机制。确保党组织在科技创新过程中发挥积极作用,推动创新工作顺利开展。在关键技术攻关、重大项目实施中,设立党员先锋岗,激励党员发挥先锋模范作用。通过评选"党员创新标兵""优秀党员科技工作者"等活动,树立榜样,带动全体员工积极投身关键核心技术攻关。

二、践行新型举国体制

党的十八大以来,以习近平同志为核心的党中央对于"新型举国体制"给予了极大的重视。2016年3月,十二届全国人大四次会议通过的《中华人民共和国国民经济和社会发展第十三个五年规划纲要(2016—2020)》要求:"突破核心技术、部署战略高技术,在重大关键项目上发挥市场经济条件下新型举国体制优势。"在西方发达国家对我国进行技术限制,大打"科技战"之后,更需要发挥新型举国体制的力量,唯有加强关键核心技术领域的攻关,方能在激烈的国际竞争中掌握主动。从2019年开始,每一年党的重大会议上都对"新型举国体制"有所强调。2019年10月,党的十九届四中全会决议通过的《中共中央关于坚持和完善中国特色社会制度、推进国家治理体系和治理能力现代化若干重大问题的决定》要求:"构建社会主义市场经济条件下关键核心技术攻关新型举国体制,加快建设创新型国家。"2022年10月,党的二十大报告明确提出"完善党中央对科技工作统一领导的体制,健全新型举国体制,强化国家战略科技力量"的重要任务。2024年7月,党的二十届三中全会决定提出"必须深入实施科教兴国战略、人才强国战略、创新驱动发展战略,统筹推进教育科技人才体制机制一体改革,健全新型举国体制,提升国家创新体系整体效能"。从构建新型举国体制到健全新型举国体制,体现了我国持续通过新型举国体制赋能高水平科技自立自强的坚强决心。

新型举国体制是高水平科技自立自强的重要制度保障,举国体制的发挥有利于整合全社会资源和力量,为科技创新提供强大支持。国有企业在进行关键核心技术攻关的过程中要积极践行新型举国体制,充分发挥好示范作用。国有企业践行新型举国体制,旨在发挥国家整体资源调配和战略协调的优势,推动关键核心技术的自主创新与突破。在这一过程中,国有企业要积极参与国家重大科技项目和产业布局,形成国家意志与市场机制相结合的创新模式。通过整合国内顶尖的科研力量和产业资源,建立跨部门、跨领域的协同创新平台,更加高效地攻克技术瓶颈,推动重大科技成果的快速转化和应用。

国产大飞机 C919 的成功是我国国有企业践行新型举国体制,实现核心技术攻关的突出案例。我国通过成立中国商用飞机有限责任公司(简称中国商飞),发挥了国有企业在资源整合上的强大力量,使我国国产大飞机项目在经过十余年的技术攻关之后,成功实现了产业化应用。早在 20 世纪 70—80 年代,我国就开始了独立研发大飞机的尝试,并于 1980 年成功首飞了模仿波音 707 打造的运-10,但由于缺乏市场、资金和技术,运-10 难以产业化,因此该项目于 1985 年终止。20 世纪 80—90 年代,我国进入国际合作阶段,试图通过与领先的飞机制造商的合作来学习先进技术,先后与美国麦道、欧洲空客开展了多个型号的飞机研发合作,但是随着麦道被波音收购、空客毁约 AE100 合作,通过国际合作研发大飞机宣告失败。[①] 这使我国充分认识到"关键核心技术是要不来、买不来、讨不来的"。

到了 21 世纪初,我国重启了大飞机自研项目。2007 年,国产民用大飞机 C919 正式立项。2008 年,中国商飞作为承担大型客机项目的创新主体正式成立。在 C919 研制过程中,一个"以中国商飞公司为主体,市场为导向,产学研用相结合"的大型客机技术创新体系逐步形成,吸引和带动了 36 所高等院校参与大型客机项目研制,与 10 所高校签订战略合作协议,共同开展民机技术研究,基本建成"以中国商飞公司为核心,联合航空工业,辐射全国,面向全球"的民机产业体系,引领带动国内 22 个省市、超过 200 家企业共同推进大型客机研制。[②]

[①] 张妙甜,李倩,魏进武等.大飞机产业的国企民企协同发展之路——以 C919 研制为例[J].清华管理评论,2023(5):100—106.

[②] 中国政府网.成功突破 102 项关键技术:C919"大块头有大智慧"[EB/OL].(2017—05—05).https://www.gov.cn/xinwen/2017—05/05/content_5191299.html.

2017年，C919成功在上海浦东机场完成首飞。2022年，C919获得中国民用航空局颁发的型号合格证。2023年，第一架C919正式商业化运营。2024年7月29日，东航正式接收第七架国产大飞机C919，截至2024年7月28日，东航C919机队已累计执行航班3 031班次，承运旅客近40.5万人次。[1]

C919的成功，充分体现了在大型科技应用攻关项目中，以国有企业为主导，强化资源整合，促进国有企业和民营企业协调发展的重要意义。

三、强化国有企业科技创新的主体地位

2023年"两会"部长通道上，科技部部长王志刚表示，企业要成为科技创新的主体，而不仅仅是成果应用的主体，要让企业能够从源头全过程参与，从基础研究、应用基础研究到技术创新、成果转化都能发挥其主体作用。[2]

基础研究是科学进步的基础，是技术创新的总源头和总开关。但在这方面我国与发达国家之间还存在较大差距，2020年我国基础研究占研发经费投入的比重仅仅达到6.0%，而美国则长期维持在15%以上。[3]"十四五"规划纲要首次设置了"基础研究经费投入占研发经费投入比重"这个指标，并用专门章节阐释，将基础研究置于了更加重要的位置，这表明我国正视并力图缩小这一差距的决心。在研发投入总量方面，我国跟美国的差距不是很大，一些应用型研究投入超过了美国，但基础研发领域差距仍大。这跟我国创新生态链不完善、激励机制存在问题有关，也跟政策导向有关，我国很多企业也没有发展到需要重视基础研究的水平。[4]需要认识到的一点是，基础研究绝不仅仅是政府和高校、科研机构的事情，企业在其中同样发挥着重要作用，尤其是对于加强基础研究的问题导向，对实现基础研究的社会价值所发挥的独特作用。国有企业本身具有更强的资金优势和调动资源的能力，应该更加重视基础研究，推动更多基础研究转化为应用成果。

---

[1] 界面新闻.飞抵虹桥国际机场,第7架国产大飞机C919正式入列[EB/OL].(2024-07-29). https://baijiahao.baidu.com/s?id=1805902333019154654&wfr=spider&for=pc.
[2] 腾讯新闻.科技部部长王志刚:全力支持国企民企科技创新[EB/OL].(2023-03-05). https://new.qq.com/rain/a/20230305A05RY300.
[3] 出自《疫情反复与结构性调整冲击下的中国宏观经济复苏——CMF中国宏观经济分析与预测报告(2021—2022)》。
[4] 刘元春,刘晓光,邹静娴.世界经济结构与秩序进入裂变期的中国战略选择[J].经济理论与经济管理,2020(1):10-20.

基础研究和应用研究是技术进步的源泉。基础研究为企业提供了科学理论和技术储备,而应用研究则将这些理论和技术转化为实际产品和服务,从而提升企业的核心竞争力。在全球科技竞争日益激烈的背景下,国有企业加强基础研究和应用研究是实现科技自立自强的重要途径。国有企业作为国家经济的中坚力量,其技术进步直接关系到国家整体科技水平的提升。通过加强基础研究和应用研究,国有企业能够更好地支持国家战略需求,在新一代信息技术、高端装备制造、新材料等关键领域摆脱对国外技术的依赖,确保国家在关键技术领域的自主可控。基础研究和应用研究的加强有助于推动产业技术升级,作为产业链的"链长",国有企业的产业技术升级不仅可以提高自身的竞争力,而且能带动整个产业链的升级,促进传统产业的转型升级和新兴产业的快速发展。中国空间站邀游苍穹、"天问一号"探秘火星、磁悬浮列车"贴地飞行"……这些我国近年来取得的科技创新成就,都是国有企业加强基础研究和应用基础研究,大力开展关键核心技术攻关的生动体现。

强化企业科技创新主体地位离不开科技金融的支持,各级政府要积极发挥好政府引导基金的作用,国有金融企业也要充分发挥好金融服务实体经济的功能,通过金融创新为企业创新提供强大的金融支持。国有金融企业在支持科技创新方面发挥了多方面的作用,通过政策引导与战略支持、专项基金和融资工具、供应链金融服务、直接投资与股权融资、金融科技创新、风险控制与管理、国际合作与技术交流、知识产权金融服务、创新创业孵化以及履行社会责任等措施,有效推动了科技企业的发展和科技创新成果的转化。这不仅提升了科技企业的竞争力,而且为中国经济的高质量发展提供了重要支撑。未来,国有金融企业将继续深化改革创新,探索更多有效的金融支持模式,为科技创新提供更加有力的支持。

市场是创新的导向,强化企业的科技创新主体地位,核心要求就是把握市场动态,瞄准市场需求进行科技创新,这样才能使创新活动得到足够的回报,也能使其最大限度地提高社会生产力,推动经济高质量发展。国有企业要紧跟市场需求,开发新产品和新服务,快速响应市场变化,灵活调整研发方向,以满足市场需求。科技创新项目的成功在很大程度上取决于其能否满足市场需求。即使技术本身非常先进,但如果不能解决实际问题或满足消费者的需求,也就很难获得市场认可。因此,以市场需求为导向进行科技创新,可以提高项目的成功率和市场接受度。科技创新最终需要通过商业化来实现其价值。而商业化的关键在于市场需求。如果创新成果能够满足市场需求,就更容易找到愿意支付的客户,从而实现商业化并获得经济回报。以市场为导向,以经济效益为牵引,有利于提高科技机构和科技工作者创新的积极性,推动更多具有经济效益的科研成果落地,避免大多数研究停留在没有实际意义的实验和论文上。

四、培育科技创新人才

人才是创新的主体,我国高等教育的规模已经达到了世界之最,2024届高校毕业生规模预计达1 179万人,同比增加21万人。[①] 但同时,我国高校毕业生面临的就业结构性问题较为突出,这也是造成青年失业率提高的一大重要原因,国有企业要善于吸纳人才、培养人才,使更多大学毕业生能够迅速成长为科技创新人才。

目前我国国有企业在创新型人才培养和支持方面仍然存在一些问题,包括:薪酬竞争力不足,薪酬体系相对较为固定,难以与市场上高薪酬的民营企业和外资企业竞争,导致优秀人才流失;部分国有企业晋升通道不明确或受限,导致员工缺乏职业发展前景;部分国有企业的管理文化较为保守,容错机制不完善,导致员工不敢尝试新的创新思路和方法等。国有企业还需要健全人才培养机制,不断培育出能够"挑大梁"的科技创新人才。

(一)完善人才培养体系

建立完善的培训体系,包括基础技能培训、专业技能培训和创新能力培训。通过定期组织内部讲座、研讨会和培训课程,提升员工的综合素质。与高校和科研机构合作,开展联合培养项目,选派优秀员工到知名高校或研究机构进行深造和进修。

(二)加强人才引进

积极引进国内外高层次科技人才,特别是拥有关键技术和创新能力的领军人才。为引进人才提供良好的生活环境、工作环境和评价机制,激发高层次人才的工作积极性。

(三)加强科研环境建设

加强内部科研体制机制创新,改善科研条件。减少管理层级,建立扁平化的管理结构,提升决策效率和创新响应速度。营造鼓励创新、宽容失败的企业文化,激

---

① 新华网.2024届高校毕业生规模预计达1 179万人[EB/OL].(2023—12—06).http://www.news.cn/2023—12/06/c_1130010772.html.

发科技人员的创新思维和创造力。鼓励不同学科背景的科技人员进行合作,形成多学科交叉的创新团队。积极探索创新体制机制,通过设立创新基金、鼓励内部创业等方式,激发企业的创新活力。

(四)完善激励机制

建立以绩效为核心的评价体系,通过设定清晰、可量化的目标,鼓励员工追求卓越。建立完善的知识产权保护机制,鼓励科技人员进行专利申请和成果转化,保障其创新成果的权益。建立多元化激励机制,包括股权激励、职业发展机会、培训与教育、工作环境改善等多种形式,以满足不同员工的需求和期望。

第七章

健全以管资本为主的国资管理体制

党的二十届三中全会指出:"深化国资国企改革,完善管理监督体制机制……深化国有资本投资、运营公司改革……完善国有资本经营预算和绩效评价制度……强化人大预算决算审查监督和国有资产管理……健全监管体制机制。"国有资产监管体制改革经过多年的发展探索,正不断随实践发展趋于完善,但由于历史阶段性原因,国有资产管理和运营依然面临着国有企业权责不清、政资机构不分、资本运营效率偏低等挑战。2013年《中共中央关于全面深化改革若干重大问题的决定》和2015年《国务院关于改革和完善国有资产管理体制的若干意见》的发布,明确了"国有资本"的定义,并提出应以"管资本"为核心来改革国有资产管理体制。这一方面表明在依法应放的领域坚决放权,另一方面加快了国有企业产权改革、引入多元化股权结构的进程,旨在增强国有企业的市场竞争力以提高国有资本的运营效率,严格防范国有资产流失以确保国有资产的保值增值。这些举措为强化、优化和壮大国有资本和国有企业提供了良好的治理、运营和监督的制度保障。

"我国公有制经济是长期以来在国家发展历程中形成的,积累了大量财富,这是全体人民的共同财富,必须保管好、使用好、发展好,让其不断保值升值,决不能让大量国有资产闲置了、流失了、浪费了。我们推进国有企业改革发展、加强对国有资产的监管、惩治国有资产领域发生的腐败现象,都是为了这个目的。"[1]基于这个重要论断,习近平总书记长期以来高度重视国有资产的发展壮大、保值增值、监

---

[1] 习近平.在民营企业座谈会上的讲话[M].北京:人民出版社,2018:4.

督管理。

早在2001年,习近平总书记就创造性地提出"要大胆探索公有制的有效实现形式,推进国有经济的战略性重组,提高国有资本集中度,发挥国有资本对国民经济和产业升级的主导作用"①,并在随后以浙江省国有企业为例,明确提出"深化国有企业改革和国有资产管理体制改革,加强对国有资本运营各个环节的监管,严防国有资产流失"②"加快现代企业制度建设,推动国有资产流动和重组,该保留的继续发展壮大,该退出的做到有序退出。要发展壮大一批主业突出、核心能力强的国有企业,成为先进制造业基地的中坚力量"③等改革国有资产管理体制,促进国有资本"做强做优做大"的具体改革方案。

2013年十八届三中全会上,习近平总书记正式提出"完善国有资产管理体制",并在后续的一系列讲话中指明了健全国有资产管理体制的三个重要方向:"以管资本为主加强国有资产监管,改革国有资本授权经营体制"④;提高国有资本运营效率,"促进国有资产保值增值"⑤;"加强监管,坚决防止国有资产流失"⑥。在十九大和二十大等重要会议上,习近平总书记又对这些问题反复强调、论述和阐明。2020年,习近平总书记在主持召开中央全面深化改革委员会第十六次会议时进一步指出,要加强人大对国有资产的监督,要围绕党中央关于国有资产管理决策部署,聚焦监督政府管理国有资产情况,坚持依法监督、正确监督,坚持全口径、全覆盖,健全国有资产管理情况报告工作机制,完善监督机制,加强整改问责,依法履行国有资产监督职责。⑦ 2023年,习近平总书记在主持召开二十届中央全面深化改革委员会第一次会议时再次强调,要深化国有企业改革,着力补短板、强弱项、固底板、扬优势,构建顶层统筹、权责明确、运行高效、监管有力的国有经济管理体系。⑧

---

① 习近平.加快结构调整促进经济发展调整经济结构要从实际出发[J].求是,2001(4):20—22.
② 习近平.2005年2月1日在省纪委第七次全体会议上的讲话[M]//习近平.干在实处 走在前列.北京:中共中央党校出版社,2006:101.
③ 习近平.2003年6月24日在浙江全省工业大会上的讲话[M]//习近平.干在实处 走在前列.北京:中共中央党校出版社,2006:101.
④ 习近平.关于《中共中央关于全面深化改革若干重大问题的决定》的说明[N].人民日报,2013—11—16.
⑤ 习近平.决胜全面建成小康社会 夺取新时代中国特色社会主义伟大胜利——在中国共产党第十九次全国代表大会上的报告[M].北京:人民出版社,2017.
⑥ 习近平.理直气壮做强做优做大国有企业[N].人民日报,2016—07—05.
⑦ 全面贯彻党的十九届五中全会精神 推动改革和发展深度融合高效联动[N].人民日报,2020—11—03.
⑧ 守正创新真抓实干 在新征程上谱写改革开放新篇章[N].人民日报,2023—04—22.

第一节　深化国有资本授权经营体制改革

习近平总书记在十八届三中全会上所作的《中共中央关于全面深化改革若干重大问题的决定》报告中，明确指出"完善国有资产管理体制，以管资本为主加强国有资产监管，改革国有资本授权经营体制，组建若干国有资本运营公司，支持有条件的国有企业改组为国有资本投资公司"[1]，并在十九大和二十大中以"完善各类国有资产管理体制，改革国有资本授权经营体制"[2]和"深化国资国企改革，加快国有经济布局优化和结构调整，推动国有资本和国有企业做强做优做大"[3]的表述对深化国有资本授权经营体制改革持续给予高度关注，不断提出新的要求。

2015年10月发布的《国务院关于改革和完善国有资产管理体制的若干意见》清晰地提出了国有资本授权经营体制改革的实践要求。随后，《国务院国资委以管资本为主推进职能转变方案》和《国务院关于印发改革国有资本授权经营体制方案的通知》进一步阐明了这一体制在资本所有权与经营权分离基础上的运作方式，即将国有资本出资人所持有的全部或部分资本运行权授予投资、运营公司。《改革国有资本授权经营体制方案》和《中共中央、国务院关于推进国有资本投资、运营公司改革试点的实施意见》指出，改组与组建国有资本投资、运营公司是推动以管资本为主的国有资本授权经营体制改革的重要措施。国务院国资委也多次发布放权清单，以推动这一进程。2020年6月30日召开的中央全面深化改革委员会第十四次会议审议通过的《国企改革三年行动方案（2020—2022年）》进一步明确了改革的方向，即授权与监管相结合、放活与管好相统一。

一、改组组建国有资本投资、运营公司

十八届三中全会上习近平总书记正式提出"组建若干国有资本运营公司，支持

---

[1] 中共中央关于全面深化改革若干重大问题的决定[EB/OL]. https://www.qinfeng.gov.cn/info/1022/14141.html.

[2] 习近平.决胜全面建成小康社会夺取新时代中国特色社会主义伟大胜利——在中国共产党第十九次全国代表大会上的报告[M].北京：人民出版社，2017.

[3] 习近平.高举中国特色社会主义伟大旗帜为全面建设社会主义现代化国家而团结奋斗——在中国共产党第二十次全国代表大会上的报告[M].北京：人民出版社 2022.

有条件的国有企业改组为国有资本投资公司"①,并在2015年12月召开的中央经济工作会议上进一步强调要"大力推进国有企业改革,加快改组组建国有资本投资、运营公司"②,在2016年中央经济工作会议上要求"加快推动国有资本投资、运营公司改革试点"③,在2018年中央经济工作会议上再次明确要"加快实现从管企业向管资本转变,改组成立一批国有资本投资公司,组建一批国有资本运营公司"④,在2022年中央经济工作会议上对国有资本投资、运营公司提出要求和期望,"健全以管资本为主的国资管理体制,发挥国有资本投资、运营公司作用,以市场化方式推进国企整合重组,打造一批创新型国有企业"⑤。

在习近平总书记一系列关于"改组组建国有资本投资、运营公司"的发言讲话中,可以清晰地看到习近平经济思想在国有资本投资、运营公司从概念明确到改组改建试点,之后全面推广实行,再到全面发挥作用这一建立、发展、逐渐成熟过程中所起的重大作用。

实践中,2014年,国资委确定国家开发投资集团有限公司和中粮集团有限公司为首批国有资本投资公司试点单位。2016年,国资委确定2家国有资本运营公司为试点单位,6家非国有资本运营公司为国有资本投资公司试点单位。至2018年底,国资委又增加了11家中央企业作为国有资本投资公司试点单位。2022年6月20日,中国宝武等五家企业正式转型为国有资本投资公司,而航空工业集团等12家企业则继续深化改革。经过数年的实践,21家中央企业在体制、机制、模式方面已取得显著进展。⑥

一方面,国有资本投资、运营公司在优化国有资本布局方面发挥了重要作用。《国务院关于推进国有资本投资、运营公司改革试点的实施意见》明确指出,国有资本投资公司的目标是服务国家战略,优化国有资本的配置,并提升产业的竞争力。截至2022年上半年,在绿色、数智、国际等方向上,5家国有资本投资公司以国家战略为导向,优化布局核心业务,在提高运营效率的同时,培育和发展新兴战略性产

---

① 中共中央关于全面深化改革若干重大问题的决定[EB/OL]. https://www.qinfeng.gov.cn/info/1022/14141.htm.
② 中央经济工作会议在北京举行习近平李克强作重要讲话[N]. 人民日报,2015-12-22.
③ 中央经济工作会议在北京举行习近平李克强作重要讲话[N]. 人民日报,2016-12-17.
④ 中央经济工作会议在北京举行习近平李克强作重要讲话[N]. 人民日报,2018-12-22.
⑤ 习近平. 当前经济工作的几个重大问题[J]. 求是,2023(2).
⑥ 谭静,范亚辰,周卫华. 国有资本授权经营体制改革:进展与深化[J]. 中央财经大学学报,2023(8):23-30,41.

业,逐渐成长为世界一流的投资企业。

截至2022年7月底,国有资本投资公司的社会资本引领总量达到4 400亿元,达到自有资本的15倍之多。其中具有代表性的中国国新,以关键性行业和关键性领域为主要抓手,积极优化国有资本布局,在相应领域和产业中投资总额达3 507亿元,布局了168个各类项目。该公司还瞄准一些新兴的实力较弱的领域,以培育新产业和新业态为主要战略目标,全覆盖式地投资了符合"三集中"要求的9个子领域,共计2 735.3亿元,涵盖了240个相关项目。①

另一方面,国有资本投资、运营公司充分发挥了资本工具和手段作用。这些公司作为国有资本市场化运作的专业平台,在国家授权范围内履行国有资本出资人职责,能够更有效地利用资本工具,发挥资本市场功能,积极促进国企改革和国有经济发展。

二、明确国有资产监管机构与国有资本投资、运营公司的关系

"国有资产监管机构与国有资本投资、运营公司的关系"本质上是政企关系。习近平总书记在十八届三中全会上就明确指出,要通过"实行以政企分开、政资分开、特许经营、政府监管为主要内容的改革"②,进一步推进国有企业深化改革。

理论上,对国有资产监管机构与国有资本投资、运营公司关系的逐步明确是和党和政府对国有资本管理、使用的认识不断深化、成熟密不可分的。党和政府对于国有资本管理、使用认识的不断成熟和深化,来自马克思主义资本理论的中国化和时代化。在社会主义经济中,公有资本主要以国有资本形式存在。国有资本是指所有权归属于全体国民的公有资本,与资本主义生产关系中的资本属性有所不同。尽管国有资本不具备资本主义中的雇佣劳动关系,但它符合资本的其余特征,包括价值增殖、积累、风险承担等。因此,国有资本可以与私人资本合资或成立混合所有制企业。

从政治经济学理论角度来看,明确国有资本的资本属性有助于国有企业更好地适应市场经济环境。这种认知打破了公有制不能与市场经济结合的传统观念。

---

① 胡迟.健全以管资本为主的国资监管体制优化调整国有资本布局结构——国有资本投资运营公司十年改革成效分析[J].国有资产管理,2024(1):11—25.
② 中共中央关于全面深化改革若干重大问题的决定[EB/OL].https://www.qinfeng.gov.cn/info/1022/14141.html.

通过相应的改革措施,如产权明晰的混合所有制企业、政企分开和政资分开等制度安排,可以有效促进公有制经济与市场经济的有机结合,提升国有企业的市场主体地位,消除结构性障碍,从而实现经济结构优化和效率提升的目标。①

在改革的实践过程中,"政企分开"和"政资分开"的早期探索以国有资产经营公司的成立为标志。这种新型的国有资产授权经营模式是在20世纪90年代初期,伴随国有资产产权运营体制改革的推进而逐步形成的。2003年,国务院发布了《企业国有资产监督管理暂行条例》,进一步明确了监管机构与国有企业的各自职责和边界。② 然而,由于改革过程中的复杂性和多重影响因素的制约,"政企分开"在国有企业改革中尚未得到全面落实。

2013年,党的十八届三中全会开启了当前一轮国有企业改革进程,象征着中国迈入了深化改革的新阶段。2019年国务院出台的《改革国有资本授权经营体制方案》明确要求:"坚持政企分开、政资分开。坚持政府公共管理职能与国有资本出资人职能分开,依法理顺政府与国有企业的出资关系,依法确立国有企业的市场主体地位,最大限度减少政府对市场活动的直接干预。"③

自2013年至今的十余年改革实践中,国有资产监管机构作为政府直属的特殊机构,依据授权代表本级人民政府履行出资人职责。其主要职责包括科学界定国有资产出资人监管的界限,专注于国有资产的监管工作,而不涉足政府的公共管理职能或干预企业的自主经营权。两类公司的试点组建、全面推行和发挥重要作用,充分说明了"明确国有资产监管机构与国有资本投资、运营公司的关系"作为国有资本授权经营体制改革的重要改革方向之一,取得了长足的进步和显著的成效。

但在改革实践中仍然存在着一些明显的亟待完善之处,部分国有资产监管机构存在"管不住资本"的忧虑。在实际监管过程中,仍以行政监管为主,这造成了社会公共管理职能与国有资本出资人职能之间的错位,导致"两类公司"在市场化和专业化方面的出资人职责未能有效落实,国有企业作为独立市场主体的地位仍未得到充分保障。这需要在深化改革的过程中,进一步厘清国有资产所有权、出资人代表权和运营管理权的关系。加大授权放权力度,深化间接与直接相结合的授权

---

① 洪银兴.马克思主义所有制理论中国化时代化的进展和实践检验[J].当代中国马克思主义研究,2023(02):20—32,151.
② 邵挺.国有资本管理体制和国有企业改革的方向和主线[J].中国发展观察,2013(11):15.
③ 国务院关于印发改革国有资本授权经营体制方案的通知[EB/OL]. https://www.gov.cn/zhengce/content/2019—04/28/content_5387112.html.

改革。

三、界定国有资本投资、运营公司与所出资企业的关系

要想"以市场化方式推进国企整合重组,打造一批创新型国有企业",清晰"界定国有资本投资、运营公司与所出资企业的关系",是最为重要的环节之一。长期以来,国有资本与企业经营的交融造成了"资企不分",导致企业盲目扩张,影响了竞争力与产业整合,降低了国有资本的运营效率。

通过实施改革,将企业生产经营与资本运营分离,从而在国家战略层面上引导更多国有资本集中于实体经济,重点支持关键产业、优势产业和新兴产业的发展。同时,将国有资产经营公司重新组建为国有资本投资、运营公司,使其能够依托资本市场,实现跨越所有制、产业和区域的多元化专业化运营。这一转变不仅提升了国有资本的专业化运营水平,而且赋予其"类金融"特性。专业化运营的核心在于恢复国有资产的资本属性,以此释放其内在价值。这将促进资本的高效配置与流动,推动国有资本结构的优化与保值增值,最终实现国有资本运营效率的持续提升。通过这些改革,国家能够提高国有资本的使用效率,并为经济可持续发展奠定坚实基础。

在改革实践的过程中,建立相应的治理结构和管控机制是关键。通过构建健全的治理框架,企业能够更好地协调各项资源,优化决策流程,并增强对外部环境变化的应对能力,确保法人治理、公司管控、战略管理与产业发展的深度融合,从而提升企业整体运营效率和市场竞争力。这不仅有助于推动企业的可持续发展,而且为实现国家经济转型与升级提供了重要支撑。在这一架构中,集团总部作为第一层级,定位为资本运作的核心,承担战略投资和资本运作的职责。尽管不直接参与日常生产经营活动,但集团总部在党的建设、战略决策、资源配置、体系赋能以及创新驱动等方面发挥着至关重要的作用。

在推进"资企分开"改革的过程中,目前仍面临诸多挑战。其中最为突出的一个问题是部分国有企业仍然同时兼具产业经营与资本投资的双重性质。这些企业不仅积极参与资本运作,而且继续在其核心业务领域从事产业生产与运营。这种混合经营模式显著制约了改革的实质性进展。在"两类公司"相互交织的背景下,它们在促进国有资本高效配置和优化资源布局方面的贡献不甚明显,导致其与提升国有资本及国有企业整体实力和效益的目标之间存在显著差距。国有企业内部

"资企不分"现象的直接后果是削弱了产业经营职能,使得资本运营常常被误用、被简单地视为扩大资产规模和持续扩张产能的工具。这种现状不仅未能有效提升企业的运营效率,反而可能导致资源的浪费和潜在的系统性风险。

因此,实现资本运营与产业经营的有效分离,成为推动国有资本专业化管理的关键环节。为此,必须深入实施"资企分离"改革,将国有资本的运营职能从传统的国有企业中剥离至专门的运营平台。这一举措将有助于理顺国有资产管理、国有资本运营与企业经营之间的关系,不仅能够构建更为高效的管理体系,而且能够确保国有资本运营与产业经营各自发挥其应有的职能,进而提升国有企业的整体效益与市场竞争力。

第二节　提高国有资本运营效率

"推动国有企业完善现代企业制度、提高经营效率、合理承担社会责任、更好发挥作用。"[①]"要坚持有利于国有资产保值增值、有利于提高国有经济竞争力、有利于放大国有资本功能的方针,推动国有企业深化改革、提高经营管理水平。"[②]"加快国有经济布局优化、结构调整、战略性重组,促进国有资产保值增值,推动国有资本做强做优做大。"[③]

习近平总书记认为,在社会主义初级阶段,资本对于繁荣社会主义市场经济具有重要价值。"资本同土地、劳动力、技术、数据等生产要素共同为社会主义市场经济繁荣发展作出了贡献,各类资本的积极作用必须充分肯定。"[④]"要结合社会主义市场经济新条件,发挥好我们的优势,加强统筹协调,促进协同创新,优化创新环境,形成推进创新的强大合力。"[⑤]习近平总书记同时强调,资本的逐利性"如不加以规范和约束,就会给经济社会发展带来不可估量的危害",因此要"健全资本市场功

---

① 习近平.十八大以来重要文献选编(上)[M].中央文献出版社,2014:501.
② 习近平.坚持党对国有企业的领导不动摇[N/OL].人民日报,2016-10-12. http://www.chinatoday.com.cn/chinese/economy/news/201610/t20161012_800069071.html.
③ 习近平.决胜全面建成小康社会 夺取新时代中国特色社会主义伟大胜利——在中国共产党第十九次全国代表大会上的报告[M].北京:人民出版社,2017.
④ 习近平.在十九届中央政治局第三十八次集体学习时的讲话[EB/OL]. https://www.gov.cn/xinwen/2022-04/30/content_5688268.html.
⑤ 习近平在中共中央政治局第三十八次集体学习时强调依法规范和引导我国资本健康发展发挥资本作为重要生产要素的积极作用[N].人民日报,2022-05-01(02).

能""依法规范和引导资本健康发展"①。

国有资本构成了公有资本的一个重要形态。在追求资本效率、确保资本保值与增值的同时,它还肩负着承担社会责任、政治责任、环境责任以及协调劳资关系等多重职能。更为关键的是,国有资本能够突破资本短视的局限,担负起长期保值与增值的使命。因此,在资本增值过程中,国有资本既确保了短期效率,又实现了长期效益。

一、推进国有资本优化重组

习近平总书记早在2001年《求是》杂志发表的文章中就提出"要大胆探索公有制的有效实现形式,推进国有经济的战略性重组"的国有资本重组概念。此外,习近平总书记在2003年浙江全省工业大会上的讲话中提出"加快现代企业制度建设,推动国有资产流动和重组"的重要论断,并在十九大报告中将其明确表述为"国有经济布局优化、结构调整、战略性重组"。

关于国有经济效率不足的观点曾一度流行,这种看法具有严重片面性。首先,该观点从单一因素出发,将国有企业在特定历史时期的绩效下滑简单归咎于所有制问题,忽视了体制改革滞后、产业结构调整等多重因素的影响。其次,该观点缺乏长期历史视角。面对非公经济的迅猛发展,国有经济遭遇市场竞争压力,暴露出体制改革滞后和经营管理不适应等问题。然而,随着国有企业改革的深化,自进入21世纪以来,情况已发生变化,国有企业不仅利润率上升,而且生产率高于非公有制企业。最后,该观点假设国有企业与非公企业遵循相同的行为模式和目标,通过相同指标比较二者效率,忽略了国有企业作为国家经济治理工具的特性。在评判国有企业效率时,既要考量微观层面资源配置的合理性,也要考虑其对社会或宏观经济的贡献。②

在改革实践中,战略性兼并重组被视为推动企业可持续发展和快速增长的重要手段,其核心在于优化产业链资本配置,确保资源高效利用和产出最大化。以市场需求为导向,企业应根据市场动态灵活采取选择性进入与退出的策略,优化国有

---

① 习近平.习近平在中共中央政治局第三十八次集体学习时强调依法规范和引导我国资本健康发展,发挥资本作为重要生产要素的积极作用[N].人民日报,2022-05-01(02).
② 刘元春.国有企业宏观效率论——理论及其验证[J].中国社会科学,2001(5):69-81+206.

资本布局并提升资本流动性。根据国有资本布局要求,推动资本向关键行业、重要领域及基础设施集中,尤其应聚焦于具备核心竞争力的优势企业。这一策略不仅有利于增强国有企业市场竞争力,而且有利于促进整体经济高效运作。在此过程中,应清理与淘汰部分企业,重组和整合其他企业,鼓励国有企业创新与发展。建立市场化退出机制,能有效淘汰落后产能,化解过剩产能,处理低效资产,为企业的健康发展创造良好环境。此外,推动国有企业在技术、管理和商业模式上进行创新十分重要。尤其在自然垄断行业,放开竞争性业务将激发市场活力,实现国有资本与社会资本的深度融合,从而提高资源配置效率,促进经济的转型升级,增强国家经济的韧性与可持续性。[1]

积极发展混合所有制经济并推进国有企业相关改革,是优化国有资本重组的重要策略之一。此策略旨在通过引入多种所有制形式,增强企业活力与竞争力,进而促进经济高质量发展。混合所有制改革主要针对一些竞争性充分、替代性强、安全性高的行业,通过深化关键领域的改革试点,逐步完善混合所有制企业的治理结构,以适应市场变化。

(一) 股权多元化

选择条件成熟的企业,在集团层面实施股权多元化改革,探索与国有独资公司不同的新型治理与监管模式,从而提升企业的市场适应能力与创新潜力。在当代经济体系中,股权多元化作为一种重要的企业治理和发展策略,旨在通过引入不同的股东结构,提升企业的市场适应性和创新能力。选择合适的企业进行股权多元化改革,探索与国有独资公司不同的新型治理与监管模式,不仅可以优化资源配置,而且能激发各类股东的积极性,从而推动企业在激烈的市场竞争中保持活力。

(二) 加快上市进程

整体上市和优质子公司的首次公开发行,不仅可以提升国有资产的资本化程度与透明度,而且能够吸引战略投资者参与,从而增强企业的资金实力。这有助于增强国有企业的市场竞争力,推动其在全球化背景下可持续发展。资本的流动性与市场的开放性密切相关,只有通过有效的资本运作,才能实现经济的高效增长和社会的全面发展。

(三) 推进战略重组

战略重组作为企业集团发展的重要手段,可以通过内部整合与资源优化配置,

---

[1] 国务院关于改革和完善国有资产管理体制的若干意见[J].中华人民共和国国务院公报,2015(32):106—110.

促进国有资本向重点行业合理配置。行业集中度的提升和规模化经营的实现,有助于形成协同效应,增强企业的竞争优势。这种战略重组不仅能够有效提升企业的市场地位,而且能为长远发展奠定坚实的基础。这将形成以国有资本为主导的耐心资本,提高国有资本长期收益。[①]

2024年4月30日召开的中共中央政治局会议提出"要积极发展风险投资,壮大耐心资本"。耐心资本在承担风险的同时,期待的是长期收益回报,这是"耐心"二字的核心内涵,意味着短期的波动和亏损都不会影响投资者的决策。既然是长期投资,那瞄准的一定是具有广阔成长空间的战略性产业。因此,耐心资本同时也是战略资本。2023年7月,国务院国资委就指出,要推动国有资本向前瞻性战略性新兴产业集中,当好"长期资本""耐心资本""战略资本"。这次中共中央政治局会议强调"壮大耐心资本",符合我国发展新质生产力、培育壮大新兴产业、超前布局建设未来产业的需要。

二、建立健全国有资本收益管理制度

"国有资本经营预算是国家预算体系的重要组成部分,要完善国有资本经营预算制度,扩大实施范围,强化功能作用,健全收支管理,提升资金效能"[②],要"提高国有资本收益上缴公共财政比例,更多用于保障和改善民生""坚持市场化方向,推动国有资本布局结构调整,提高资本回报率",同时"规范资本运作,提高资本使用效率,实现资本保值增值",这些都需要以"把握资本管理的战略方向,提升资本运作质量和效益,确保资本的安全和增值,服务于国家战略目标"为指导原则,建立健全国有资本收益管理制度。2015年,国务院发布《关于改革和完善国有资产管理体制的若干意见》,其中明确提出要建立健全国有资本收益管理制度。2016年,习近平总书记在主持召开中央全面深化改革领导小组第三十次会议时指出,要根据深化国资国企改革和预算管理制度改革的要求,规范和加强中央国有资本经营预算支出管理。[③] 2024年国务院发布了《关于进一步完善国有资本经营预算制度的意见》,

---

① 王琪,程阁,周威.完善现代企业制度 提高国有资本效率 进一步赋能国资国企高质量发展[J].国有资产管理,2022(1):7—10.

② 习近平.在中央全面深化改革委员会第三次会议上的讲话[EB/OL].http://www.qstheory.cn/yaowen/2023-11/07/c_1129963198.html.

③ 习近平主持召开中央全面深化改革领导小组第三十次会议[N].人民日报,2016-12-06.

对国有资本收益管理作了进一步具体规范。①

加强国有资本收益管理是提升国有资本运营效率、确保资本保值增值的关键。国有资本收益管理是实现资本保值增值的终极环节,也是持续提升国有资本价值的手段。通过完善收益管理体系,可以推进国有经济布局和结构的战略性优化调整,解决国有企业发展中的体制和机制问题,深化国有企业收入分配制度改革,增强企业科技创新能力,提升企业核心竞争力,推动国有资本长远保值增值。国有资本经营预算是政府预算体系的重要组成部分,与一般公共预算保持相对独立性,同时存在必要的相互联系和适度的资金流动。近年来,随着国有企业市场化转型升级步伐加快,企业经营质量和效益持续提升,国有资本经营预算收入来源将显著增加。

在深化改革的实践中,财政部门应积极与国有资产监管机构等相关部门协作,建立一个涵盖所有国有企业的分级管理国有资本经营预算制度。这一制度旨在依据国家的宏观调控政策和国有资本布局调整的要求,提出国有资本收益上缴比例的具体建议,并在获得国务院批准后加以实施。

在具体措施上,一方面,要完善国有资本收益上交机制。第一,扩大国有资本经营预算的覆盖范围,各授权机构及其他履行出资人职责的一级企业应依法上缴资本收益。第二,国有独资企业应以年度归属于母公司的净利润为基础,在扣除未弥补亏损和法定公积金后,按照规定比例上缴收益。第三,优化国有控股及参股企业的股息上交机制,国有控股及参股企业应依据市场化和法治化原则,建立并完善分红机制。第四,强化国有资本经营预算收入管理,收入预算应根据企业年度盈利情况和国有资本收益政策进行合理预测,年度结余资金应纳入收入预算编制。

另一方面,要提升国有资本经营预算支出效能。第一,优化支出结构。国有资本经营预算安排应当全面贯彻党的方针政策,重点关注关键领域和薄弱环节,以增强对国家重大战略任务的财政保障能力。第二,强化支出管理。国有企业应依据国有资本经营预算的支持方向和自身发展需要,向出资人单位申请资金需求。支出预算的审核与管理应坚持政策导向,按照轻重缓急提升资金安排的科学性、有效性与精准性。第三,推进预算绩效管理。应建立对重大支出政策的事前绩效评估

---

① 关于进一步完善国有资本经营预算制度的意见[EB/OL]. https://www.gov.cn/yaowen/liebiao/202401/content_6924661.htm.

机制,强化绩效目标管理,实施绩效运行监控,并加强对绩效的评价与结果应用。①

三、盘活存量资产,扩大有效投资

"盘活存量资产",不仅能够"化解风险",建立产业"健康发展的长效机制"②,更重要的是能够扩大国有资本的有效投资,提高国有资本运营效率。在基础设施等领域,我国多年的公共投资积累了大量的存量资产,盘活这些存量资产并形成存量资产与新增投资的良性循环,对提高国有资本运营效率具有重要意义。通过对这些资产的有效激活和管理,企业能够释放被占用的资金和资源,这不仅提升了资产的使用效率,而且显著改善了经济效益。在当前复杂的经济环境中,优化资产配置对增强企业竞争力尤为重要。资产激活为国有企业适应市场变化和技术进步提供了重要契机。③

《"十四五"规划纲要》明确指出,推进政府与社会资本合作需规范和有序,以促进基础设施领域不动产投资信托基金(REITs)的健康发展,并切实盘活存量资产,从而形成存量资产与新增投资之间的良性循环。为实现这一目标,2022年国务院先后出台了《关于进一步盘活存量资产扩大有效投资的意见》与《扎实稳住经济的一揽子政策措施》,并在2023年的政府工作报告中,明确提出在实现存量资产质的有效提升与量的合理增长方面取得实质性进展的要求。

从"量"的角度来看,在2013年之后的八年间,基础设施投资超过100万亿元,占全部固定资产投资的1/4,其中将形成超过260万亿元的存量资产。这不仅体现了盘活存量资产对提高国有资本运营效率的巨大潜力,而且反映出盘活存量资产的艰巨性和风险性。

在具体实践中,对于如何盘活存量资产,扩大有效投资,可以从以下几个角度作进一步探索。

(一)要聚焦存量资产盘活的核心领域与重点区域

核心领域主要包括规模庞大且收益表现良好的基础设施资产,这些资产不仅

---

① 国务院关于进一步完善国有资本经营预算制度的意见[J].中华人民共和国国务院公报,2024(2):13—16.

② 中央经济工作会议在北京举行 习近平李克强作重要讲话[N/OL].人民日报,2017-12-21. http://jhsjk.people.cn/article/29719987.

③ 李艳.国有企业盘活存量资产的有效对策探讨[J].企业改革与管理,2024(13):23—25.

具有显著的经济回报潜力,而且能在满足社会需求的同时促进经济增长。在重点区域方面,应推动那些建设任务繁重且资产质量良好的地区进行存量资产的有效盘活,以此筹集建设资金,支持新项目的实施,同时确保对风险的有效控制。此外,应鼓励围绕重大战略,如京津冀协同发展和长江经济带的发展,加强相关地区的存量资产盘活力度,以此发挥示范作用,促进区域经济的协调发展。对于重点企业,应在资产盘活过程中采取公平对待各类市场主体的原则。特别是国有企业,需引导其将盘活存量资产视为实现保值增值、防范债务风险及优化资产结构的重要手段。同时,鼓励民营企业积极参与存量资产的盘活过程,合理处置自身资产并将回收资金用于再投资,以降低经营风险并促进其持续健康发展。

(二) 优化存量资产盘活方式

推动基础设施不动产投资信托基金的健康发展,提升资产的流动性与投资效率。提升基础设施领域不动产信托基金的推荐与审核效率,鼓励具有长期稳定收益的存量项目采用公私合营模式盘活,以增强其运营效率和服务水平。此外,规范产权交易流程,发挥产权交易所的价值发现功能,创新交易产品和方式,以为存量资产的合理流动和优化配置提供绿色通道,推动存量资产盘活交易更加规范、高效、便捷。

(三) 合理利用回收资金促进有效投资

加强回收资金管理,确保主要用于项目建设,而非其他支出。鼓励将回收资金注入具有收益的项目,发挥其在扩大投资中的杠杆作用。特别是在地方政府债务率高、财政收支压力大的地区,回收资金可适当用于"三保"(保基本民生、保工资、保运转)支出及债务偿还。优先支持新项目建设,尤其是涉及综合交通、物流枢纽、大型清洁能源基地、环境基础设施及"老龄化与儿童"相关领域的项目。

与此同时,相关部门应加速项目的审批、规划选址、用地、环境影响评价及施工许可等流程,以促进项目的快速实施。同时,在中央预算内投资的安排中,需对回收资金投入的新项目给予优先支持,鼓励社会资本通过多种方式参与国有存量资产的盘活,以实现更高效的资源配置和可持续发展。[1]

---

[1] 国务院办公厅关于进一步盘活存量资产扩大有效投资的意见[J]. 中华人民共和国国务院公报,2022(17):18—22.

第三节　防止国有资产流失

习近平总书记早在 2005 年就明确指出"要深化国有企业改革和国有资产管理体制改革,加强对国有资本运营各个环节的监管,严防国有资产流失"。在 2017 年他对国有企业改革提出"要加强监管,坚决防止国有资产流失"的要求,并在十九大报告中将这一表述进一步凝练为"推动国有资本做强做优做大,有效防止国有资产流失"。在后续的讲话中,他进一步强调要"加大国有企业反腐力度,加强国家资源、国有资产管理,查处地方债务风险中隐藏的腐败问题"[①]。

对国有资产保值增值、防止国有资产流失的理论理解,必须从坚持四个自信、警惕新自由主义的侵蚀这个角度来阐释。2014 年 3 月,习近平总书记在参加十二届全国人大二次会议安徽代表团审议时指出:"要吸取过去国企改革经验和教训,不能在一片改革声浪中把国有资产变成谋取暴利的机会。"2015 年 1 月,习近平总书记在中纪委五次全会上指出:"国有资产资源来之不易,是全国人民的共同财富,要完善国有资产资源监管制度。"2016 年 7 月,习近平总书记在全国国有企业改革座谈会上作出重要指示强调:"要加强监管,坚决防止国有资产流失。"同时,习近平总书记还强调要坚定中国特色社会主义道路自信、理论自信、制度自信和文化自信,坚决防止有些人用改革的名义宣扬"新自由主义",借机制造负面舆论。国有企业监管体制改革过程中必须确保国有资产的保值增值,坚决防止任何形式的国有资产流失,无论是国有控股还是国有参股,都应以不断发展壮大国有经济为前提和目标。

一、坚持"全面覆盖、分工协同、制约有力"原则

我国国有资产属于全体人民的共同财富,确保国有资产安全和防止资产流失是实现全面建成小康社会和共同富裕的基本要求。以国有资产保值增值、防止流失为核心目标,必须加快建设一个全面覆盖、分工明确、协同配合、制约有力的国有

[①] 一以贯之全面从严治党强化对权力运行的制约和监督 为决胜全面建成小康社会决战脱贫攻坚提供坚强保障[N]. 人民日报,2020—01—14.

资产监督体系,确保监督的严肃性、权威性和时效性,以促进国有企业的持续健康发展。在防止国有资产流失的艰巨任务中,坚持"党的领导、内外监督、放管结合、严肃问责"的国有资产监管原则。

首先,要坚持全面覆盖,突出重点。以切实维护国有资产的安全性,防范潜在风险,以为国家和社会创造更为稳定的经济环境为目标,对权力高度集中、资金流动密集以及资源丰富的部门、岗位和决策环节实施强化监管。

其次,要坚持权责分明,协同联合。通过整合监督资源,提升监督工作的协同效应,构建一个内外衔接、上下贯通的国有资产监督体系,进而优化监督效率,增强各级监督主体之间的信息交流与协作,确保监督措施的有效实施。

再次,要坚持放管结合,提高效率。在依法监督与激发企业活力之间找到合理平衡,改进和创新监督方式,尊重企业的经营自主权。通过增强监督的针对性和有效性,更好地适应市场变化,推动企业在符合政策要求的前提下自主发展。

最后,要坚持完善制度,严肃问责。依法实施监督的同时,应完善责任追究制度,确保对因违法违规行为导致的国有资产损失及监督失职的责任主体进行严格追究,提高监督的权威性,增强社会公众对国有资产管理的信任度,推动国有企业的健康可持续发展。[①]

二、着力强化企业内部监督

要确保问题能够及时、准确、有效地得到改正,进而在企业内部化解国有资产流失风险,就必须重点发挥企业党组织、工会作用,着力强化企业内部监督。为提升治理水平,企业集团应建立全面的监督体系。这个体系不仅应涵盖治理主体,而且需将审计、纪检监察、法律和财务等各个部门加以有效整合,以增强对子公司和各业务板块的全面监督,确保各项业务活动的合规与高效。

(一)在内部机制方面,企业应健全财务、采购、营销和投资等关键领域的管理流程

这意味着要制定详细的操作规程和标准,确保各部门在执行日常工作时遵循一致的原则和程序。同时,企业要强化总会计师和法律顾问的审核作用,他们在重

---

① 国务院办公厅关于加强和改进企业国有资产监督防止国有资产流失的意见[J].中华人民共和国国务院公报,2015(32):120—124.

大决策中应发挥更为重要的审核和把关职能,以确保每一项决策的有效性和合规性,降低潜在风险。

(二)董事会的运作规范性至关重要

推动外部董事占多数,能够引入独立的视角和专业的判断,增强董事会的决策能力。同时,明确内部制衡机制,有助于避免权力集中,确保决策过程的透明和公正。此外,设立外部董事审计委员会,将提升内部审计工作的规范性和专业性,确保企业在运营中保持高度的透明度。监事会的角色也不可忽视。母公司应负责提名监事会主席,提升专职监事的比例,将更多专业人士引入监督机制,强化对董事和高管的监督,确保其在履职过程中始终对企业的整体利益负责。

(三)职工的民主监督需要得到重视

完善职工代表大会制度,可以有效保障职工的知情权和参与权,鼓励员工对企业的决策和运营提出意见和建议,从而增强企业的凝聚力和向心力。

(四)企业党组织的作用不可或缺

确保企业决策符合党的政策和法律,不仅是企业合规运营的要求,更是推动企业健康发展的基础。党组织应主动参与企业的决策过程,促进企业在经营中始终保持合规性、合法性与社会责任。

三、切实加强企业外部监督

(一)切实加强企业外部监督,必须完善纪检、国资、审计监督体系

国有资产监管机构应坚持出资人管理与监督的统一,进一步加强对国有企业的监督。为防止资本流失,必须全面完善规划投资、改制重组、产权管理、财务评价和业绩考核制度。通过构建系统化的制度框架,强化对国有资产的监管,能够有效遏制国有资产流失现象,确保国有经济的稳定与持续发展。定期开展专项抽查不仅能及时发现和纠正管理中的问题,而且能增强国有企业的透明度和公信力。为此,应当设立专门的稽查办公室,以便集中处理监督过程中发现的各类问题,从而形成有效的反馈与改进机制。

(二)推行总会计师试点工作,强化对重大财务事项的监督

这不仅是对财务管理水平的提升,更是对国有资产安全的有力保障。尤其是在境外国有资产和大额资金使用方面,必须建立健全规范机制,确保每一项资金的流向和使用都能在阳光下运行,避免因不当使用而造成的资产损失。在外派监事

会的监督方面,要求其定期向政府报告工作情况,并实施"一企一公开"的制度,以有效提升企业内部管理的透明度,增强政府对国有企业的监督能力。

(三)审计监督体系需要明确各方职责,实现全覆盖

这样能提升职业化水平,以确保审计过程的公正与客观。同时,加强纪检监察和巡视工作,严肃查处腐败现象。建立高效的外部监督机制,需整合多方资源,减少重复检查,通过实现信息共享来形成合力。这种机制不仅有助于提高监管的效率与有效性,更能够促进国有企业在合规经营的基础上,持续创新与发展,从而为国家经济的长远发展提供坚实的支撑。

四、实施信息公开,加强社会监督

强化信息公开与社会监督的制度建设,是防止国有资产流失、促进国有企业健康发展的重要保障。必须积极推进国有资产和国有企业的重大信息公开,以增强社会监督的有效性。这一举措不仅有助于提升透明度,而且能增强公众对国有企业的信任,从而构建良好的社会共治格局。

(一)建立国有资产监管信息公开制度

设立专门的平台,依法披露国有资本运营、资产保值增值及经营业绩等信息,使相关数据能够及时、准确地向社会公众开放。这种透明化的信息披露有助于全面监控国有企业的经营活动,防止可能造成国有资产流失的行为发生。

(二)严格遵守《企业信息公示暂行条例》

在保护国家秘密和商业秘密的前提下,主动公开治理结构、经营状况和财务信息等。这不仅符合国家法律法规的要求,而且是提升企业治理水平的重要举措。通过透明的信息披露,促使企业在经营中更加规范、负责。

(三)必须重视社会监督

国有企业应积极回应舆论关切,畅通公众监督渠道,及时处理群众举报,保障公民的检举权。这种互动能够增强社会对国有企业的监督力度,促使企业更加关注自身的社会责任。

(四)推动社会中介机构规范执业,并发挥第三方监督的作用

作为独立监督主体,社会中介机构能够在信息公开和监督过程中提供专业支持,帮助社会更好地了解国有企业的运营状况,从而增强监管的权威性和有效性。

五、强化国有资产损失和监督责任追究

对于巡察过程中发现的问题,必须立即组建审查小组,迅速介入,追踪问题企业,分析典型问题和关键数据,防止国有资产损失进一步扩大。审查工作应在发现微小问题时迅速启动,这类似于股票投资的止损操作,及时介入是确保有效控制损失的前提。对已发生资产流失的企业,要彻底查明问题根源,无论问题涉及在职人员还是退休人员,都必须追究到底,严肃问责。

故此,为将国有资产流失减小到最低限度,必须加大违规处罚力度,严肃国有资产损失责任追究。明确企业是维护国有资产安全的主体,健全并执行违规经营责任追究制度。综合运用组织处理、经济处罚等手段,依法查办重大损失案件,严惩侵吞和逃废金融债务行为。对违规问题突出企业,追究党组织和纪检机构的责任。建立典型问题通报制度,强化对企业领导的警示教育。严格监督责任追究,落实外部监督主体责任,健全问责机制,追究失职行为,完善自我监督机制,查处监督人员违纪行为。修订完善国有资产监督相关法律法规,制定防止资产流失条例,实现法定化、规范化。选派政治坚定、业务过硬的人才,充实监督力量,优化知识结构,提升综合素质。健全日常管理和考核机制,与监督成效挂钩,保障队伍履职。[1]

---

[1] 国务院办公厅关于加强和改进企业国有资产监督防止国有资产流失的意见[J]. 中华人民共和国国务院公报,2015,(32):120—124.

第八章

完善中国特色现代企业制度

改革开放以来,党中央把国有企业改革作为经济体制改革的中心环节,坚持解放思想、实事求是,作出了一系列重要决策部署。1993年11月,党的十四届三中全会审议通过的《关于建立社会主义市场经济体制若干问题的决定》明确指出,我国国有企业经营机制的改革方向是要"建立适应市场经济要求、产权清晰、权责明确、政企分开、管理科学的现代企业制度"①。进入21世纪,随着社会主义市场经济体制的逐步完善,现代企业制度的建设得到了进一步的深化。党的十八大以来,以习近平同志为核心的党中央高度重视加强党对国有企业的全面领导,同时推动国有企业建立现代企业制度,提高资源要素利用效率和经营管理水平。2024年6月,在中央全面深化改革委员会第五次会议上,习近平总书记指出,"推动企业建立健全产权清晰、权责明确、政企分开、管理科学的现代企业制度,培育更多世界一流企业"②,赋予了中国特色现代企业制度以新的内涵和时代意蕴。党的二十届三中全会通过的《中共中央关于进一步全面深化改革、推进中国式现代化的决定》指出,"完善中国特色现代企业制度,弘扬企业家精神,支持和引导各类企业提高资源要素利用效率和经营管理水平、履行社会责任,加快建设更多世界一流企业"③。其中,"产权清晰、权责明确、政企分开、管理科学"这十六字方针,正是新时代完善中

---

① 中共中央文献研究室.十四大以来重要文献选编(上)[M].北京:人民出版社,1996:520.
② 完善中国特色现代企业制度 建设具有全球竞争力的科技创新开放环境[N].光明日报,2024-06-12:(01).
③ 中共二十届三中全会在京举行[N].光明日报,2024-07-19.

国特色现代企业制度的重要抓手,可以分别以加强党对国有企业的全面领导、构建国有企业内部制衡机制、完善国有企业市场化运营和培育世界一流企业为切入点来把握。

第一节　确保产权清晰,加强党对国有企业的全面领导

产权清晰是指生产资料的归属、使用权、收益权和处置权界定明确,这为市场经济中的交易提供了可靠的法律基础,降低了交易成本,提高了资源配置的效率。"企业中的国有资产所有权属于国家,企业拥有包括国家在内的出资者投资形成的全部法人财产权,成为享有民事权利、承担民事责任的法人实体"[①],在国有企业中,确保产权清晰有助于保护国家和人民的利益,防止国有资产流失,同时也能够吸引更多的资本投入,促进企业的发展壮大,是优化国有企业治理结构、提高企业效率和保障国家经济安全的重要措施,需要从完善党领导国有企业的制度机制、加强对国有资本的监督管理和推动国有企业严格落实责任三方面入手推进。

一、完善党领导国有企业的制度机制

(一)完善党领导国有企业的制度机制是加强党对国有企业全面领导的基础

党领导国有企业的制度机制是指在国有企业中确立和实现党的领导地位,确保党的方针政策和国家战略在企业决策和运营中得到贯彻执行的一系列制度安排。这包括党的组织体系、决策参与机制、监督保障体系以及与企业法人治理结构的衔接方式等。这种机制旨在保证国有企业发展在追求经济效益的同时,坚持社会主义方向,服务国家战略,促进社会和谐与进步。

(二)完善党领导国有企业的制度机制,不仅是坚持和发展中国特色社会主义、实现社会主义现代化的必然要求,而且是推动国有企业高质量发展、保障国家经济安全、促进社会和谐与进步的重要举措

作为国民经济的重要支柱,国有企业的健康发展对于国家的经济安全和社会稳定具有重要意义。党领导国有企业的制度机制不仅有助于提升国有企业的内部

---

① 中共中央文献研究室.《十四大以来重要文献选编》(上)[M].北京:人民出版社,1996:523.

治理水平,而且有助于确保国有企业在国家经济发展中发挥更大的作用,同时坚持社会主义方向,实现经济效益和社会效益的有机统一。

从理论层面来看,坚持生产资料公有制要求在国有企业经济活动中确保全体社会成员共同占有生产资料。在这个过程中,国有企业作为公有制经济的重要组成部分,其健康发展直接关系到社会主义经济制度的稳固。与此同时,党的领导是确保国有企业坚持社会主义方向、维护公有制主体地位的关键。完善党的领导机制,是确保国有企业沿着正确方向发展的根本保障。

从实践层面来看,国有企业在国家经济发展中扮演着举足轻重的角色。完善党的领导制度机制,有助于提高国有企业的竞争力,确保它们在市场经济中发挥主导作用,促进社会主义市场经济的健康发展。与此同时,国有企业在促进就业、提供公共服务、推动区域协调发展等方面承担着重要责任,完善党领导国有企业的制度机制可以更好地发挥国有企业在促进社会和谐与进步中的作用,推动国有企业树立和践行绿色发展理念,加强环境保护和资源节约,实现经济发展与生态环境的和谐共生。

(三)完善党领导国有企业的制度机制,是确保国有企业沿着社会主义方向健康发展的关键

首先,加强党的组织建设是确保党的领导得以落实的关键。国有企业应健全党的组织体系,包括党委、党支部等,确保党的组织全面覆盖企业各个层级。同时,要加强党员队伍建设,提高党员的政治素质和业务能力,确保党员能够在企业中发挥先锋模范作用。在组织建设的基础上,完善决策机制是完善党领导国有企业的制度机制的重要途径。国有企业应建立党组织与董事会、经理层的沟通协调机制,确保企业重大决策经过党组织讨论和决定。推行"双向进入、交叉任职"制度,让符合条件的党员领导干部进入董事会和经理层,实现党的领导与企业治理的有机结合。强化监督和问责是确保决策得到有效实施的重要保障。国有企业应建立健全企业内部监督体系,包括纪检监察、审计、风险控制等,加强对企业领导人员和关键岗位的监督。

其次,落实党风廉政建设责任制,加强反腐倡廉教育和制度建设,确保企业领导人员廉洁从业。此外,促进企业社会责任的履行,是国有企业在追求经济效益的同时,服务国家战略和社会发展的重要体现。国有企业应积极履行社会责任,关注环境保护、社会公益和劳动者权益,将社会责任纳入企业发展战略和绩效考核体系。推动制度创新和培养专业化人才,是提高国有企业市场竞争力和适应市场变

化能力的重要措施。国有企业应根据市场经济的发展和企业实际需要,不断推进企业管理制度创新,探索适应市场经济要求的企业管理模式和运营机制。

最后,推动党的建设与企业文化融合,加强党的思想政治工作,是确保党的领导在企业中得到全面落实的重要措施。国有企业应将党的建设与企业文化建设相结合,通过党的建设推动企业形成积极向上的企业文化,同时在企业中加强思想政治工作,增强员工的政治意识和责任感,确保党的方针政策得到贯彻执行。

二、加强对国有资本的监督管理

国有资本的监督管理机制是确保国有资产安全、高效运作和增值的关键机制。改革开放以来,我国对国有资本监督管理机制的发展脉络呈现逐步深化和完善的趋势。在早期阶段,国有企业的监督管理主要依靠行政手段,缺乏有效的市场机制和法律规范。随着市场经济体制的逐步建立,对国有资本监督管理的需求日益增长,推动了一系列改革措施的实施。1993年,随着《中华人民共和国公司法》(简称《公司法》)的制定,国有企业开始进行公司制改革,逐步建立现代企业制度,这为国有资本监督管理提供了初步的法律框架。2003年,国资委的成立标志着国有资本监督管理体制的重大改革,强化了对国有资产的监管,推动了国有企业的重组和结构调整。进入21世纪,国有企业改革进一步深化,混合所有制经济逐步推进,国有资本监督管理机制更加市场化、法治化。党的十八大以来,随着全面深化改革的推进,国有资本监督管理机制更加注重提高透明度和问责制度,利用信息技术手段提高监管效率,同时推动国有企业高质量发展。通过建立和完善国有企业信息披露制度、加强内部控制和风险管理、实施绩效考核和薪酬激励机制等措施,国有资本监督管理机制不断优化,以适应市场经济的要求,确保国有资本的保值增值。

在清晰界定产权的基础上,国有资本监督管理机制的核心使命是确保国有资产的安全,并致力于提升国有企业的运营效率及其在市场中的竞争力。为实现这一使命,需要从明确划分职能、构建风险评估体系和实施绩效奖惩机制三方面入手。

第一,要对股东大会、董事会、监事会及管理层的职能和责任进行明确划分,确保每个组织机构都能在其职权范围内独立运作,同时又相互配合,形成合力。股东大会作为企业的最高权力机构,负责审议和决定企业的重大事项,如战略规划、年度预算、利润分配等。董事会则承担着企业日常运营的决策和监督职责,确保企业按照既定目标和政策行事。监事会的主要职责是对董事会和管理层的行为进行监督,确保其决策和执行过程合法合规,同时保护股东和其他利益相关者的权益。管理层则负责企业的日常经营管理工作,执行董事会的决策,并向董事会报告工作。在这四个治理主体之间,需要建立一套有效的沟通和协调机制,以确保决策的科学性和透明度,确保所有决策都能在充分讨论和评估的基础上进行。

第二,应当重视内部控制体系的建设,包括风险管理、内部审计、合规性检查等方面,以确保企业能够有效识别和管理运营过程中的各种风险。通过这些措施,国有企业能够建立起一个更加健全、高效的治理结构。与此同时,要建立一套有效的内部审计机制,对企业的财务状况、运营流程和合规性进行定期检查,同时构建风险评估和管理机制,以便及时发现、评估并应对企业运营过程中可能遭遇的风险。

第三,通过实施绩效考核体系,将国有资本的保值增值目标与企业管理层的绩效紧密相连,以此激励管理层提高经营效率。设定清晰的业绩目标和绩效指标,并建立相应的奖惩机制,确保管理层的行为与企业的长期发展目标保持一致。此外,加强问责制度,对管理不善或导致国有资产损失的行为进行严格问责,这是保障国有资本安全的关键。为此,需要建立一套完善的责任追究机制,确保在问题出现时能够迅速识别责任人并实施相应处罚。

三、推动国有企业严格落实责任

推动国有企业严格落实责任,是指确保国有企业在党的全面领导下,按照国家法律法规和社会主义市场经济的要求,实现高质量发展,同时积极履行政治责任、经济责任和社会责任。推动国有企业严格落实责任,对于坚持和完善社会主义基本经济制度、推动经济高质量发展具有重要意义。2016年10月10日,习近平总书记在全国国有企业党的建设工作会议中指出,"国有企业是中国特色社会主义的重要物质基础和政治基础,是党执政兴国的重要支柱和依靠力量"[①]。深化国有企业改革,是增强国有经济竞争力、创新力、控制力、影响力、抗风险能力的必然要求,国有企业在经济社会发展中的特殊重要地位,决定了它们必须坚持讲政治,增强政治意识、大局意识和责任意识。国有企业领导人员要善于从政治上判断形势、分析问题,承担起应负的政治责任。这包括坚持党对国有企业的政治领导,确保中央政令

---

① 坚持党对国有企业的领导不动摇 开创国有企业党的建设新局面[N]. 光明日报,2016—10—12(01).

畅通和党的路线方针政策在企业的贯彻落实;坚持国有企业改革发展的正确方向,发展壮大国有经济,发挥国有经济的主导作用;充分发挥企业党组织的政治核心作用;全心全意依靠工人阶级,确保工人阶级的先进性和领导阶级的社会地位。国有企业要担负起经济责任、政治责任和社会责任,这不仅是国有企业的内在要求,而且是其在国家经济社会发展中的重要使命。国有企业要参与市场竞争,讲求经济效益,更要在关系国家安全和国民经济命脉的重要行业和关键领域中发挥骨干作用和支柱作用,成为国家可以直接掌控的加强宏观调控、应对突发事件和重大经济风险的可靠力量。通过这样的责任感和使命感,国有企业为我国经济社会的全面、协调和可持续发展提供了重要保障。

国有企业在履行社会责任、经济责任和政治责任的过程中,需要将党的领导、经济效益、社会责任三者有机结合,通过制度创新、管理优化和文化建设,不断提升企业的综合实力和核心竞争力,为实现中华民族伟大复兴作出积极贡献。第一,履行政治责任,国有企业必须坚持党的全面领导,确保党的方针政策在企业决策和运营中得到贯彻执行。企业领导层要增强政治意识,确保企业发展方向与国家战略保持一致。同时,国有企业要加强党风廉政建设和反腐败工作,建立健全监督机制,确保企业健康、廉洁、高效运行。第二,履行经济责任,国有企业要通过提高经营效率和创新能力,实现国有资产的保值增值。这包括优化资源配置,加强成本控制,提高产品和服务的质量,增强市场竞争力。国有企业还应积极响应国家战略,通过投资关键领域和战略性新兴产业,推动产业结构调整和升级,为国家经济发展做出贡献。第三,履行社会责任,国有企业应当坚持以人为本,关注利益相关方的需求和期望,通过合法合规的运营,保护环境,促进社会和谐与可持续发展。企业应积极参与社会公益活动,通过教育、健康、扶贫等领域的投入,提升企业的社会形象和品牌价值。同时,企业还应关注供应链的社会责任,推动合作伙伴共同遵守社会责任标准,构建和谐的产业生态。

第二节　保证权责明确,构建国有企业内部制衡机制

权责明确是提高企业治理效率的前提。国有企业应建立完善的法人治理结构,包括股东大会、董事会、监事会和经理层等,明确各自的职责和权限。与此同时,在国有企业内部形成制衡机制是为了确保企业决策的科学性、合理性和有效

性,防止权力滥用,提高企业的运营效率和风险管理能力。可以从改进国有企业法人治理结构、制定并实施国有企业权责清单和建立违规经营投资责任追究制度三方面入手,构建国有企业内部的制衡机制。

一、改进国有企业法人治理结构

国有企业法人治理结构是指在国有企业中建立的一套组织架构和运行机制,包括股东会、董事会、经理层和监事会等,旨在通过明确各治理主体的职责和权利,实现企业的决策、执行、监督相互分离和制衡,以提高企业的运营效率和风险控制能力。国有企业的改革发展中,"老三会"与"新三会"的有机结合是改进国有企业法人治理结构的关键。"老三会"指的是党委会、职工代表大会和工会,它们在传统的企业制度中发挥着重要的领导和监督作用;"新三会"则是指股东会、董事会和监事会,它们是现代公司治理结构的核心。从"老三会"和"新三会"的发展历程来看,大致可以分为以下几个阶段:

(1)在改革开放前的计划经济时期,国有企业的治理结构主要由党委会、职工代表大会和工会组成,这些机构在企业决策和日常管理中发挥着重要作用。党委会负责企业的政治方向和重大决策;职工代表大会和工会则代表职工利益,参与企业的民主管理和监督。

(2)在改革开放初期,国有企业开始探索与市场经济相适应的治理模式,在这一时期,国有企业开始实行厂长负责制,尝试引入市场机制,提高企业效率。

(3)1993年《公司法》的颁布,标志着我国国有企业开始全面推行公司制改革,引入了股东会、董事会、监事会的现代企业治理结构,这一改革强调了企业的法人财产权和经营自主权,使得企业能够更加灵活地适应市场变化。进入21世纪,国有企业加快了公司制股份制改革的步伐,推动了企业内部治理结构的优化。

(4)党的十八大以来,国有企业改革进入了新阶段,更加注重改革的系统性、整体性和协同性。国有企业改革的重点转向了完善现代企业制度,发展混合所有制经济,以及提高国有企业的核心竞争力。当前,国有企业正朝着"世界一流企业"的目标迈进,继续深化内部改革,加强党的领导,完善公司治理,提高企业的市场竞争力和国际影响力。

在改革过程中,"老三会"的职能逐渐与"新三会"相融合。党委会作为国有企业的政治核心,确保企业决策符合国家方针政策,同时通过"双向进入、交叉任职"

的方式,参与到董事会和监事会中,影响企业的重大决策。通过"新三会"与"老三会"的有效结合,实现企业治理结构的优化,有助于国有企业在保持党的领导和提高企业效率之间找到平衡点,确保企业的健康发展,同时维护职工和股东的利益。

二、制定并实施国有企业权责清单

国有企业权责清单是指在国有企业中,为了明确各治理主体的职责和权限,根据国家法律法规、公司章程以及企业内部管理规定,制定的一份详细列表。权责清单的制定,旨在确保各治理主体在其角色和职能上既不缺失,也不越权,从而避免职责重叠和权力滥用。

从国有企业权责清单的发展脉络来看。改革开放初期,国有企业开始探索扩大自主权,实行利润留成等改革措施,这是权责清单概念的萌芽阶段。随着承包经营责任制的推行,国有企业所有权和经营权开始分离,为后续权责清单的明确奠定了基础。1993年《公司法》的实施是权责清单发展的重要阶段。2003年国资委的成立,标志着权责清单作为规范治理结构的重要工具被进一步强化。2015年8月24日,中共中央、国务院印发了《关于深化国有企业改革的指导意见》,其中明确提出了推进公司制股份制改革、健全公司法人治理结构、建立国有企业领导人员分类分层管理制度等要求,这些都为权责清单的制定提供了政策依据和指导原则。例如,党委会作为国有企业的政治核心,其职责在于确保企业决策与党和国家的方针政策保持一致,同时在战略规划和重要人事任命中发挥关键作用。通过权责清单,党委会的领导和监督职能得以明确,确保企业沿着正确的方向发展。董事会则承担着企业战略决策和监督管理的职责。权责清单应详细规定董事会在资本运作、风险管理、绩效评估等方面的具体任务,以及其在企业治理中的核心地位。这有助于董事会更加聚焦于企业的长期发展和股东利益。经理层作为企业日常运营的执行者,权责清单需要明确其在生产管理、市场营销、财务管理等方面的权限。这样,经理层可以在董事会的指导和监督下,有效实施企业战略,确保企业运营的高效和有序。监事会的职能是监督董事会和经理层的行为,确保企业经营的合法性和合规性。权责清单应当赋予监事会必要的权力,以审查企业财务报告、监督董事和高级管理人员的履职情况,从而为企业的健康发展提供保障。通过这些权责清单的实施,国有企业能够实现治理主体之间的协调和制衡,提高决策的透明度和执行力。这不仅有助于提升企业的运营效率和市场竞争力,而且能够确保国有资产的保值增值，推动国有企业在市场经济中稳健发展。

三、建立违规经营投资责任追究制度

违规经营投资责任追究制度是为了加强国有企业监督管理，确保国有资产安全，防止资产流失而建立的一项重要机制。该制度依据国家相关法律法规和政策文件，如《公司法》《中华人民共和国企业国有资产法》以及《国务院办公厅关于建立国有企业违规经营投资责任追究制度的意见》等，对国有企业的经营投资行为进行规范。该制度的核心目标是构建一个权责清晰、约束有效的经营投资责任体系，通过依法依规问责，确保责任追究工作有法可依、有章可循。

违规经营投资责任追究制度强调分级组织、分类处理，客观公正地确定责任，并采取惩教结合、纠建并举的原则，旨在提高国有资本效率，增强国有企业活力，实现国有资本保值增值。建立违规经营投资责任追究制度是国有企业规范管理、防范风险的重要措施。

首先，明确责任追究的范围是制度建设的基础。这涉及集团管控、购销管理、工程承包建设、产权转让、固定资产投资等多个关键领域。在这些领域，任何违规行为都可能导致国有资产的损失。因此，对这些行为，必须进行详尽的调查和核实，依据国家法律法规和企业内部管理规定，对损失金额及其影响进行准确认定，包括直接损失和间接损失，并根据损失的严重程度进行分类，为后续的责任追究提供依据。

其次，责任认定是追究制度的核心。在国有企业中，每一项决策和执行都应有明确的责任主体。根据工作职责，将责任划分为直接责任、主管责任和领导责任，确保每个责任人都清楚自己的职责范围和应承担的后果。实行重大决策终身责任追究制度，意味着无论责任人是否已经离开原岗位，一旦其决策造成损失，就都将被追究责任，这有助于增强企业经营投资的责任意识和约束。

再次，责任追究处理是制度实施的关键。在确认责任主体和损失情况后，必须对相关责任人采取相应的处理措施。具体包括：组织处理，如警告、降职、免职等；经济处罚，如扣减薪酬、追索不当所得等；禁入限制，如在一定期限内禁止担任国有企业领导职务；纪律处分，如党纪政纪处分；移送司法机关处理，对于涉嫌犯罪的行为，依法追究刑事责任等。这些措施的实施，确保了违规行为得到及时和有效的处罚。此外，责任追究工作的组织实施也是必不可少的。这要求根据干部管理

权限,由履行出资人职责的机构和国有企业分别组织开展责任追究工作。通过明确责任追究的程序和方法,确保责任追究工作的权威性和有效性,同时也保障了责任追究的公正性和透明性。

最后,加强监督制度和能力建设是提升责任追究制度有效性的重要保障。具体包括完善企业国有资产监督法律制度,确保监督工作的合法性和规范性;加强监督队伍建设,提升监督人员的专业能力和道德水准;运用现代信息技术手段,提高监督的效率和质量;等等。通过这些措施,构建起一个全面覆盖、分工明确、协同配合、制约有力的国有资产监督体系,为国有企业的健康、稳定和可持续发展提供坚实的保障。

第三节 促进政企分开,完善国有企业市场化运营

企业具有合理的、独立的组织结构,能够形成行之有效的内部管理制度和机制。对国有企业来说,政企分开就是要实现政府行政管理职能、宏观和行业管理职能与企业经营职能分开,扩大企业自主权以及分离原承担的社会职能,进一步完善国有企业的市场化运营。需要从落实并完善公平竞争制度、深化自然垄断行业的改革、推进分类核算和分类考核,以及进一步规范补偿机制四个方面入手,重点推进国有企业市场化运营。

一、落实并完善公平竞争制度

从党的十六大明确提出"两个毫不动摇"到党的二十大通过了写有"两个毫不动摇"的《中国共产党章程(修正案)》,再到党的二十届三中全会再次强调"两个毫不动摇",提出要"保证各种所有制经济依法平等使用生产要素、公平参与市场竞争、同等受到法律保护,促进各种所有制经济优势互补、共同发展""加强公平竞争审查刚性约束,强化反垄断和反不正当竞争,清理和废除妨碍全国统一市场和公平竞争的各种规定和做法"[①]。可见,坚持"两个毫不动摇"已经成为中国特色社会主义道路的重要组成部分和中国共产党的大政方针,具有长期性、稳定性和一贯性。

---

① 中共二十届三中全会在京举行[N].光明日报,2024-07-19(01).

与此同时,落实并完善公平竞争制度,能够调动社会各方面的积极性,特别是鼓励广大人民和各类企业主体通过市场公平竞争创造财富。公有制经济和非公有制经济之间不是零和博弈的关系,双方互惠共生,在竞争合作中共同发展。[1]特别是公有制经济的性质和作用决定了在中国特色社会主义制度下可以实现"国民共进"。公有制经济和非公有制经济各自实现高质量发展和发挥各自功能与作用的同时,必将形成合力以促进新质生产力发展,共同创造人类物质文明新形态。一方面,国有企业要聚焦主业,进行战略性重组整合。多数国有企业仍然大而不强,业务范围存在交叉重叠,应进一步推进国有企业战略重组,坚持有进有退,向符合国家战略的重点行业、关键领域和优势企业集中;积极开展专业化整合,实现资源向优势企业、主业企业集中;加快同类业务横向整合、产业链上下游纵向整合,加快剥离非主业、非优势企业,推进国有经济布局优化和结构调整。另一方面,要通过国有企业战略重组和非核心业务剥离创造更多的市场机会,发展产业链协同的混合所有制经济。要让国有企业向主业领域集中,逐渐剥离非主业,战略性退出一些非优势领域。由此产生的市场空间应当允许民营企业平等进入,通过生产外包、配套采购、服务购买等方式与国有企业结成产业链协同的业务网、销售网,从而打破单一所有制经营,使各类所有制企业通过市场联系,形成相互合作的混合所有制经济格局。

二、深化自然垄断行业的改革

自然垄断环节是指在某些行业中,由于特定的经济技术条件,某一环节具有明显的规模经济和范围经济的特性,需要集中建设运营才能更有效地发挥效益,因此具有自然垄断属性。党的二十届三中全会指出,"推进能源、铁路、电信、水利、公用事业等行业自然垄断环节独立运营和竞争性环节市场化改革,健全监管体制机制"[2]。在国家经济和社会发展中,能源、铁路、通信、水利和公共事业等关键领域扮演着至关重要的角色,它们对国家经济的稳定和人民的福祉有着直接的影响。这些行业在不同阶段展现出独特的经济特征和发展模式。特别是位于产业链中心的网络基础设施,由于其规模经济和范围经济的优势,通常需要统一的建设和管理来实现最大的效益,因此它们通常具有垄断性质。而产业链的两端,包括生产、销售、

---

[1] 谢富胜、王松.在协同竞争中推动公有制经济与非公有制经济共同发展[J].教学与研究,2020(12).
[2] 中共二十届三中全会在京举行[N].光明日报,2024-07-19(01).

运输、服务和设备制造等环节,则可以通过市场竞争来提高资源配置的效率,这些环节是具有竞争性的。

党的十八大以来,党中央高度重视垄断行业改革和健全自然垄断环节监管工作,深入推进能源、铁路、电信、水利、公用事业等重点行业改革,深化以政企分开、政资分开、特许经营、政府监管为主要内容的改革,根据行业特点实行网运分开、主辅分离、放开竞争性业务,取得了重要进展。油气行业组建国家石油天然气管网集团有限公司,实现了干线管网独立运营;电力行业按照"管住中间、放开两头"的体制架构,实行了厂网分开、主辅分离,并加快构建全国统一电力市场体系;电信行业推动实现了铁塔站址和卫星网络等通信网络基础设施独立运营;水利行业实现了以南水北调工程为代表的干线水网独立建设运营。重点行业自然垄断环节独立运营和竞争性环节市场化改革在推进过程中,虽然取得积极进展,但还存在一些问题:一些行业自然垄断环节与竞争性环节尚未有效分离,自然垄断环节总体功能定位不清晰,对自然垄断环节监管不到位;部分行业竞争性环节没有充分放开,有效竞争的市场格局尚未形成。

不断深化关键行业垄断环节的独立管理和竞争环节的市场化改革,旨在强化国有经济的控制力,确保其在关键行业和领域发挥战略作用,优化基础设施布局,提高网络稳定性和服务质量。这有助于平衡发展与安全,促使企业执行国家战略和规划,保障国家安全,预防和解决风险。同时,这也有助于吸引更多企业参与竞争环节,通过市场机制拓展市场空间,促进行业健康发展。在推进垄断环节独立运营和竞争环节市场化改革的过程中,需要确保监管有效、有序竞争、尊重行业特性和市场规律、科学制定政策。对于关键行业的垄断环节,需要协调推进独立运营和加强监管,确保在国家监管下独立运作。推动垄断业务与竞争业务分离,对于条件不成熟的,实行独立核算。规范企业的经营范围,建立评价制度,明确监管范围,加强监管协同。对于竞争环节,需要进一步放宽限制,稳步推进行政职能与业务分离,激发市场活力,充分发挥市场机制的作用。

三、推进分类核算、分类考核

分类核算和分类考核是两种不同的管理和评估方法,它们在会计、企业管理和组织绩效评估中有着广泛的应用。

(一)分类核算

分类核算是一种会计核算方法,它通过将经济活动按照不同的类别进行分类,更好地管理和控制企业的财务状况。在会计中,分类核算通常涉及将交易和账目分配到不同的总分类账户和明细分类账户中。这样做的目的是提供更详细的财务信息,帮助管理者和决策者更好地理解企业的经济活动,并对其进行有效的监督和控制。例如,企业可能会根据业务类型、地区、产品线等不同的维度来进行分类核算,以便更精确地衡量各个部门或业务单元的绩效。

(二)分类考核

分类考核是一种绩效评估方法,它通过将参与者或被评估者划分到不同的类别或等级中,来确定其在特定领域的表现水平。这种方法通常基于一系列标准或指标,通过将被评估者分配到合适的等级中来准确地评估其表现。分类考核的目的是对参与者的能力、知识或技能进行客观评估,并将其与其他人进行比较和区分。在企业或组织中,分类考核可以用来评估员工的工作表现、团队的协作能力、项目的完成情况等。在国有企业的改革和发展中,分类考核尤其重要。根据国务院国资委的划分标准,国有企业的分类改革主要将国有企业分成商业一类、商业二类和公益类三个类别。商业一类企业主要处于市场竞争性最充分的行业与领域;商业二类企业除考虑市场竞争外,还强调重大战略意义;公益类企业则聚焦保障民生、服务社会等。这种分类考核有助于明确并有序规划国有企业的战略定位与发展方向,实现监控更精准、考核更精确的目标,从而为国有企业进一步提质增效提供广泛的发展空间。

(三)实施策略

推进分类核算和分类考核是一项复杂的系统工程,需要采取多方面的策略来确保其有效实施。

第一,国有企业的分类改革应当统筹协调,平稳推进。这意味着改革需要考虑不同地区、不同行业的实际情况,以及企业的功能定位和特点。通过因地制宜的方式,确保改革的步骤和方法既符合企业的实际情况,又能够兼顾不同企业的需求。

第二,加强宣传和沟通,通过网络媒体、报刊等多种渠道,积极宣传分类改革的意义和目标,以营造支持改革的良好氛围。

第三,细化和优化分类标准是推进分类核算和分类考核的关键。国资委已经定义了国有企业的三类标准,但在实际操作中,还需要进一步细化这些标准,特别是对于那些关系国家安全和国民经济命脉的重要行业和关键领域,以及提供社公共产品的企业。这样的细化有助于提高分类的科学性和准确性。此外，科学制定分类考核指标体系至关重要。不同类型的企业应有不同的考核指标和标准。例如，对于那些处于充分竞争行业的商业一类企业，应重点考核其经济效益和资本回报水平；而对于商业二类企业，就应强调其服务国家战略和完成重大专项任务的能力；公益类企业则应侧重其提供公共产品和服务的质量和效率。

第四，创新和优化评价方法也是提高分类核算和分类考核有效性的重要途径。可以引入如平衡计分卡（BSC）等先进的绩效评估工具，并根据国有企业的实际情况进行本土化改造。这样的方法有助于全面评估企业的绩效，并为企业提供更有针对性的改进建议。

四、进一步规范补偿机制

补偿机制通常指的是一种制度安排，用于调整和解决因为某些政策、行为或市场失灵导致的不公平或不利影响。这种机制的目的是确保各方的利益得到合理补偿，从而维护社会公平正义和经济效率。在国有企业中，进一步规范补偿机制是指对国有企业不实行基于所有制的补贴，而是建立科学合理、稳定可靠、公开透明的企业公共服务支出补偿机制。

建立科学合理、稳定可靠、公开透明的企业公共服务支出补偿机制，具体措施如下：

（一）确立清晰的补偿原则和目标

补偿原则应确保国有企业在提供关键公共服务时能够得到适当的经济支持，以维持其服务的连续性和质量。目标是实现公共服务的可持续供给，同时激励企业提高效率和创新。

（二）制定具体的补偿标准和程序

补偿标准应基于企业为提供公共服务所发生的合理成本，包括直接成本和间接成本。程序则应包括补偿的申请、审批、发放和监督，以确保整个过程的公正性和透明度。

（三）对不同职能定位的企业实施分类管理

这点是至关重要的。商业类企业可能更侧重经济效益，而公益类企业则更注重社会效益和服务质量。对于后者，补偿机制应更加注重保障其提供服务的能力。

（四）强化监管和审计

这是确保补偿机制有效运行的关键。需要建立强有力的监管体系，对补偿资金的使用进行严格监督和审计，确保资金用于预定目的，防止滥用和浪费。同时，通过信息公开和公众参与，提高补偿机制的透明度和公信力。补偿机制还应当具备动态调整的能力，以适应市场、物价水平、企业运营状况等因素的变化。

（五）定期评估补偿机制的实施效果

这样可以及时调整政策，确保补偿机制的有效性和适应性。

（六）鼓励社会参与和市场机制的引入

例如，可以通过政府和社会资本合作模式、政府购买服务等方式，鼓励社会资本参与公共服务供给。探索建立市场化的生态补偿机制，如碳排放权交易、水权交易等，以提高资源配置的效率。

（七）完善相关法律法规

相关法律法规是补偿机制长期稳定运行的基础。需要修订和完善与补偿机制相关的法律法规，为补偿机制提供坚实的法律基础。这包括明确补偿的法律地位、规范补偿流程、界定参与各方的权利和义务。

（八）建立跨部门协调机制

有了跨部门协调机制，就能统筹协调不同地区、不同部门之间的补偿政策和资金，形成合力。这有助于避免政策冲突，提高补偿机制的整体效益。同时，提供必要的财政、税收、金融等政策支持，为补偿机制的实施创造良好的外部环境。

通过上述措施，补偿机制将能够有效地支持国有企业提供公共服务，同时保障社会公共利益。

第四节　实现管理科学，培育世界一流企业

企业通过刚性的预算约束、合理的财务结构，来实现发展扩张，在经营不善时也可以依法退出。在国有企业内部，实现管理科学，就是要学习引入世界一流的质量管理、生产管理、供应管理、销售管理、研究开发管理、人事管理等，优化组织结构与管理结构、实现业务的全球化配置和完善国际化人才的选拔培训机制。

一、优化组织结构与管理机制

对于企业而言，创新是推动其向前发展的关键因素，而有效的管理则是确保这种发展得以持续的基石。没有高效的管理，企业就难以达到国际领先水平。管理在多个层面上对企业的成长具有积极作用，包括规范企业运作、提升效率、保证产品和服务质量、创造价值以及预防运营风险等。此外，优秀的管理还能促进企业的创新，增强其整体实力和市场竞争力。要打造国际领先的企业，就必须建立完善的管理制度，优化流程，提升管理能力，提高效率；同时，需要培养一流的企业文化，采用先进的管理工具，形成高效的管理模式。自改革开放以来，中国企业一直在学习欧美企业的先进管理经验、理念、方法和工具。随着管理教育和实践的不断进步，中国企业的管理水平有了显著提高。

一方面，国外先进的管理理念、方法和工具在中国得到了广泛应用；另一方面，许多优秀的企业也在探索适合中国国情的管理方式，形成了具有中国特色的先进管理模式。例如，中国建筑公司以"拓展幸福空间"为使命，坚持"品质保障、价值创造"的核心价值观和"低成本竞争、高品质管理"的经营策略，不断努力提升精细化管理和成本控制能力，致力于成为世界一流企业。尽管如此，中国企业在管理水平上与欧美企业相比仍有差距。提升管理水平，弥补短板，是中国企业迈向国际领先水平的重要任务。近年来，国务院国资委一直在推动国有企业提高管理水平，以加快中央企业建设世界一流企业的进程，并为此发布了相关的通知和行动指南。

培育世界一流企业是一个全面且复杂的过程。首先，战略管理的优化是基础。企业需要建立清晰、可执行的长远战略目标，并根据市场变化灵活调整。国有企业尤其应聚焦核心业务，优化资源配置，同时加强组织结构与战略的匹配度，提升国际化经营能力。其次，组织结构与管理机制的改革至关重要。企业应通过精简管理层级、优化业务流程、强化数字化转型等措施，提高决策效率和市场响应速度。例如，中国石油集团通过优化总部组织结构，增强了企业的灵活性和市场竞争力。创新驱动是提升企业核心竞争力的关键。企业应加大研发投入，鼓励技术创新和管理创新，构建创新文化，同时加强与外部科研机构的合作，以推动企业持续发展。在质量与效率管理方面，企业应追求卓越的产品和服务质量，通过精益生产和优化供应链管理，提高生产效率和成本控制能力，以满足市场需求和提升客户满意度。最后，国际化与全球竞争力的提升是企业成长为世界一流企业的重要途径。企业需要构建全球运营网络,遵循国际规则,加强国际合作,以增强在全球市场的竞争力和影响力。

二、实现业务的全球化配置

国有企业业务的全球化配置是指企业在全球范围内对业务、资源、资本、技术和人才等进行战略性布局和管理,以实现资源的最优配置和风险的有效分散。通过业务的全球化配置,国有企业可以更好地利用全球资源,提高竞争力,把自身锻造成为世界一流企业。例如,近年来,中国宝武钢铁集团有限公司坚持重视利用国内国外两个市场、两种资源,海外业务和资产遍布全球。截至2024年,宝武设立的境外子公司有113家,遍布五大洲18个国家和地区;聘用的境外员工超过15 000名。其海外事业发展总体取得了较好的成绩,特别是经过坚持不懈的艰苦努力,在海外铁矿资源开发和海外钢铁基地建设上取得了突破。

实现业务的全球化配置,需要从品牌建设、文化融合和国际化战略等方面入手。

第一,在全球化的商业环境中,品牌建设是企业获得市场竞争优势的关键。企业需要构建一个清晰且吸引人的品牌定位,这个定位应与企业的长期目标和价值观相吻合。品牌的价值主张应当传达出企业的独特性和对消费者承诺的一致性。为了在全球市场上保持品牌的一致性,企业必须确保品牌信息、视觉元素和客户体验在全球范围内的统一。同时,品牌本地化是品牌建设中的一个重要方面,它要求企业对不同文化和市场的消费者需求有深刻理解,并能够将这些理解融入品牌传播和产品开发中。有效的品牌传播策略和营销活动也是提升品牌知名度和忠诚度的关键。同时,企业必须在全球范围内保护其品牌,通过注册商标和版权来防止品牌被滥用或被侵犯。

第二,文化融合是全球化企业成功的关键因素之一。在不同国家和地区运营时,企业必须展现出对当地文化的敏感性和尊重。这意味着企业需要理解并适应不同文化背景下的商业惯例、沟通风格和社会规范。多元化团队的建设是文化融合的重要途径,它不仅能够为企业带来多样化的观点和创新思维,而且能够帮助企业更好地服务全球客户。企业还需要在尊重文化差异的基础上,整合不同文化中的共同价值,形成一种包容性的企业文化。为了促进文化融合,企业应鼓励跨文化沟通和交流,并通过培训和团队建设活动提高员工对不同文化的适应能力。企的领导者在推动文化融合方面扮演着至关重要的角色,他们的行为和决策应体现出对多样性和包容性的承诺。

第三,国际化战略是企业在全球市场上实现长期发展和成功的重要规划。企业需要对目标市场进行深入研究,包括经济状况、消费者行为、竞争对手和法律法规等方面,以便制定有效的市场进入和扩张策略。全球布局要求企业根据自身的资源和能力,选择最合适的市场和时机进行扩张。产品和服务的本地化是满足不同市场需求的关键,它要求企业能够灵活调整其产品以适应不同市场的特定要求。有效的供应链管理对于确保产品质量和及时交货至关重要。此外,企业必须识别和评估国际化过程中可能遇到的各种风险,并制定相应的风险管理策略,以保护企业免受政治、经济、法律和文化风险的影响。通过精心规划和执行国际化战略,企业可以在全球化的商业环境中实现持续增长和繁荣。

三、完善国际化人才的选拔培训机制

国际化人才的选拔培训机制是企业为了适应全球市场的需求而制定的一系列流程和策略,旨在培养和选拔具有国际视野、跨文化沟通能力和全球竞争力的人才。围绕人才的引进、使用、评价、激励等进行制度设计与优化,营造有利于科研人才交流与成长的工作环境和工作机制。

在国有企业中,完善国际化人才的选拔培训机制对于提升企业的国际竞争力至关重要。通过精心设计的选拔与培训流程,企业能够吸引和培养具有国际视野和专业技能的人才,这些人才能够帮助企业更好地适应全球化的市场环境,从而在全球范围内提升竞争力。国际化人才的引入和培养还能够促进企业的创新活动。这些人才通常具有多元文化背景和先进的管理理念,他们能够带来新的思维模式和创新方法,推动企业在技术革新和管理实践上取得突破。随着国有企业"走出去"战略的深入实施,对懂得国际规则、能够参与国际事务的人才需求日益增加。这个机制通常包括以下几个方面:

首先,选拔机制是基础,它涉及设定清晰的国际化人才标准,通过多种招聘渠道吸引全球人才,并运用全面的评估方法来确定候选人的潜力和适应性。这包括对候选人的语言能力、专业知识、工作经验以及对不同文化的理解进行综合考量。

其次,培训与发展是关键,企业需要设计专门的培训计划,如语言培训、跨文化沟通技巧、国际商务礼仪等,以提升员工的国际业务能力;同时,提供海外工作和参

与国际项目的机会,让员工在实践中学习和成长。此外,鼓励员工持续学习,保持对国际市场和技术动态的敏感性。

再次,通过设定与国际化业务相关的绩效指标,以及建立有效的反馈和沟通机制,可以确保人才的发展与组织的需求相匹配。绩效评估是确保人才与企业目标一致的重要环节。

接着,激励与保留机制对于吸引和留住关键人才至关重要。这包括提供有竞争力的薪酬和福利,为人才提供清晰的职业发展路径,以及营造一个包容和多元的企业文化,增强人才的忠诚度和归属感。国际化视野的培养是提升人才全球竞争力的核心。企业需要构建全球人才网络,促进不同地区和文化背景员工之间的交流与合作,同时培养员工的全球战略思维,使其能够从国际视角分析和解决问题。

最后,技术和数字化工具的应用对于提高人才管理的效率和效果至关重要。利用数字化平台进行人才选拔和培训,通过数据分析来优化人才发展流程,从而实现精准人才培养。

第九章

加强国有企业党的建设

强化党对国有企业的领导,加强国有企业党的建设,不仅是巩固党的执政地位、确保国有企业沿着社会主义方向前进的必然要求,而且是推动国有企业深化改革、实现高质量发展的关键所在。

党的十八大以来,以习近平同志为核心的党中央高度重视国有企业党的建设,就坚持党对国有企业领导、强化国有企业党的建设等重要理论和实践问题多次发表重要讲话,并作出一系列重大决策部署。2016年,习近平总书记在全国国有企业党的建设工作会议上,科学系统地回答了国有企业要不要、国有企业要不要加强党的建设、怎样加强党的建设等一系列重大理论和实践问题,明确指出:"坚持党的领导、加强党的建设,是我国国有企业的光荣传统,是国有企业的'根'和'魂',是我国国有企业的独特优势。"[①]2019年,中共中央印发《中国共产党国有企业基层组织工作条例(试行)》,全面规范了国有企业党组织工作;2020年,国务院国资委、财政部联合印发《国有企业公司章程制定管理办法》,其中明确了公司党委(党组)或党支部(党总支)的职责权限、机构设置、运行机制等重要事项。2021年,中央办公厅印发《关于中央企业在完善公司治理中加强党的领导的意见》,对中央企业如何将加强党的领导与完善公司治理相统一,加快完善中国特色现代企业制度作出进一步部署。正是理论认识的不断深化和科学有效的决策部署,我国国有企业党的建设取得了显著成效,为国有企业改革发展注入了强劲动力。

[①] 习近平.习近平谈治国理政:第2卷[M].北京:外文出版社2017:176.

新时代新征程,我们要不断创新国有企业党建工作思路和方法,将党的领导有效融入公司治理各环节,坚持党管干部、党管人才的原则,促进党建工作与生产经营的深度融合,为国有企业高质量发展提供坚强的政治保证和组织保证。

第一节　将党的领导融入公司治理各环节

习近平总书记强调,坚持党对国有企业的领导是重大政治原则,必须一以贯之;建立现代企业制度是国有企业改革的方向,也必须一以贯之。中国特色现代国有企业制度,"特"就特在把党的领导融入公司治理各环节,把企业党组织内嵌到公司治理结构之中。[①] 党的二十大报告进一步提出要"推进国有企业、金融企业在完善公司治理中加强党的领导"[②]。只有将党的领导融入公司治理各环节,才能使党的领导的政治优势与现代企业制度的科学高效运行机制实现协同增效,提升国有企业治理效能。新形势下,将党的领导融入公司治理各环节就要明确党组织在公司治理结构中的法定地位,完善"双向进入、交叉任职"领导体制,建立健全党组织参与重大问题决策机制并不断强化党组织对国有企业的全面监督。

一、明确和落实党组织在公司法人治理结构中的法定地位

党组织在国有企业发挥作用由来已久,其在国有企业中的定位及其发挥作用的方式随着国有企业的成长与改革经历了多次调整。

新民主主义革命时期,我们党兴办、建立的公营企业实行厂长负责制,即"一长制"。此时党组织的主要任务是做好思想政治工作,团结教育工人,调动工人积极性,贯彻厂长的决策。

新中国成立初期,党和国家在对国营企业的领导和管理实践中,对党委领导下的厂长负责制与厂长负责制两种模式进行了探索。为克服在厂长负责制下暴露的党组织对生产工作的监督作用变得软弱无力的弊端,党的八大明确了党对国营企业的核心领导地位,指出"在企业中,应当建立以党为核心的集体领导和个人负责

---

① 习近平.习近平谈治国理政:第2卷[M].北京:外文出版社,2017:176.
② 习近平.高举中国特色社会主义伟大旗帜 为全面建设社会主义现代化国家而团结奋斗——在中国共产党第二十次全国代表大会上的报告[M].北京:人民出版社,2022:68.

相结合的领导制度"。

改革开放与社会主义现代化建设新时期,随着国营企业改革的不断推进,厂长负责制成为经济体制改革的重点任务,党组织的作用定位被调整为保证监督。为了纠正实践中出现的党组织作用被弱化的错误倾向,1989年8月,《中共中央关于加强党的建设的通知》明确了"党在企业的基层组织处于政治核心地位"[①]。1992年10月,党的十四大进一步把企业党组织的政治核心作用写进了党章。党的十四届三中全会明确将建立健全社会主义市场经济体制下的现代企业制度作为国有企业改革方向。现代企业制度以产权制度为基础,以公司治理为核心。以股东大会、董事会、监事会和管理层为主体的公司治理结构是其主要特征。如何将党组织政治核心作用的发挥与国有企业公司治理相融合开始成为重要的理论与实践探索课题。

1997年1月,《中共中央关于进一步加强和改进国有企业党的建设工作的通知》首次提出:"党委成员可依法分别进入董事会、监事会和经理班子;董事会、监事会、经理班子中的党员,具备条件的,可按照有关规定进入党委会。"[②]这就是"双向进入、交叉任职"的雏形,它为解决这一问题开辟了新思路。2005年,《公司法》明确规定应根据中国共产党章程的规定,设立党组织,开展党的活动,并为党组织的活动提供必要条件,从法律上肯定了党组织在公司治理中的地位和作用。然而,关于党组织在公司治理结构中地位的规定不够明确和具体,党组织的责任及工作机制也没有得以明确。实践中,国有企业公司章程对党建工作缺乏全面、系统的规定。国有企业党的领导弱化、淡化、虚化、边缘化的问题较为严重,党组织在公司治理结构中的法定地位亟待进一步明确与落实。

为扭转这一局面,党的十八大以来,以习近平同志为核心的党中央出台了一系列政策文件,进一步明确和落实党组织在公司法人治理结构中的法定地位,将党组织与公司治理的融合推进到崭新阶段。2015年9月,《关于在深化国有企业改革中坚持党的领导加强党的建设的若干意见》提出,要明确国有企业党组织在公司法人治理结构中的法定地位,强调将党建工作总体要求纳入国有企业章程。2016年10月,中组部和国务院国资委党委将"健全党组织议事决策机制,厘清党委(党组)和其他治理主体的权责边界,完善'三重一大'事项决策的内容、规则和程序,落实党

---

① 中共中央文献研究室.十三大以来重要文献选编(中)[M].北京:人民出版社,1991:595.
② 中共中央文献研究室.十四大以来重要文献选编(下)[M].北京:人民出版社,1999:2241.

组织研究讨论是董事会、经理层决策重大问题前置程序的要求"①明确列入国有企业党建工作的 30 项重点任务。2017 年 10 月,党的十九大通过的党章进一步明确了"国有企业党委(党组)发挥领导作用,把方向、管大局、保落实,依照规定讨论和决定企业重大事项"②。2019 年 12 月,《中国共产党企业基层组织工作条例(试行)》明确了党组织研究讨论是董事会、经理层决策重大问题的前置程序,要坚持和完善"双向进入、交叉任职"领导体制,切实把党的领导融入公司治理各环节,把企业党组织内嵌到公司治理结构之中。2020 年 12 月,国务院国资委与财政部发布的《国有企业公司章程制定管理办法》明确要求将"公司党组织"写入公司章程,并写明其职责权限、机构设置与运行机制。可以看到,这些规定不仅明确了党委(党组)在国有企业公司治理结构中的领导核心地位,而且为党组织参与企业决策和治理提供了依据。

2021 年 3 月 11 日,十三届全国人大四次会议通过的《中华人民共和国国民经济和社会发展第十四个五年规划和 2035 年远景目标纲要》强调,要坚持党对国有企业的全面领导,促进加强党的领导和完善公司治理相统一,加快建立权责法定、权责透明、协调运转、有效制衡的公司治理机制。2023 年 12 月修订的《公司法》第一百七十条新增规定"国家出资公司中中国共产党的组织,按照中国共产党章程的规定发挥领导作用,研究讨论公司重大经营管理事项,支持股东会、董事会、监事会、高级管理人员依法行使职权"③。这是正式在法律层面明确了中国共产党对国有企业的领导和党研究讨论公司重大经营管理事项的法定权利。

可以看到,关于党组织在国有企业法人治理结构中的法定地位的法规政策体系的四梁八柱已经基本建立,并在动态完善之中。正是这些法律法规与政策的颁布和施行,使得国有企业可以在实践中不断完善法人治理制度体系、法人治理运行机制,建立健全现代企业制度。然而,不可否认的是,目前党组织在国有企业法人治理结构中的法定地位的落实仍存在一定问题。例如,党的领导和公司治理"两张皮"现象不同程度存在、各治理主体职责划分仍不够清晰、党委(党组)前置研究泛化等。如果这些问题得不到有效解决,就必将影响国有企业持续健康发展。因此,

---

① 中共中央组织部、国务院国资委党委.关于印发《贯彻落实全国国有企业党的建设工作会议精神重点任务》的通知(中组发〔2016〕26 号).2016—10.
② 中国共产党章程[M].北京:人民出版社,2017:68.
③ 中华人民共和国公司法[EB/OL]. https://www.gov.cn/yaowen/liebiao/202312/content_6923395.html.

进一步加强和落实党组织在国有企业法人治理中的法定地位是将党的领导融入公司治理各环节的首要前提。

在制度层面,需要进一步细化关于党组织作为公司治理主体职责的相关规定,厘清党组织与公司其他治理主体的权责界限、运行机制以及相互之间的关系。党内法规虽然明确了国有企业党委(党组)发挥领导作用,以把方向、管大局、保落实为基本原则,规定了讨论和决定企业重大事项等主要职责,但是,这些党内法规要求落实在公司治理层面,不能通过简单移植来实现,否则可能造成执行难的困境。这就需要通过一定的途径、程序来细化落实,进一步明确党组织作为公司治理主体的具体职责内容,以便实现党内法规与法律法规之间的有效转换和衔接。国务院国资委等各类、各层级国有企业管理主体应出台相关指导意见或者实施细则,从权责定位、运行机制、评价标准等方面明确落实党组织法定地位的具体措施,从而进一步厘清国有企业法人治理各主体之间的关系。

在实践层面,要强化国有企业"一企一策",完善法人治理运行机制。无论是法律顶层设计,抑或各层级指导意见,最终都应当化为国有企业的规章制度,这样才能有效加强党组织在国有企业法人治理结构中的法定地位。国有企业应当在严格执行法律法规和指导意见的基础上,按照"一企一策"的思路完善法人治理。一方面,应当结合本企业实际制定公司章程、党组(党委)议事规则、董事会议事规则、总经理工作规则等各类制度。另一方面,应当动态加强章程管理和授权体系建设,明晰权责清单,统筹制定党组(党委)决策(前置)清单、董事会决策清单、经理层权责清单,对党组织研究讨论前置程序及范畴在制度上予以明确。

二、完善"双向进入、交叉任职"领导体制

"双向进入、交叉任职"领导体制是指符合条件的党委(党组)班子成员可以通过法定程序进入董事会、监事会、经理层,董事会、监事会、经理层成员中符合条件的党员可以依照有关规定和程序进入党委(党组)。"双向进入、交叉任职"领导体制是将国有企业党的领导融入公司治理的重要制度安排,是推动国有企业建立健全现代企业制度、实现高质量发展的必然要求。

"双向进入、交叉任职"领导体制并非一蹴而就,而是经历了长时间的探索和实践。早在《中共中央关于进一步加强和改进国有企业党的建设工作的通知》(中发〔1997〕4号)中就曾提出,"实行公司制的企业,党委书记、董事长可由一人担任""根

据工作需要和人员条件,党委成员可依法分别进入董事会、监事会和经理班子;董事会、监事会、经理班子中的党员,具备条件的,可按照有关规定进入党委会。董事长与总经理原则上分设"[1]。这为后续"双向进入、交叉任职"的正式提出奠定了基础。随着国有企业改革的深入,一些企业开始探索党委成员进入董事会、监事会和经理层的做法,为"双向进入、交叉任职"的正式提出积累了实践经验。2004年,《中共中央组织部、国务院国资委党委关于加强和改进中央企业党建工作的意见》(中办发〔2004〕31号)正式提出了"双向进入、交叉任职"的概念,明确了党组织参与企业重大问题决策,要坚持和完善"双向进入、交叉任职"的企业领导体制,国有独资和国有控股公司的党委成员可以通过法定程序分别进入董事会、监事会和经理班子,董事会、监事会、经理班子中的党员可以依照有关规定进入党委会。

党的十八大以来,在以习近平同志为核心的党中央的推动下,《中共中央组织部、国务院国资委党委关于中央企业党委在现代企业制度下充分发挥政治核心作用的意见》(中办发〔2013〕5号)、《关于在深化国有企业改革中坚持党的领导加强党的建设的若干意见》(中办发〔2015〕44号)、《国有企业基层组织工作条例(试行)》等一系列文件得以颁发,不断完善"双向进入、交叉任职"的具体要求。尤其是《国有企业基层组织工作条例(试行)》的颁布进一步细化了"双向进入、交叉任职"的实施方式,解决了实践中存在的诸多难题。该条例不仅针对不同类型的国有企业(如设有董事会的企业,不设董事会的独立法人企业、分公司等非独立法人企业)提出了具体的推行方式,而且提出党委(党组)书记与董事长(总经理)的"一肩挑"原则可以根据企业实际情况灵活调整。如由上级企业领导人员兼任董事长时,党委书记可由党员总经理担任或单独配备,以确保"双向进入、交叉任职"的灵活性和适用性。此外,该条例还明确了"双向进入、交叉任职"的例外情况,即中央企业党委(党组)配备专职副书记时,专职副书记一般进入董事会且不在经理层任职,专责抓好党建工作,国有企业党委(党组)班子中内设的纪检组织负责人一般不兼任其他职务。这一要求有助于确保党内各职位职责的明确性和专业性,保持纪检工作的独立性和公正性,避免权力过于集中。

通过多年的实践和完善,"双向进入、交叉任职"领导体制在国有企业中得到了广泛推广和应用,取得了显著成效。通过党委(党组)成员在董事会、监事会和经理层的任职,确保了党组织在公司治理中的核心地位,有利于党的路线方针政策的贯

---

[1] 中共中央文献研究室.十四大以来重要文献选编(下)[M].北京:人民出版社,1999:2240-2241.

彻落实,切实强化了党的领导。"双向进入、交叉任职"领导体制为党组织参与企业重大决策提供了制度保障,并且在为国有企业发展提供政治保证的同时提高了决策的科学性、民主性和效率。然而,在完善"双向进入、交叉任职"领导体制的过程中,国有企业也面临着一些挑战。

一方面,"双向进入、交叉任职"的领导体制要求党委成员同时担任董事会、监事会或经理层的职务,这在一定程度上会导致角色冲突和权责不清的问题。这种双重身份往往使他们在决策过程中难以把握平衡,导致决策效率低下或决策结果偏离预期目标。因此,还需要进一步明确党委成员在"双向进入、交叉任职"领导体制中的角色定位和权责划分。具体而言,可以制定详细的岗位职责说明书和权责清单,明确党委成员在不同职务中的具体职责和权力边界。同时,加强对党委成员的培训和指导,帮助他们更好地理解和把握自己的角色定位和工作要求。

另一方面,在实际操作中,由于一些企业决策机制的不健全,"双向进入、交叉任职"可能会导致权力的过度集中,出现"一言堂"现象,党委成员或董事会成员的个人意见往往能够左右决策结果,损害公司治理的规范性和公正性。因此,国有企业应加快建立健全决策程序,确保每一项重大决策都经过充分的调研、论证和讨论,具体可通过鼓励独立董事和监事积极参与公司治理,引入专家咨询、风险评估、公众参与等多元化决策手段,使决策过程更加透明、公正和合理。此外,还应建立健全决策责任追究制度。对于因决策失误给企业造成重大损失的责任人,应依法依规追究其责任,以强化决策者的责任意识和风险意识。

三、建立健全党组织参与重大问题决策机制

如上文所述,党的十九大通过的《中国共产党章程(修正案)》以及 2023 年修订的《公司法》都明确了党组织参与重大问题决策的法定权利。如何落实这一权利则需要建立健全党组织参与重大问题决策机制。

(一)国有企业应制定各治理主体权责清单,厘清权责边界

梳理党委(党组)、董事会、经理层的工作职责,明确各治理主体在各项重大事项中的决策权限,清单化界定各治理主体权责边界。在制定权责清单时应注意区分党委(党组)拥有直接决策权的事项与需要党委(党组)前置讨论研究的重大事项。在特定领域内重大事项中,党委(党组)的意见是决定性的,直接交由董事会、经理层等相关治理主体按程序办理即可。例如,关于贯彻落实党中央决策部署、上

级党组织决议的事项,关于党员发展和教育管理,党建活动开展,涉及思想政治、统一战线和群团工作等方面的事项都属于党组织拥有直接决策权的事项。实践中,一些国有企业会将这一类事项也一并纳入党组织前置讨论事项的清单。这不仅削弱了党组织的决策权,降低了相关事项的决策和执行效率,而且给董事会、经理层增加了负担。

《中国共产党国有企业基层组织工作条例(试行)》明确了国有企业必须经党委(党组)研究讨论后再由董事会或者经理层作出决定的重大经营管理事项主要包括:贯彻党中央决策部署和落实国家发展战略的重大举措;企业发展战略,中长期发展规划,重要改革方案;企业资产重组、产权转让、资本运作和大额投资中的原则性方向性问题;企业组织架构的设置和调整、重要规章制度的制定和修改,以及涉及企业安全生产、维护稳定、职工权益、社会责任等方面的重大事项。国有企业应在这一条例的指导下结合自身情况合理设置需党组织前置研究讨论事项的清单。①

由于"三重一大"决策事项与党委前置研究讨论的重大经营管理事项在规范领域上存在一定程度的交叉性,因此部分国有企业在实践中直接将二者等同,要求"三重一大"事项必须充分体现党组织意图,坚持"先党内,后提交"。这就导致将党委前置研究的事项范围过度扩大。例如,大额度资金运作属于"三重一大"的决策事项,但并非所有大额度资金运作事项都应经党组织前置研究讨论,只有关于"资本运作和大额投资中的原则性方向性问题"才是党组织前置研究讨论的范围,否则会导致党委的议题数量激增,决策效率低下;同时,可能导致企业党委成为企业生产经营的决策和指挥中心,削弱其他治理主体作用的发挥。因此,在设置党委前置研究讨论清单时,不能与"三重一大"决策事项清单相混淆,而应注重其与"三重一大"决策事项清单的有效衔接。

(二)进一步规范国有企业党委前置研究讨论的程序

具体来说,主要包括以下五个方面:

第一,提出需党委前置研究讨论的议题。由党委办公室根据前置事项清单,收集各部门议题,形成议题清单报党组织书记。

第二,拟定供决策的建议方案。确定议题后,需由经理层或者董事会专门委员会负责领导、召集议题涉及的相关部门拟定供决策的建议方案。

---

① 中共中央印发《中国共产党国有企业基层组织工作条例(试行)》[EB/OL]. https://www.gov.cn/zhengce/2020-01/05/content_5466687.html.

第三,研究和酝酿建议方案。由党委书记(董事长)、总经理、该决策事项主要涉及的相关部门执行工作的领导人,以及纪检书记和专职副书记进行充分研究和酝酿,以充分分析和研判决策事项的经济效益、党风廉政建设的影响、职工群众反响、社会生态效益等。①

第四,召开党委会议研究讨论。党委会按照"集体领导、民主集中、个别酝酿、会议决定"的原则进行审议,形成统一意见。

第五,在董事会会议、经理层会议审议时落实。党委前置研究讨论是"把关"不是"决定",前置研究讨论不能代替其他公司治理主体决策。党委会研究讨论形成意见后,及时按职责权限分别提交董事会、经理层作出决策或决定并落实。对于董事会提出异议甚至否决的事项,党委要加强分析研究,加强与董事会协调沟通,并及时调整完善;认为董事会判断有偏差,沟通协调达不成一致的,及时向上级党组织或者出资人报告。②

四、强化党组织对企业的全面监督

将党的领导融入公司治理各环节要求明确党组织在决策、组织、执行、监督各环节的权责和工作方式。③ 这就要求国有企业加强党组织的全面监督作用,在强化党内监督的同时,充分发挥党内监督的牵引辐射带动作用,统筹协调各方监督力量,形成党组织监督、纪检监察监督、监事会监督、审计监督、职工民主监督合力。

(一)要强化党内监督的关键作用

应加强党委(党组)全面监督。党委(党组)在党内监督中负主体责任,书记是第一责任人。党委(党组)担负着党内监督工作的领导、组织实施和督促检查职责,要定期研究部署全局性的党内监督工作,定期听取开展巡视、巡察、监督等重点工作的进展情况,加强对纪委工作的领导,检查其监督、执纪、问责工作情况。国有企业党委(党组)要加强巡视、巡察、监督,突出问题导向,强化专项巡视,推进二级企

---

① 强舸.如何提升"讨论前置"的运转效率——国有企业党组织内嵌公司治理结构的操作逻辑[J].理论视野,2023(4):81.
② 以高质量党建推动国有企业高质量发展——中央组织部负责人就颁布《中国共产党国有企业基层组织工作条例(试行)》答记者问[EB/OL]. https://www.gov.cn/zhengce/2020－01/06/content_5467030.html.
③ 《马克思主义政治经济学概论》编写组.马克思主义政治经济学概论:第2版[M].北京:人民出版社,2021:254.

业巡察；定期听取巡视情况汇报，对巡视结果进行专题研究，总结经验和规律，做好巡视整改。党委（党组）要强化对董事会的监督，保证监督党和国家的路线方针政策在本企业得到贯彻执行。坚持加强纪委专责监督是强化党内监督的主要一环。纪委要综合运用约谈、函询、诫勉谈话、组织处理、纪律处分等手段，严肃处理各类违纪行为。强化对"关键少数"的监督，通过监督"关键少数"来管住大多数；强化问责机制，对发现的违纪行为实行零容忍，对违纪行为从严惩处，树立起强有力的警示标杆。此外，要通过强化党的工作部门职能监督、基层党组织监督以及党员民主监督形成党内监督的强大合力，提升监督实效。

（二）党组织要协调纪检监察监督、监事会监督、审计监督、职工民主监督等各方监督力量，形成合力

一方面，国有企业可以按照"双重领导、垂直管理、提级监督、整合资源"的原则，成立党委领导下的监督委员会，整合纪检监察、巡视、审计、监事会、干部人事等监督力量，强化各部门各单位监督协同，构建集中统一、权威高效的"大监督"工作格局，实现对董事会、经理层及其人员，以及所有行使经营管理职权的机构及其人员的监督全覆盖。[1]

另一方面，国有企业可以将权力运行的全过程监督作为主线，党委（党组）牵头建立由纪检监察、资产、财务、人事、法律、审计、党群等多部门组成的党风廉政建设和反腐败工作协调小组，协同解决问题线索的调查与核实，督办党组决定事项落实，形成多方参与、责任明确、协调统一的监督模式，逐步探索搭建以"党内监督与业务监督相协调、反腐败体制机制建设与现代企业法人治理结构相促进"为鲜明特色的监督格局。

第二节　坚持党管干部和党管人才

习近平总书记站在党和国家事业发展全局的高度强调了国有企业领导干部的重要性，指出国有企业领导人员是党在经济领域的执政骨干，是治国理政复合型人才的重要来源。[2] 把国有企业领导干部队伍建好、用好、管好，对国有企业坚持党的

---

[1] 江金权.新时代国有企业党的建设教程[M].北京：中共中央党校出版社，2019：233—234.
[2] 习近平.习近平谈治国理政：第2卷[M].北京：外文出版社，2017：177.

领导、加强党的建设、做强做优做大至关重要。建设高素质国有企业领导干部队伍,必须贯彻新时代党的组织路线,始终坚持党管干部、党管人才原则,做到管标准、管程序、管考察、管人选、管监督,保证党对干部人事工作的领导权和对重要干部的管理权。必须突出政治标准,把"对党忠诚、勇于创新、治企有方、兴企有为、清正廉洁"二十字标准落到实处,选优配强各级领导班子和领导人员队伍。① 这就要求进一步完善国有企业党管干部原则下的选人用人体制机制,强化国有企业领导干部教育培训以及健全国有企业人才工作体制机制。

一、完善国有企业党管干部原则下的选人用人体制机制

完善国有企业党管干部原则下的选人用人体制机制,必须把政治标准放在首位,坚持德才兼备、以德为先,五湖四海、任人唯贤;事业为上、人岗相适、人事相宜;进一步规范干部选任工作流程,做到严把动议提名、民主推荐、组织考察、讨论决定、任前公示等关键环节,确保干部选任工作的严肃性和规范性,把合适的干部选用到合适的岗位上。

(一)严把动议提名关

规范启动动议的流程,明确界定岗位变动及选拔方式、条件等内容。依据岗位特征与要求,灵活采用党组织推荐、领导个人推荐、干部群众联名推荐及个人自荐等提名方式。细化提名流程,包括提名主体与范围的界定、职位公告、初步提名、资格复核、人选酝酿直至最终确定,同时落实提名责任制,依据"谁提名、谁负责"的原则,增强提名工作的透明度与责任追溯。

(二)严把民主推荐关

坚持把民主推荐作为选人用人的必经环节,把民主推荐结果作为选拔任用干部的重要参考。为保证民主推荐的科学性和有效性,应用好会议推荐与个别谈话推荐两种方式,根据知情度、关联度和代表性来确定参与民主推荐的人员范围。

(三)严把组织考察关

强化日常对干部的近距离观察与了解,全方位、多角度掌握其品行与表现。在能力业绩考察的基础上,加大对政治觉悟、道德品质、工作作风以及廉洁自律等方面的综合评估。严格落实"凡提四必",即干部档案"凡提必审",个人有关事项报告

---

① 江金权.新时代国有企业党的建设教程[M].北京:中共中央党校出版社,2019:29.

"凡提必核",纪检监察机关意见"凡提必听",反映违规违纪问题线索具体、有可查性的信访举报"凡提必查"。注重巡视、纪检、审计等监督成果的运用,杜绝"带病提拔"。

(四)严把讨论决定关

严格规范党委(党组)会议制度,严禁以传签形式替代正式会议。在讨论决定干部任免的党委(党组)会议中,组织人事部门需详尽汇报调整方案与拟任人选情况,充分听取并尊重每位与会者的意见,形成集体决议。坚持少数服从多数,对存在较大争议的拟任人选审慎处理,避免个人独断或少数意见主导。

(五)严把任前公示关

细化任前公示流程,明确各方职责,确保公告发布、意见收集、核实调查及最终决定等各步骤有序进行。对公示期间收到的举报信件进行仔细核查,未核实前暂停选拔程序,并及时向公众及举报人反馈处理结果。

2018年5月,中央全面深化改革委员会第二次会议指出,加强中央企业领导人员管理,要坚持党管干部原则,坚持发挥市场机制作用,坚持德才兼备、以德为先,坚持严管和厚爱结合、激励和约束并重,完善适应中国特色现代国有企业制度要求和市场竞争需要的选人用人机制。[1] 国有企业要立足新时代新要求,瞄准高素质目标,在干部选用任用的实践中完善党管干部原则和发挥市场机制优化配置作用有效结合的体制机制,在组织配置中合理运用市场化方式方法,在市场配置中保证党的领导,做到既不缺位,也不越位。依据《国有企业功能界定与分类的指导意见》中关于国有企业的分类,明确组织配置与市场化选聘的适用范围。主业处于充分竞争行业和领域的商业一类国有企业以及经理层人员可采用市场化选聘为主的方式,主业处于关系国家安全、国民经济命脉的重要行业和关键领域、主要承担重大专项任务的商业二类国有企业可以采用组织配置与市场化选聘相结合的方式,公益类国有企业可以采用组织配置为主的选人用人方式。[2]

在采用组织配置方式的过程中,应有效整合市场机制。党组织要在严把动议提名、民主推荐、组织考察、讨论决定、任前公示等关键环节的同时,充分利用市场机制的优势,增强选拔的竞争性,以提升人才选拔的质量和效率。具体而言,党组织在提名阶段应扩大提名主体的范围,拓展提名渠道,吸引更多优秀人才参与竞

---

[1] 习近平主持召开中央全面深化改革委员会第二次会议[N].人民日报,2018-05-12.
[2] 江金权.新时代国有企业党的建设教程[M].北京:中共中央党校出版社,2019:156-157.

争；在确定考察对象时，应引入竞争机制，为候选人提供展示自身的机会；在组织考察阶段，可借鉴市场化手段，采取包括笔试、面试、心理测评及综合素质评估在内的多元化评估方式，全面而深入地了解候选人的政治素质、业务能力、视野格局及发展潜力，为科学决策奠定坚实基础。[1]

在采用公开选聘、委托推荐等方式的市场化选聘中，发挥好党组织领导和把关作用至关重要。党组织要在确定标准、规范程序、参与考察、推荐人选等方面发挥领导和把关作用。首先，党组织需综合考虑董事会、管理层等多方意见，制定工作方案，包括候选人资格、招聘流程、任期目标、评估标准、薪酬政策等。其次，党组织负责发布招聘公告，灵活采用个人报名、推荐等报名方式，组织资格审核、考试和评估，并依据综合成绩确定考察对象；会同董事会、管理层等相关部门对候选人进行全面的背景调查，核实候选人的基本信息，并评估其政治立场、专业技能、职业道德和廉洁自律情况，确保人选质量。再次，党组织参与集体讨论，确保选聘决策的民主性与透明度，并对拟聘人选进行公示，接受监督。最后，党组织监督并支持董事会或经理层依法依规完成聘用程序，签订正式协议，确保选聘成果有效落地。

二、强化国有企业领导干部教育培训

2019年11月，中共中央政治局会议指出，要加强企业干部队伍建设，着力建设对党忠诚、勇于创新、治企有方、兴企有为、清正廉洁的高素质专业化国有企业领导人员队伍。[2] 干部综合素质的培养与能力提高是一个长期过程。要以强化政治意识、增强创新精神、提升治企能力、提高战略思维、锻造优秀品行为重点，把理想信念教育、核心能力建设、专业能力提升贯穿干部成长全过程，强化国有企业干部教育培训。

（一）要强化国有企业领导干部理想信念教育和党性锻炼

要将学习贯彻党的二十大精神、深刻领会习近平新时代中国特色社会主义思想的精髓要义作为首要政治任务，通过深入研读、专题研讨、实践锻炼等多种形式，引导国有企业干部全面把握新时代党的创新理论成果，做到学深悟透、融会贯通，确保在思想上紧跟时代步伐，在行动上坚决有力。

---

[1] 江金权.新时代国有企业党的建设教程[M].北京：中共中央党校出版社，2019：157.
[2] 中共中央政治局召开会议[N].人民日报，2019-11-30.

强化党性锻炼，锤炼对党忠诚的政治品格。通过定期开展党性教育、红色革命传统教育等活动，增强干部"四个意识"，坚定"四个自信"，做到"两个维护"，确保在思想上、政治上、行动上同以习近平同志为核心的党中央保持高度一致。面对复杂多变的国内外环境，要坚定政治立场，展现国有企业干部应有的政治定力和战略眼光。增强政治担当与斗争精神。面对改革发展中的困难与挑战，国有企业干部要勇于担当，敢于斗争，以强烈的使命感和责任感，积极投身到国有企业改革发展的各项任务中去。

强化纪律教育与警示教育，让干部知敬畏、存戒惧、守底线，做政治上的明白人、老实人。加强职业修养和道德品行教育，引导干部践行社会主义核心价值观，继承发扬党的优良传统和作风，秉承中华民族传统美德，弘扬企业家精神。

(二)要加强国有企业领导干部核心能力建设

政治领导能力是国有企业干部的核心素养。要在党组织的坚强领导下，通过深入学习和贯彻党的理论和路线方针政策，增强干部的政治敏锐性和鉴别力，使干部能够准确把握政治方向，善于从政治高度观察和处理企业发展中的问题，确保企业发展始终与党和国家的发展大局同频共振。在全面深化改革的背景下，要注重提升国有企业领导干部的改革创新能力。通过组织专题培训、案例研讨、轮岗交流等多种方式，激发干部的创新思维，使干部在实践中探索新方法、新路径，解决改革发展中的难题，推动企业不断向更高质量发展迈进。国有企业领导干部应深入学习市场经济理论，掌握市场规律，提高市场分析和预测能力，真正做到知市场、懂市场、用市场，提高国有企业的市场竞争力。要培养和提升国有企业领导干部的大局观和统筹协同能力，使干部能够有效整合资源，协调各方力量，形成工作合力，确保企业各项任务高效有序推进。

(三)要加强国有企业领导干部专业能力建设

首先，明确培训需求，实施定制化培训设计。针对国有企业领导干部的岗位特性、专业短板及未来战略定位，深入调研分析，量身定制培训方案。培训内容应广泛覆盖行业最新动态、管理创新理论、政策法规深度解读以及国际先进管理实践，确保干部能够掌握前沿知识。整合优质教育资源，聘请行业专家、知名学者及企业高管担任讲师，打造一支高水平师资队伍。培训过程中注重理论与实践相结合，通过综合运用案例分析、模拟演练等方式，提升学习的互动性和实效性。

其次，强化实践锻炼，促进能力转化。将领导干部深度嵌入企业重大项目和关键任务中，赋予其重要角色或任命其为项目负责人，使干部在实战中磨砺领导才能。通过参与项目策划、执行、监控等全过程,锻炼干部组织协调能力、创新能力和风险应对能力,深化干部对行业规律的认识,积累宝贵的实践经验,实现"学中干、干中学"。

最后,建立长效学习机制,营造学习氛围。鼓励和支持国有企业领导干部树立终身学习的理念,利用线上线下多种渠道,持续更新知识结构,拓宽国际视野。同时,建立健全学习成果分享和考核机制,将学习成效作为干部评价、选拔任用的重要依据,激发干部内在学习动力,形成"比学赶超"的良好风尚。

三、健全国有企业人才工作体制机制

坚持党管人才原则,破除体制机制障碍和惯性思维,从全球视野、企业战略发展、人力资本的角度,实行更加积极、更加开放、更加有效的人才政策,以识才的慧眼、爱才的诚意、用才的胆识、容才的雅量、聚才的良方,把各方面优秀人才聚集到做强做优做大国有企业的伟大实践中来,努力建设一支矢志爱国奉献、勇于创新创造的人才队伍。

(一)创新"引才"机制,把优秀人才"引进来"

紧密围绕企业的发展蓝图,动态调整人力资源战略规划,确保人才引进工作与企业改革发展的方向高度契合。深入剖析企业核心需求,构建各类人才素质与能力模型,清晰描绘出企业所需核心人才的画像。制定科学的人才评价准则,采用创新的人才识别技术,建立健全人才评估体系,以高效和精确地发掘人才。此外,应发展多级人才市场,完善多元化的人才引进策略,构建跨企业、行业和区域的国有企业人才交流平台,为人才提供展示才华的舞台,促进优秀人才的脱颖而出。

(二)创新"用才"机制,让优秀人才"用得好"

打破传统用人壁垒,推行"不唯岗位、不唯身份、不唯学历、不唯人事关系"的"四不唯"原则,让人才评价与使用更加聚焦于能力、业绩与贡献。推行任期制和契约化管理,通过明确的责任、权力和利益约定,激发经理层成员的责任感和创造力,同时引入市场化选聘和退出机制,增强经营层的活力。建立多通道职业晋升路径和专业间横向交流机制,为不同领域、不同背景的人才提供多样化的成长机会,在拓展其使用空间与价值实现途径的同时,促进企业内部的知识共享与协同创新。通过设立首席师、首席专家工作室以及组建改革发展智库、创新攻关团队等方式搭建高层次人才发展平台,为高层次人才提供充足的资源支持与广阔的施展空间,用

好领军人才。

(三)创新"育才"机制,让优秀人才"长得快"

国有企业应紧密结合国家发展需要和社会需求,以提升员工思想道德素质和职业精神为基础,强化育人导向。要在企业文化中融入社会责任感和使命感,确保人才培养与国家战略同频共振。着重培养人才的创新精神和创新能力。通过设立创新实践项目、科研攻关小组等形式,激发员工的创新思维,鼓励他们在实际工作中探索新方法、解决新问题。同时,建立容错机制,允许合理范围内的试错,为创新型人才营造宽松的成长环境。构建完善的人才职业生涯规划体系。根据个人能力和发展目标,量身定制成长路径,帮助员工明确职业方向,增强其归属感和责任感。实施管理培训生计划和干部交流、挂职锻炼制度。通过跨部门、跨层级、跨地域的轮岗和交流,拓宽员工的视野,增强其实践能力和管理能力。此外,建立导师制度,利用经验丰富的老员工"传帮带",加快年轻人才的成长步伐。积极参与国家重点实验室、科技重大专项等项目,借助"校企合作""企企合作"等平台,整合资源,联合培养高层次人才。通过海外研修、国际交流等方式,提升员工的国际视野和跨文化沟通能力,为企业"走出去"战略提供有力支撑。

(四)创新"留才"机制,"留得住"优秀人才

重视优秀人才价值,为各类优秀人才搭建干事创业的平台,构建充分体现知识、技术等创新要素价值的收益分配机制,让事业激励人才,让人才成就事业。探索股权激励、岗位分红、项目收益分享等中长期激励措施,落实科技成果转化收益分享制度,增加人才的获得感,激发人才的积极性。切实优化人才服务和保障。国有企业还应协调解决科技人才的户籍、医疗、配偶工作、子女教育等后顾之忧。注重对人才的人文关怀与精神激励。加强企业文化建设,营造尊重人才、鼓励创新的良好氛围。同时,加大精神激励与荣誉激励力度,通过评选表彰、事迹宣传等方式,提升人才的社会认可度与成就感。

第三节 党建工作与生产经营相融合

习近平总书记明确提出,国有企业坚持党的领导、加强党的建设,要求坚持服务生产经营不偏离,把提高企业效益、增强企业竞争实力、实现国有资产保值增值作为国有企业党组织工作的出发点和落脚点,以企业改革发展成果检验党组织的

工作和战斗力。①《中国共产党国有企业基层组织工作条例(试行)》将坚持党建工作与生产经营深度融合列为国有企业党组织工作应当遵循的五大原则之一,并明确要求国有企业党支部(党总支)以及内设机构中设立的党委围绕生产经营开展工作。② 有效促进党建工作与生产经营的深度融合,需聚焦于三大关键领域的协同推进:一是完善国有企业基层党组织设置与运行机制,确保党组织设置健全且运行机制高效顺畅;二是完善党建工作与企业文化建设的融合机制,实现党建工作与企业文化建设同向发力、同频共振,为国有企业的高质量发展凝聚强大的精神力量;三是完善党建责任考核与经营业绩考核的有机融合机制,实现两者目标同向、责任共担、成果共享。

一、完善国有企业基层党组织设置与运行机制

习近平总书记指出,坚持建强国有企业基层党组织不放松,确保企业发展到哪里、党的建设就跟进到哪里、党支部的战斗堡垒作用就体现在哪里,为做强做优做大国有企业提供坚强组织保证。③ 国有企业基层党组织作为国有企业组织架构中的重要组成部分,其战斗堡垒作用的发挥对于将国企党建工作与生产经营相融合落实有着十分重要的作用。2019年11月,中共中央政治局会议强调,要坚持抓基层打基础,找准基层党组织服务生产经营、凝聚职工群众、参与基层治理的着力点。④ 因此,应将国有企业基层党组织的建设作为党建工作与生产经营深度融合的重要抓手。

第一,按照"四同步四对接"要求,建立健全基层党组织。2015年6月,中央全面深化改革领导小组第十三次会议强调,把国有企业做强做优做大,不断增强国有经济活力、控制力、影响力、抗风险能力,要坚持党的建设与国有企业改革同步谋划、党的组织及工作机构同步设置,实现体制对接、机制对接、制度对接、工作对接。⑤ 要着力构建基层党委与单位(子公司)、基层党支部与部门(项目部)、党小组与班组(值)相互对应的融合工作体系,把党建工作根植在基层班组、岗位现场,嵌

---

① 习近平.习近平谈治国理政:第2卷[M].北京:外文出版社,2017:176.
② 中国共产党国有企业基层组织工作条例(试行)[N].人民日报,2020-01-06(1).
③ 习近平.习近平谈治国理政:第2卷[M].北京:外文出版社,2017:176.
④ 中共中央政治局召开会议[N].人民日报,2019-11-30.
⑤ 习近平.树立改革全局观积极探索实践 发挥改革试点示范突破带动作用[N].人民日报,2015-06-06.

入生产经营各个环节。① 根据企业业务发展状况，动态调整、优化党组织设置，实现党组织的有形覆盖与有效覆盖。一方面，创新"支部建在项目上"的方式，做到党的建设与业务工作步调一致、同向发力。尤其要注重将党的基层组织建立在企业科技创新、重大项目攻坚一线，以强化党组织在企业攻坚克难中的战斗堡垒作用。另一方面，根据企业规模、业务特点和党员分布情况科学划小国有企业党组织的单元格，打造组织灵活、职责明确、沟通高效且具有强大凝聚力的组织单元。合理确定每个单元格的党员数量和覆盖范围，确保每个单元格既能保持一定的独立性，又能实现有效的管理和服务，并明确每个单元格的职责与任务。每个单元格应配备具有党务工作经验的党建指导员或政委，推动党的工作深入基层、扎根网格；设立网格联络员，关注基层员工思想动态、及时传达员工诉求的同时，确保上级决策部署能够及时准确地传达到每个"神经末梢"；配置网格监督员，及时发现解决网格内生产经营的问题。

第二，强化队伍融合机制建设，实行党员与业务骨干双向培养并输送到关键岗位的"双培养一输送"制度。② 一方面，坚持提高党员业务能力，通过创建党员先锋岗、党员突击队、党员名匠工作室等载体，引导党员带头提升业务素质、带头勇挑急难重担、带头实现攻坚任务目标，把党员培养成业务骨干。另一方面，注重从生产经营一线、青年职工以及高知群体，尤其是技术能手、青年专家等优秀人才中发展党员，培养熟悉党建工作、德才兼备的党务工作者，把优秀党务工作者输送到生产经营的重要岗位。完善党务人员与生产经营管理人员双向交流机制，实现双向交流促进，打造懂党建、懂业务、政治过硬、本领高强的复合型人才队伍，强化国有企业党的基层组织建设。

第三，不断丰富国有企业党的组织生活方式与内容，落实组织生活制度，提升组织生活的质量。组织生活是党支部对党员进行教育管理的基本方式。习近平总书记高度重视党支部组织生活，提出参加支部生活是共产党员应尽的义务。"三会一课"、主题党日、组织生活会以及民主评议党员等是落实党的组织生活的重要制度。要将"三会一课"与主题党日作为推动基层党建和生产经营融合的重要抓手。党员大会、党小组会及支部委员会的会议内容应紧密围绕企业的生产经营目标和实际问题展开。通过专题研究生产经营中的关键问题，将党的方针政策与企业战

---

① 张展智.大力推动国企党建与生产经营深度融合[J].四川党的建设，2023(19—20)：40.
② 党建工作与生产经营深度融合创新研究[EB/OL].https://gmm.gmw.cn/newsinfo/4557124.html.

略目标结合起来,使党建工作更具针对性,并直接服务于企业的发展需要。党课应围绕企业发展的实际需求进行设计,如企业的责任担当、发展战略规划、面临的经济形势等。创新和丰富"三会一课"的形式,如组织党员开展党课竞赛、交流学习心得和工作经验、学习身边的党员先锋等活动;邀请专家学者举办讲座和专题辅导;组织党员参与技术攻关、市场开拓等企业生产经营的实践活动;等等。开展主题党日活动应围绕企业当前的中心工作,选取与生产经营紧密相关的主题,如技术创新、安全生产、降本增效等,确保活动内容既有政治高度,又能够解决实际问题。采用讲座、研讨、观摩、实践等多种形式,结合线上线下资源,增强活动的吸引力和参与度。比如,组织党员到先进企业学习交流,开展"党建＋项目"攻坚行动,利用网络平台开展在线学习竞赛等。

二、完善党建工作与企业文化建设的融合机制

企业文化是企业内部精神和价值观的集中体现,代表着员工在经营活动中应遵循的价值观念,对企业的凝聚力和竞争力有非常重要的影响。推动党建工作与企业文化建设的融合发展有利于把党建的政治优势更好地转化为企业的发展优势,有利于企业文化保持正确方向,持续健康发展,更好地转化为企业澎湃的发展动力和创新活力,为国有企业的高质量发展提供强大的精神力量。一方面,党建为企业文化建设提供强大的政治、思想和组织保障。党建是国有企业文化的"领航灯"和底色。有了党建引领,国有企业文化才能健康发展,始终保持旺盛的生命力、创新力和感召力,才能实现其功能和效应的最大化。另一方面,企业文化又是党建的重要手段和有效工具。优秀的企业文化能够为企业员工提供重要精神动力,从而为企业党建拓展深度和空间。用好这一重要工具和手段,就能有效防范在党建工作实践中容易出现的形式化、口号化、空洞化、运动化等不良倾向,使党建工作更加贴近企业生产经营实践、更加贴近基层,也更容易为广大员工所接受,对企业党建工作的成效产生积极影响。

(一)完善国企党建工作与企业文化建设的融合机制,必须坚持党的领导,明确融合方向

具体来说,要做到以下两个方面:

一是把握党建工作对企业文化建设的思想引领。坚持用马克思主义理论蕴含的世界观与方法论、党的理论创新,尤其是习近平新时代中国特色社会主义思想武

装全体党员和员工,确保国有企业文化建设始终沿着正确的政治方向前进,使新时代国有企业文化建设立足于建设社会主义现代化强国的使命,着眼于国家富强、民族复兴的伟大目标,着眼于培育和弘扬社会主义核心价值观,助力国有企业建功中国式现代化伟业。

二是强化党建工作对企业文化建设的使命引领。用党中央的新决策、新部署、新要求激活文化使命、充实文化内涵,使企业文化体现时代特色、富有时代特征。习近平总书记将发展新质生产力作为推动高质量发展的内在要求和重要着力点。发展新质生产力已经成为新时代党的工作重点。国有企业作为培育和发展新质生产力的关键力量,企业文化建设理应彰显这一时代主题。要积极培育和倡导"创新、质优、先进"的价值理念,引导国有企业大力发展新质生产力,以科技创新推动产业创新,以颠覆性技术和前沿技术催生新产业、新模式、新动能;要积极培育和倡导"创新无止境""创新最光荣"等价值理念,让一切劳动、知识、技术、管理和资本的活力竞相迸发;要积极培育和倡导"创新必定有我、强国一定有我"等价值理念,引导国有企业广大科技工作者胸怀"国之大者",矢志创新报国,勇于突破关键核心技术,加快发展新质生产力,加快实现科技自立自强,服务企业高质量发展,为党分忧,为民造福。

(二)完善国企党建工作与企业文化建设的融合机制,必须完善组织体系、健全融合机制,形成系统合力

第一,强化顶层设计与战略规划。在制定企业长期发展战略时,应将党建工作与企业文化建设作为两大核心支柱,同步规划、同步部署,确保两者在目标设定、资源配置、路径选择等方面高度契合,形成相互支撑、相互促进的发展格局。

第二,深入挖掘企业文化建设与党建工作的共通点。将党的先进理论、方针政策融入企业文化核心理念,打造具有鲜明时代特征和企业特色的文化体系,将党的艰苦奋斗、实事求是、密切联系群众等优良传统和作风融入企业文化中,提炼和培育具有企业特色的先进国有企业精神,激发员工战胜困难、迎接挑战的精神和工作热情,夯实做强做优做大国有企业的共同思想基础。①

第三,创新实践载体与活动形式。开展联合培训,定期组织党员和群众共同参与政治学习、企业文化宣讲等活动,将党的理论创新成果与企业文化理念紧密结合,提升全体员工的政治素养和文化认同感。搭建融合平台,创建"党员先锋岗"

---

① 蒋陈.新时代党建工作引领国有企业高质量发展路径探[J].经营管理者,2024(8):69.

"企业文化示范点"等平台,鼓励党员在企业文化建设中发挥先锋模范作用,同时借助企业文化活动促进党员队伍的凝聚力和战斗力提升。结合企业实际和党建要求,开展如"红色主题月""企业文化创意大赛"等特色活动,将党建工作与企业文化建设巧妙融合,既增强员工的参与感和归属感,又提升党建工作的吸引力和影响力。将党支部品牌塑造与文化建设深度融合,根据各党支部的不同职责与特点,结合企业文化特色,推动支部、党员和群众设计具有企业文化特色的党支部品牌标识,开展形式多样的党支部品牌活动,广泛宣传党支部的品牌形象和先进事迹,在实现"一支部一品牌"的基础上,搭建横向竞争、互学互促的交流平台,推动品牌价值取得显著成效,不断推动党组织建设与文化建设迈向新高度。

第四,建立健全沟通反馈机制。设立意见箱与反馈渠道,鼓励员工就党建工作与企业文化建设的融合提出意见和建议,确保基层声音能够及时上传至管理层,为持续改进企业管理提供依据。建立党建工作与企业文化建设成效的定期评估机制,根据评估结果及时调整工作策略和方法,确保两者始终保持在正确的轨道上同步推进。

三、完善党建责任考核与经营业绩考核的有机融合机制

(一)党建工作与生产经营深度融合,需要在成效上作研判、常考核

要把党建工作考核与经营业绩考核相结合,把考核经济账与考核党建账相结合,明确"管生产必须贯彻党建要求、管党建必须融入生产经营"的工作原则,在考核党组织工作时,同步考核党建工作和生产经营指标;在考核领导班子、班子成员、党支部成员时,综合考核"一岗双责"责任落实情况,以生产经营成果检验党建工作成效;强化党建工作责任制考核结果运用,把党建考核结果作为干部选拔任用、评先评优的重要依据,发挥好党建考核"指挥棒"作用。健全基层党建责任落实制度,充分运用检查、考核、评价等手段,有效推动和促进管理提升及目标任务的实现。

(二)完善国有企业考核评价指标体系,推动党建责任考核与经营业绩考核相融合

应将党建责任指标与经营业绩考核指标共同纳入考核指标体系。指标的设计应围绕贯彻落实习近平总书记重要指示批示精神、党中央决策部署、上级党组织重点工作安排和企业经营发展目标任务,做到各有侧重、同向发力。党建责任指标应围绕党委(党组)的职责定位,细化党建责任考核指标,重点考察党委(党组)在把方

向、管大局、促落实方面的能力和成效。同时,要注重考察党委(党组)在推动企业发展、解决生产经营难题中的贡献和作用。在保留传统经济效益指标的基础上,经营业绩考核指标应增加反映企业创新发展、绿色发展、可持续发展等方面的指标以优化经营业绩考核。要注重各类考核指标的针对性和可操作性,确保考核指标的实操性和有效性。明确党建责任考核指标与经营业绩考核指标各自所占权重,真正把党建"软任务"变为"硬指标"。也可将党建、生产经营考核按指标评价的结果分别转化为党建发展质量系数、经营发展质量系数,将两个系数的乘积即综合发展质量系数作为最终考核结果。

(三)创新考核方式方法,推动党建责任考核与经营业绩考核方式衔接贯通

在考核方式上,要综合运用个别访谈、现场查验、满意度测评、综合研议、实绩统计等多种方式,全面、深入地了解企业党委(党组)在党建工作和生产经营方面的实际情况。通过多种考核方式的综合运用,提高考核工作的准确性和科学性。充分利用现代信息技术手段,建立党建责任考核和经营业绩考核的信息化平台。通过信息化平台,实现对考核数据的实时收集、分析和反馈,提高考核工作的效率和准确性。同时,可以利用大数据、云计算等先进技术手段,对考核数据进行深入挖掘和分析,为企业管理决策提供有力支持。坚持过程与结果相结合。在考核过程中,既要关注考核结果的达成情况,也要重视考核过程的规范性和有效性。通过定期检查、随机抽查等方式,加强对考核过程的监督和管理,确保考核工作的公正、公平和公开。

(四)强化考核结果运用,不断提升党建工作与生产经营相融合的工作成效

要根据考核结果建立健全奖惩机制。对于考核优秀的单位和个人给予表彰和奖励;对于考核不合格的单位和个人给予通报批评和相应处罚。将考核结果与企业领导人员的选拔任用、薪酬激励、培养锻炼和交流退出紧密挂钩。通过考核结果的运用,推动企业领导人员更加重视党建工作与生产经营的深度融合成效。考核结果的运用不仅仅是为了奖惩和问责,更重要的是要推动党建工作与生产经营相融合工作的持续改进。企业应根据考核结果中反映的问题和不足,制订针对性的改进措施和计划,并持续跟踪落实情况,确保问题得到有效解决和持续改进。

参考文献

[1]习近平.把握新发展阶段,贯彻新发展理念,构建新发展格局[J].求是,2021(9).

[2]习近平.当前经济工作的几个重大问题[J].求是,2023(4).

[3]习近平.高举中国特色社会主义伟大旗帜 为全面建设社会主义现代化国家而团结奋斗——在中国共产党第二十次全国代表大会上的报告[M].北京:人民出版社,2022.

[4]习近平.论把握新发展阶段、贯彻新发展理念、构建新发展格局[M].北京:中央文献出版社,2021.

[5]习近平.切实把新发展理念落到实处 不断增强经济社会发展创新力[N].人民日报,2018-06-15.

[6]习近平.习近平谈治国理政:第2卷[M].北京:外文出版社 2017.

[7]习近平.习近平谈治国理政:第3卷[M].北京:外文出版社 2020.

[8]习近平经济思想学习纲要[M].北京:学习出版社,2002.

[9]习近平在省部级主要领导干部学习贯彻党的十八届五中全会精神专题研讨班上的讲话[N].人民日报,2016-05-10.

[10]中共中央文献研究室.十三大以来重要文献选编(中)[M].北京:人民出版社,1991.

[11]中共中央文献研究室.十四大以来重要文献选编(上)[M].北京:人民出版社,1996.

[12]中共中央文献研究室.十四大以来重要文献选编(下)[M].北京:人民出版社,1999.

[13]中共中央 国务院 关于完善国有金融资本管理的指导意见[EB/OL].https://www.gov.cn/gongbao/content/2018/content_5306813.html.

[14]Mandel, Ernest. *Long Waves of Capitalist Development：A Marxist Interpre-*

tation:Based on the Marshall Lectures Given at the University of Cambridge. Cambridge University Press, Éditions de la Maison des sciences de l'homme, 1995.

[15]秉持风险中性,服务国有企业高质量发展[EB/OL]. https://baijiahao.baidu.com/s?id=1802269440053000523&wfr=spider&for=pc.

[16]曾嵘,唐松.新冠疫情下国有企业的经济稳定器作用——基于供应链扶持的视角[J].经济研究,2023,58(3):78—96.

[17]陈龙,马源.算好基础设施建设的经济账和综合账[N].学习时报,2022-07-06.

[18]程恩富,方兴起.深化经济改革的首要任务绝不是国有企业私有化[J].求是,2012(13):63—64.

[19]程恩富,谢长安.论资本主义和社会主义的混合所有制[J].马克思主义研究,2015(1):51—61+158—159.

[20]程恩富,徐文斌.抗击疫情彰显中国特色社会主义制度优势[J].唯实,2020(3):4—7.

[21]程恩富,段学慧.《资本论》中关于共产主义经济形态的思想阐释(下)[J].经济纵横,2017(5):1—13.

[22]程恩富,段学慧.《资本论》中关于共产主义经济形态的思想阐释(上)[J].经济纵横,2017(4):1—15.

[23]程恩富,刘新刚.重读《资本论》[M].北京:人民出版社,2018.

[24]程恩富,鄢杰.评析"国有经济低效论"和"国有企业垄断论"[J].学术研究,2012(10).

[25]程恩富.用科学的产权理论分析中国经济变革——张五常先生若干产权观点质疑[J].经济学动态,1996(8).

[26]党建工作与生产经营深度融合创新研究[EB/OL]. https://gmm.gmw.cn/newsinfo/4557124.html.

[27]丁晓钦,陈昊.国有企业社会责任的理论研究及实证分析[J].马克思主义研究,2015(12):68—79.

[28]丁晓钦,尤惠阳.以国有经济高质量发展 推进中国式现代化[N].文汇报,2023-05-23(11).

[29]丁晓钦,余凯月.习近平经济思想对社会主义经济规律的科学把握[J].上海经济研究,2022(7):5—16.

[30]丁晓钦,崔泽鹏.中国式现代化的财富积累机制及其对西方资本主义模式的超越[J].毛泽东邓小平理论研究,2024(6):15－24＋107.

[31]丁晓钦."做强做优做大":国有企业改革理论与实践的逻辑统一——我国国有企业发展历程与展望[J].当代经济研究,2021(9):39－51.

[32]杜国功.以国有企业高质量发展推动科技高水平自立自强[N].经济参考报,2023－09－05.

[33]段巍,王兵.提升产业链供应链韧性的理论与路径[N].中国社会科学报,2023－04－12.

[34]菲利普·范·帕里斯.全民基本收入:实现自由社会与健全经济的方案[M].成福蕊,译.桂林:广西师范大学出版社,2021.

[35]顾海良,张雷声.20世纪国外马克思主义经济思想史[M].北京:经济科学出版社,2006.

[36]关培兰.论企业文化在企业改革中的功能[J].经济评论,1998(4).

[37]关于《制造业企业供应链管理水平提升指南(试行)》的政策解读[EB/OL].https://www.gov.cn/zhengce/202405/content_6952608.htm?ddtab=true&ddtab=true.

[38]国务院发展研究中心课题组.提升国有大企业国际竞争力[J].求是,2016(20).

[39]国务院国资委党委.坚定不移做强做优做大国有企业——党的十八大以来国有企业改革发展的理论与实践[J].求是,2012(13):63－64.

[40]韩琪.论国有企业对命脉行业的垄断与国家经济安全[J].管理现代化,2007(6):7－9＋38.

[41]韩亚栋,管筱璞.如何理解全面加强基础设施建设[EB/OL].https://www.ccdi.gov.cn/yaowenn/202204/t20220429_189784.html.

[42]郝鹏.充分发挥国有经济战略支撑作用[N].学习时报,2021－03－10.

[43]郝昀琦,马雪梅,李雅琼.国有企业如何"打造原创技术策源地"[J].现代国企研究,2022(9):26－29.

[44]合作共赢 国企构筑国际化大格局[EB/OL].https://baijiahao.baidu.com/s?id=1645784659456959471&wfr=spider&for=pc.

[45]何秉孟.国有企业改革必须坚持以马克思主义产权理论为指导——兼评科斯的产权理论[J].马克思主义研究,2004(5).

[46]洪银兴.社会主义市场经济中的资本:属性、行为和规范——《资本论》的启示[J].学术月刊,2022,54(5):39—45.

[47]胡迟,刘金逗.国企应更好发挥基础设施建设主力军作用[EB/OL].https://baijiahao.baidu.com/s?id=1769273847938270427&wfr=spider&for=pc.

[48]胡迟.健全以管资本为主国资监管体制 优化调整国有资本布局结构——国有资本投资运营公司十年改革成效分析[J].国有资产管理,2024(1).

[49]胡磊.习近平新时代中国特色社会主义思想蕴含的资本观探赜[J].经济纵横,2024(2).

[50]胡莹.论数字经济时代资本主义劳动过程中的劳资关系[J].马克思主义研究,2020(6):136—145.

[51]黄群慧,张弛等.新发展格局下的国有企业使命[M].北京:中国社会科学出版社,2022.

[52]黄群慧.国有企业分类改革论[J].经济研究,2022(4).

[53]黄盛.强基强链 国有企业加快供应链体系建设[EB/OL].http://finance.people.com.cn/n1/2024/0827/c1004-40307138.html.

[54]贾淑品.资本逻辑视角下卢森堡资本积累全球化理论[J].江淮论坛,2020(6):39—46.

[55]坚持党对国有企业的领导不动摇 开创国有企业党的建设新局面[N].光明日报,2016—10—12.

[56]江金权.新时代国有企业党的建设教程[M].北京:中共中央党校出版社2019.

[57]蒋陈.新时代党建工作引领国有企业高质量发展路径探[J].经营管理者,2024(8):69.

[58]焦豪,马高雅,张文彬.数字产业集群:源起、内涵特征与研究框架[J].产业经济评论,2024(2):72—91.

[59]李帮喜,邓永波.新时代加快完善社会主义市场经济体制与国企改革:开启提速增效与重点突破新征程[J].福建师范大学学报(哲学社会科学版),2021(5).

[60]李红娟,刘现伟.充分发挥国有企业创新引领作用[N].经济日报,2022—07—28.

[61]李心萍.央企加快打造原创技术策源地[N].人民日报,2024—07—03.

[62]李正图,朱秋,米晋宏.论建立和完善中国特色现代企业制度的原则[J].上海经济研究,2023(3).

[63]李政,张爽.习近平新时代国有经济论述生成逻辑、理论体系与时代价值[J].政治经济学研究,2021(2).

[64]李政,廖晓东.发展"新质生产力"的理论、历史和现实"三重"逻辑[J].政治经济学评论,2023,14(6).

[65]李政.新时代增强国有经济"五力"理论逻辑与基本路径[J].上海经济研究,2022(1).

[66]刘贵浙.2023年固定资产投资:民间投资占比降至50.4%[EB/OL].https://baijiahao.baidu.com/s?id=1792774185139862292&wfr=spider&for=pc.

[67]刘国光.加强企业伦理建设是建立社会主义市场经济体制的需要[J].哲学研究,1997(6).

[68]刘国光.谈谈当前中国国有企业改革[J].企业改革与管理,1996(1):6—8.

[69]刘怀德.推动产业链现代化 闯出高质量发展新路子[J].湖南社会科学,2020(6):9—15]

[70]刘瑾.10家央企和7家地方国企纳入创建世界一流示范企业范围[N].经济日报,2023—04—22.

[71]刘同舫.构建人类命运共同体对历史唯物主义的原创性贡献[J].中国社会科学,2018(7):4—21+204.

[72]刘元春,刘晓光,邹静娴.世界经济结构与秩序进入裂变期的中国战略选择[J].经济理论与经济管理,2020(1):10—20.

[73]刘元春,丁晓钦.发展与超越——中国式现代化的核心问题与战略路径[M].北京:中信出版社2024.

[74]刘元春.国有企业宏观效率论——理论及其验证[J].中国社会科学,2001(5).

[75]刘志彪,孔令池.双循环格局下的链长制:地方主导型产业政策的新形态和功能探索[J].山东大学学报(哲学社会科学版),2021(1):110—118.

[76]刘志强.创建世界一流示范企业 央企迈出坚实步伐[N].人民日报,2021—08—04.

[77]卢希起.构建中国特色现代企业规制司法制度的若干思考[J].法治论坛,2022(1).

[78]陆健.构建富有韧性的全球产业链供应链体系——产业链供应链韧性与稳定国际论坛综述[N].光明日报,2022—09—21.

[79]罗靖.社会主义市场经济体制下企业文化建设的途径探讨[J].求索,1998

(01).

[80]《马克思主义政治经济学概论》编写组.马克思主义政治经济学概论:第 2 版[M].北京:人民出版社 2021.

[81]马立政.国有企业是中国社会主义经济实践的中流砥柱——新中国 70 年来国有企业发展历程及主要经验[J].毛泽东邓小平理论研究,2019(6):47—55+108—109.

[82]马忠,张冰石,夏子航.以管资本为导向的国有资本授权经营体系优化研究[J].经济纵横,2017(5).

[83]倪红福,钟道诚,范子杰.中国产业链风险敞口的测度、结构及国际比较——基于生产链长度视角[J].管理世界,2024,40(4):1—26+46+27—45.

[84]聂锦芳.清理与超越:重读马克思文本的意旨、基础与方法[M].北京:北京大学出版社,2005.

[85]强舸.如何提升"讨论前置"的运转效率——国有企业党组织内嵌公司治理结构的操作逻辑[J].理论视野,2023(4):81.

[86]乔万尼·阿里吉.亚当·斯密在北京——21 世纪的谱系[M].路爱国,译.北京:社会科学文献出版社,2009.

[87]邱宝林.坚持"两个一以贯之"建设现代企业制度[J].红旗文稿,2022(3).

[88]曲朝.习近平关于国企改革发展重要论述的理论基础、演进逻辑与实践指向[J].学术研究,2024(4).

[89]曲永义,金岳.国有企业在中国经济中的核心功能[J].拉丁美洲研究,2024(1).

[90]任保平,师博.《资本论》与新时代中国特色社会主义政治经济学[M].北京:中国经济出版社,2017.

[91]荣兆梓.论社会主义公有资本的资本形态:国有资本和集体资本[J].人文杂志,2023(6).

[92]桑朝阳.如何理解国有资产监管从"管企业"到"管资本"的新转变?——基于马克思的资本理论[J].理论月刊,2021(5).

[93]宋笑敏.习近平关于加强国有企业党的建设重要论述[J].世界社会主义研究,2021(10).

[94]谭静,范亚辰,周卫华.国有资本授权经营体制改革:进展与深化[J].中央财经大学学报,2023(8).

[95]唐亚林,郝文强.建构中国特色现代企业治理制度的新型理论范式[J].江淮论

坛,2023(6).

[96]陶凯元.构建海外利益保护和风险预警防范体系[N].学习时报,2022-10-21.

[97]特雷尔·卡弗.马克思与恩格斯:学术思想关系[M].姜海波,译.北京:中国人民大学出版社,2008.

[98]滕越,伍凌智,王勇.国有经济创新力提升与优化国有经济布局[J].经济体制改革,2022(2):26-33.

[99]田超伟.马克思恩格斯共同富裕思想及其当代价值[J].马克思主义研究,2022(1):81-91.

[100]王宁.一家科技型国企的混改转型路[N].经济参考报,2022-01-17.

[101]王琪,程阁,周威.完善现代企业制度 提高国有资本效率 进一步赋能国资国企高质量发展[J].国有资产管理,2022(1).

[102][日]望月清司.马克思历史理论的研究[M].韩立新,译.北京:北京师范大学出版社,2009.

[103]翁杰明.国有企业是中国特色社会主义的重要物质基础和政治基础[N].学习时报,2021-11-05.

[104]吴易风.马克思的产权理论与国有企业产权改革[J].中国社会科学,1995(1):4-24.

[105]郗戈.《资本论》的"三重批判"与历史唯物主义建构[J].哲学研究,2022(4):36-45.

[106]谢富胜,王松.在协同竞争中推动公有制经济与非公有制经济共同发展[J].教学与研究,2020(12).

[107]徐传谌,张行.国有企业海外并购中的经济安全问题研究[J].经济体制改革,2015(2):110-114.

[108]徐传谌,汤吉军等.新时代深化国有企业改革重大理论与实践专题研究报告[M].北京:经济科学出版社,2018.

[109]杨乐.国有资产流失的原因及治理方法研究[J].行政事业资产与财务,2021(12).

[110]杨新铭,杜江.国有资本管理体制改革的基本逻辑与方案[J].理论学刊,2020(4).

[111]姚毓春,李金城.数字化转型与国有企业技术创新:基于环境不确定性与关系

嵌入的新视角[J].中国软科学,2024(7):122-136.

[112][以]尤瓦尔·赫拉利.今日简史——人类命运大议题[M].林俊宏,译.北京:中信出版社,2018.

[113]原诗萌.独家解析｜世界500强中的国外国有企业特征分析[EB/OL].[2024-09-06].https://www.sohu.com/a/806946276_100082376.

[114]袁辉.国有企业功能的历史透视与新时期定位[J].江苏行政学院学报,2014(2):46-50.

[115]张辽,胡忠博,陈松.全球产业链重构下保障中国产业链安全的逻辑思维与战略取向[J].经济学家,2024(3):35-44.

[116]张妙甜,李倩,魏进武等.大飞机产业的国企民企协同发展之路——以C919研制为例[J].清华管理评论,2023(5):100-106.

[117]张琦.建立现代企业制度的理论探索——中国20世纪90年代的企业改革思想[J].中国经济史研究,2023(1).

[118]张勇,鲁强,武鹏等.国有资本发展壮大的理论基础与发展路径——基于马克思主义资本理论的视域[J].南开经济研究,2023(12).

[119]张展智.大力推动国企党建与生产经营深度融合[J].四川党的建设,2023(19-20):40.

[120]赵晶,孙泽君,程栖云,等.中小企业如何依托"专精特新"发展实现产业链补链强链——基于数码大方的纵向案例研究[J].中国工业经济,2023(7):180-200.

[121]赵秀丽,杨志.中国特色社会主义政治经济学视角下公有资本的构造逻辑[J].学习与探索,2023(2).

[122]郑琦.国有企业党建两个"一以贯之"的内在逻辑[J].理论视野,2022(5).

[123]中共二十届三中全会在京举行[N].光明日报,2024-07-19.

[124]中国共产党第十五届中央委员会第五次全体会议公报[J].党建,2000(11).

[125]中国共产党国有企业基层组织工作条例(试行)[N].人民日报,2020-01-06.

[126]中国企业积极参与高质量共建"一带一路"——五个合作项目 十年繁荣之路[N].人民日报,2023-10-12.

[127]中国社会科学院工业经济研究所课题组,曲永义.产业链链长的理论内涵及其功能实现[J].中国工业经济,2022(7):5-24.

[128]中国社会科学院工业经济研究所课题组,史丹.中国特色现代企业制度建设

的成功经验、目标指向和改革举措[J].中国工业经济,2024(7).

[129]中国社会科学院经济研究所课题组,原磊,白培军等.新征程国有经济布局优化和结构调整研究[J].经济学家,2023(9):5—13.

[130]中国石油和化学工业联合会.2023年石油和化学行业经济运行报告[EB/OL]. https:www.199it.com/archives/1703003.html.

[131]中华人民共和国公司法[EB/OL]. https://www.gov.cn/yaowen/liebiao/202312/content_6923395.html.

[132]周露平.《资本论》的反贫困哲学及其新时代价值[J].马克思主义研究,2019(12):83—91.

[133]周权雄.习近平国企改革思想的理论基础与时代价值[J].探求,2017(3).

[134]周文,张奕涵.中国式现代化与现代化产业体系[J].上海经济研究,2024(4):14—30.

[135]朱安东,孙洁民,王天翼.我国国有企业在现代化经济体系建设中的作用[J].经济纵横,2020(12):36—43.